한림신서 일본학총서 91

일본의 문화내셔널리즘

Originally published in Japan by HEIBONSHA LIMITED, PUBLISHERS, Tokyo
by the INSTITUTE OF JAPANESE STUDIES, HALLYM UNIVERSITY, Chuncheon
By arrangement with the author c/o HEIBONSHA LIMITED, PUBLISHERS, JAPAN

일본의 문화내셔널리즘

스즈키 사다미 지음 | 정재정 · 김병진 옮김

小花

일러두기

1. 일본어 표기와 중국어 표기는 한글맞춤법 통일안의 외래어 표기법을 따랐으며, 일본 인명은 일본식 한자로 표기하였다.
2. 각주는 모두 옮긴이가 작성한 것이다.
3. 본문의 괄호(　) 내용은 저자가 작성한 것이다.

◎ 한국의 독자에게

일본에서 내셔널리즘에 대한 논의는 냉전 체제가 붕괴된 이후의 세계정세 속에서도 변함없이 냉전 시대의 가치관으로 생각되거나 국제적인 내셔널리즘의 고양에 자극받아 편협한 내셔널리즘이 일부에서 나타나는 등 어수선한 양상을 띠면서 그 방향성조차 찾아내지 못하고 있는 실정이다. 그러한 상황 속에서 이 책은 내셔널리즘에 대한 논의를 정리하고 방향을 제시하기 위하여 간단한 일반서로 간행되었다. 내셔널리즘을 둘러싼 기본개념의 정리에서부터 시작하여, 일본 내셔널리즘의 역사적 변천에 관한 새로운 시각을 풍부히 전개하고자 하였다.

우선 근대 국가란 국민국가로서 조직되어 있는지의 확인으로부터 시작되는데, 국민국가는 하나의 법률 체계 아래에서 다양한 종류의 국민을 통합하려는 장치로서 다민족으로 결합되는 경우도 흔히 존재한다. 중국어에서는 국민국가를 '민족국가'로 번역하여 일컫고 있지만, 일본에서 '민족국가'라고 하면 하나의 민족, 하나의 국가라는 이념을 가리키는 경우가 많기 때문에 '민족국가'라는 용어는 사용하지 않는 게 보통이다. 일본이라는 나라는 아이누 민족을 멸망시키려는 정책을 취하였고, 오키나와에도 크나큰 부담을 지워 왔다. 또한 재일한국인들을 그 내부에 많이 포함하고 있는 것에서도 알 수 있듯이, 근현대 일본은 이른바 복합국가라고 할 수 있다.

또한 이 책에서 사용하고 있는 수치, 예를 들면 중일전쟁 당시 난징학살에서 일본군에 의해 살육된 중국인 수 등은 일본의 역사학에서 받아들여지고 있는 것이다. 중국 측이나 한국에서 통용되고 있는 통계와 일치되지 않는 경우도 종종 있을 것이다. 앞으로 한·중·일 역사학자가 확실한 사료를 가지고 조금씩이라도 인식을 접근시켜 나아가야 할 것이다.

역사인식의 문제는 구체적인 사료를 앞에 두고서 한국·중국·일본의 연구자가 서로 확인할 수 있는 것들을 조금씩 채워 가는 것이 중요할 것이다. 특히 사상·문화사에 관한 연구는 무척이나 뒤처져 있는 실정으로, 사료의 발굴과 공개를 촉진시키는 것이 급선무라고 생각한다.

또한 근현대의 한·일관계와 중·일관계는 국제정세와 밀접하게 관련되어 진전되어 왔다. 그 같은 관점도 역사인식에서는 빠져서는 안 될 것이다. 바꿔 말하자면, 한·일관계나 중·일관계만을 살펴보는 것으로는 전체적인 그림이 보이지 않는다.

이 책에서 다루려는 것은 과거를 뒤돌아보며 자국의 내셔널리즘 변천사를 절대화시키지 않으면서 역사적으로 상대화시키려는 연구이다. 이 같은 태도가 한국에서도 왕성하게 일어나 그 결과들을 서로 교환해 가는 것이야말로 상호 이해를 깊게 하는 길이라고 나는 믿는다. 먼 길이 되겠지만, 그러한 노력이 쌍방의 연구자들에게 요청되는 바이다.

마지막으로 이 책은 전공서보다는 간편한 일반서의 형태를 띠고 있기 때문에 그렇게 자세한 내용까지 파고들어 논의하고 있지는 않다. 전문가들에게는 더욱 많은 논의가 필요할 것이다. 그것에 관해서는 고찰의 많은 부분을 『생명관의 탐구 — 중층되는 위기 속에서』(生命觀の探究 — 中層する危機のなかで, 作品社, 2007)를 통해 전개해 보았다. 필요에 따라서 참조해 주었으면 한다.

2008년 6월

스즈키 사다미(鈴木貞美)

차례

들어가는 말

국가의 이익을 추구하는 정치·경제내셔널리즘은 정책에 따라 상황에 맞추어 변화한다. 하지만 문화는 몇 십 년, 몇 백 년이 지나도 그다지 변화하지 않는 면을 지니고 있다. 그리고 문화는 강력한 힘이 되기도 한다.

예를 들자면 폴란드는 18세기 말 열강에 의해 셋으로 나뉘어 제1차 세계대전 이후 부활하기까지 1세기 이상 지도상에서 모습을 감추었다. 그 사이 그들의 민족의식을 지탱시켜 준 것은 언어(폴란드어), 종교(가톨릭), 예술(낭만파)이었다. 미츠키에비치(Adam B. Mickiewicz)의 시, 셍키에비치(Henryk Sienkiewicz)의 소설, 쇼팽의 음악…. 그 이후에도 교회가 오랫동안 스탈린주의 정권에 대항하는 저항의 보루가 되었기에 오늘날 폴란드에서는 "가톨릭 신자가 아니면 폴란드인이 아니다"라는 분위기가 지배적이다.

일본은 제2차 세계대전에서 패한 후, 전쟁 기간 동안의 사상에 대해 깊이 반성하고 헌법을 바꾸었다. 그렇지만 일본어를 외국어로 바꾸거나 일본 문학을 국어 시간에 가르치는 것을 그만두지는 않았고 전통 예술도 존속시켜 왔다. 또한 오늘날에는 여러 가지 무도(武道)가 국제화되고 있다.

1999년 카이로 방문 때 나는 유도가 널리 알려져 있음을 보았다. 1984년 로스앤젤레스 올림픽대회 결승에서 야마시타(山下泰裕) 선수에게 패한 이집트의 모하메드 알리 래시완(Mohamed Ali Rashwan) 선수는, "야마시타의 부상을 알고 기술을 걸지 않았다. 이것이야말로 무사의 인정(情け)인 것이다"라며 일본에 대해 훤히 알고 있음을 보여 주었다.

도효(土俵, 씨름판) 위에서 외국인 선수가 활약하기 시작한 지 벌써 여러 해가 지났다. 바로 얼마 전까지만 해도 이것만은 어려울 것이라고 여기던 검도조차 2002년 국제검도연맹에 가입한 나라와 지역이 43곳에 이른다고 한다. 구로사와 아키라(黒沢明) 감독의 작품을 비롯해 일본의 활극 영화는 해외에서 호평을 받아 왔다. 일본 것에 한하지 않고 쿵푸 등 다양한 동양의 무도가 엔터테인먼트 영화의 스크린 위에서 대활약하고 있다. 이것만이 아니다.

2003년 가을, NHK에서는 2001년 9월 11일에 있었던 미국의 정치 · 경제 · 군사 주요 시설을 겨냥한 이슬람 과격파의 공격이 뉴요커들에게 던진 쇼크와 그 여파를 전하는 프로그램이 방영되었다. 맨 먼저 일본의 무도를 배우기 시작한 한 젊은 여성의 모습이 화면에 비쳤다. 그녀는 "언제 닥쳐올지 모를 불합리한 폭력에 스스로를 대비하기 위해서 무도를 배우고 있다"라고 말했다. 이렇듯 동양의 무술에 대한 국제적 관심이 다양하게 변화하고 있다. 사람들은 '서양 근대 사상의 결함'을 극복하는 길을 동양 무술의 신체관(身體觀)에서 찾으려고 한다. '경직된 근육'에서 '부드러운 운동'으로, '심신분리'에서 '심신일체'로, 나아가 '우주와의 합일'을 비결로 삼는 '동양 사상'에 대해 자세히 알고자 하는 사람들도 있다.

가부키(歌舞伎) 등의 전통 예술도 해외에 차츰 알려지고 있다. 스시는 물론 가라테나 가라오케, 후톤(フトン, 이불) 등이 외국어 철자로 적혀 있는 것을 해외의 거리에서 쉽게 접하게 된다. 좌선이나 향은 치유법이자 생활 속의 세련됨으로 알려지고 있다. 미국 프로농구팀 중에서는 시합 전에 좌선을 하는 팀도 있다. 게다가 최근에는 일본 만화나 애니메이션을 전 세계의 젊은이들이 즐기고 있으며, 세계 대중문화의 최전선이 도쿄에 있다고까지 일컬어지고 있다. 최전선과 전통이 공존하는 멋진 일본! 저팬 이즈 쿨(Japan is cool)! 이렇게 불린다고 해서 기분 나빠하는 일본인은 많지 않을 것이다. 올림픽이나 월드컵, 미국 메이저리그에서 일본인 선수가 활약하거나 일본인이 노벨상을 수상하면 자랑스러워진다.

하지만 상당히 많은 일본인이 내셔널리즘이라고 하면 국가의 강권이나 국수주의를 연상하곤 한다. 그만큼 일본의 내셔널리즘에는 나쁜 이미지가 얽혀 있다. 그리고 '대일본제국'에게 참담한 차별을 받으며 그 군화발에 짓밟혔던 아시아 여러 나라에서는 때때로 '일제의 침략'과 그에 따른 희생을 이야기한다.

일본은 메이지(明治) 이래로 후쿠자와 유키치(福沢諭吉)가 말한

'탈아입구', 즉 낙후한 아시아의 상태를 벗어나기 위해 서양문명화의 길을 걸어왔다는 이미지가 우리 머릿속에 박혀 있다. 물질문명의 진전을, 또는 서구의 제국주의를 모방한 과정을 보면 그렇게 여길 만도 하다. 한편 제2차 세계대전 동안 일본은 국수주의에 물들어 있었다는 이미지도 많은 사람의 가슴속에 스며들어 있다. 대체 어느 쪽이 사실인가? 아니면 이 둘이 복합되어 있었던 것일까, 또는 분열된 채였을까?

실제로 1940년경에는 '외지'(外地)에서 쓰인 일본어 소설과 '외지' 작가가 중국어나 한국어로 쓴 작품이 번역되어 상당수가 출판되었다. 이런 현상은 탈아입구나 국수주의와는 거리가 먼 것이다. 그것들의 복합이나 분열도 아니었다. 일본의 문화내셔널리즘의 발자취를 다시 한 번 살펴볼 필요성이 있지는 않을까?

이 책에서는 지금까지 주목받지 못했던, 하지만 상당히 중요한 의미를 가진 현상이나 자료를 통해 그 의미를 생각해 보고, 널리 알려진 서적에는 새로운 해석을 부여하고자 한다. 여러분은 이 책을 읽으며 곳곳에서 일본 근현대의 이미지를 차례차례로 달리 생각하게 될 것이다. "앗, 이런 거 처음 들어", "지금까지 꽤 잘못 생각하고 있었구나", "뭐야, 그런 거였어? 두루뭉술했던 것이 이제야 확실해졌어" 등의 감상을 가질지도 모른다. 일본 문화에 대한 전혀 새로운 시각이 펼쳐질 것이다.

제1장

문화내셔널리즘이란 무엇인가

1. 지금 왜 문화내셔널리즘인가

글로컬라이제이션(glocalization)

최근 글로벌라이제이션(globalization, 세계화)이라는 단어를 흔히 접하게 된다. 원래의 의미는 어떤 현상이 지구 전체에 미치는 것으로, 인류가 지구 구석구석까지 퍼져서 살게 된 것, 인도를 주산지(主産地)로 하는 후추 등의 향신료나 남미를 원산지로 하는 감자와 토마토 등을 전 세계에서 먹게 된 것도 모두 세계화 현상이다.

그러므로 중국에서는 '전구화'(全球化)라는 말을 사용하고 있다. 이 '전구화'의 '화'(化)의 용법은 'Westernize'(서양화; 동사), 'Westernization'(그 명사) 등 '~ize', '~ization'을 번역할 때 일본인이 사용하기 시작한 것이다. 그것이 오늘날 한자의 본고장인 중국에서도 완전히 정착되었다. 이 '화'는 중국의 입장에서 보면, 몰라볼 만큼 달라져서 집에 돌아온 자식과 같은 것이다. 이런 종류의 예는 무수히 많아서 '교사'(僑詞)라고 부른다. 이처럼 문화는 국제적으로 서로 영향을 주고받고 있다.

오늘날 교통 · 통신 수단의 비약적인 발전에 따라 지구는 좁아졌다. 이것이 오늘날 세계화의 첫 번째 특징이다. 두 번째 특징은, 1990년 전후에 소련과 소련권이 붕괴되어 미국이 초강대국이 되면서 미국이 채택한 여러 가지 사안의 처리 방법, 즉 미국식 표준(American standard)이 국제적으로 세력을 떨치게 된 것이다. 이 두 가지 특징을 가진 오늘날의 세계화로 인해 지구상의 문화 균질화가 진행되고 있다. 그렇지만 그것에 반발하여 지역과 국가의 특색을 살리려는 움직임도 활발해지고 있다. 글로벌라이제이션(globalization)과 로컬라이제이션(localization, 지역화)이라는 두 개의 상반된 움직임이 짝을 이루어 나타나고 있다. 그것을 한 단어로 줄여서 글로컬라이제이션(glocalization)이라고도 말한다.

미국의 세계지배에 대항하려는 움직임의 하나로서 '유럽연합'(European Union)의 결성(1993)과 그 가맹국을 확대하려는 움직임이 주목을 끌고 있다. 통화(Euro)의 통합을 거부한 나라도 있고, EU 헌법의 성립도 그 형세가 불안하지만 냉전 후(post Cold War)의 블록 형성의 모델이 되고 있다.

'동아시아 공동체'를 지향하는 움직임도 일어나고 있다. 그러나 과거에 일본이 저지른 침략의 역사가 걸림돌이 되어 아직 이념의 제언 단계에 머물러 있다.

국가를 넘어서 도시와 도시, 지방과 지방이 연계하려는 움직임도 다양하게 나타나고 있다. 어디와 어떻게 연계할지가 그 도시와 지역의 독자성으로 나타나는 시대가 오고 있다. 예를 들면, 하마마쓰시(浜松市)나 나가노현(長野縣) 남부의 지방 도시에서는 각종 경공업과 농업생산물을 간이 가공하여 상품화시키는 노동력을 브라질로부터 수입해 왔다. 이러한 방식이 완전히 정착되자 2004년에는 나가노현 남부에 위치한 마을의 여기저기에서 쓰레기 수거 방법에 대해 일본어, 영어, 포르투갈어의 3개 국어로 쓰인 포스터가 눈에 띄게 되었다.

다른 한편으로는 민족주의가 고조되고 있다. 소련은 여러 나라로 분열되었는데, 그 주된 원인은 각 공화국에 주어진 민족자치권이 명분에 불과하고 실질적으로는 러시아인의 지배하에 있었다는 데 있다. 구소련권에서는 체코슬로바키아가 둘로, 유고슬라비아가 다섯으로 분열되었다. 그 하나인 보스니아 헤르체고비나에서는 내전이 일어났다. 또한 인도네시아의 티모르 섬에서는 동쪽 반에 해당하는 지역이 '동티모르'로 독립했다(1999). 이들 지역에서는 기독교와 이슬람교의 종교 대립이 얽혀 있다. 이같이 지역마다 다른 경위를 안은 채 오늘날의 세계에서는 민족의식이 높아지고 있다. 그리고 거기에는 종교 대립이 복잡하게 얽혀 있다.

국제 테러사건에 대한 어떤 통계(Bruce Hoffman, *Inside Terrorism*, 1998)에 따르면, 1968년 총 19건 중 좌익혁명주의자에 의한 것이 11건, 민족주의자에 의한 것이 8건이었으며, 1980년에는 총 64건 중 좌익

혁명주의자에 의한 것이 30건, 민족주의자에 의한 것이 32건, 종교단체에 의한 것이 2건으로 보고되었다. 이 연간에 민족독립운동이 과격한 형태로 수행되는 경우가 두드러지게 증가했다. 그런데 1995년에는 종교단체에 의한 것만 26건이 게재되어 있다. 그중에는 일본의 옴진리교 사건[1]도 포함되어 있다.

오늘날의 세계 구도

2001년 9월 11일에 이슬람 과격파는 뉴욕의 무역센터빌딩과 국가의 중추시설을 향해 승객을 태운 채 항공기로 돌진하는 공격을 감행했다. 미국은 이것을 '테러리즘'으로 보고, 그것에 대한 반격을 '새로운 전쟁'으로 규정하고서 유력 국가들의 지지를 끌어내어 테러리스트의 기지로서 아프가니스탄을 공격했고, 연이어 1990년 걸프 전쟁을 일으킨 사담 후세인이 이끄는 이라크에 대하여 군사행동을 일으켰다. 국내 정황이 불안한 러시아 그리고 중국 역시 미국에 동조하였고, 이슬람권 대부분의 국가에서도 과격파와는 거리를 두려고 했다. 그러나 그 뿌리는 깊고도 넓어서 오랫동안 저항이 지속되고 있다.

미국과 소련의 두 진영이 서로 생산력을 다투고 핵군비를 증강하며 대항하던 냉전 구도의 세계질서가 붕괴된 후, 자본주의 대 사회주의라는 대립에 대신하여 자본주의 대 이슬람주의라는 대립이

1) 일본의 아사하라 쇼코(麻原彰晃)를 교주로 하는 신흥종교단체 옴진리교가 1995년 4월 도쿄 지하철역에서 독가스를 살포한 테러사건을 가리킨다. 이 사건은 교주인 아사하라가 아마겟돈을 실천하기 위해 꾸민 자작극으로, 5월 16일에 아사하라는 체포되었다.

부상하게 된 셈이다. 그 뿌리는 이슬람의 가르침이 자본주의 가치관에 의해 잠식당하는 것에 대한 위기감에 있다. 거래에서의 흥정은 인정하더라도 부(富)의 수탈을 부정(不正)한 것으로 여기며 약자에 대한 부의 분배를 제도화한 이슬람의 가치관이, 자유경쟁을 원리로 삼는 자본주의와 근본적으로 대립하기 때문이다.

냉전의 질서가 붕괴되기 시작한 것은 1968년이었다. 이 해에 미국은 베트남 전쟁에서 패배하기 시작했다. 소련은 체코슬로바키아에서 일어난 자유화 움직임에 대하여 수도 프라하에 탱크를 투입해 군사적으로 제압함으로써 국제사회주의운동에 환멸을 안겨 주었다. 그리고 이즈음 제2차 세계대전의 종결 후 나타난 국제적 현상인 베이비 붐 속에서 태어난 아이들은 어른이 되어 각 나라와 지역에서 저마다의 방식으로 전후 세계질서 전반에 대하여 '아니야(non)!'를 외치는 운동을 일으켰다. 정말 우연이겠지만 위성통신이 실용화된 것도 같은 해의 일이었다.

그리고 1979년에 이슬람원리주의의 입장에서 신권정치(神權政治)를 주장하던 호메이니가 이끄는 이란혁명이 일어났다. 미 · 소의 위신이 떨어진 시기에 '초대국에 대한 도전'을 내걸고 무슬림 긍지의 회복을 호소한 이 선언은 세계 각지에 영향을 미쳤다. 1980년대에는 파리에서 무슬림 여성들이 스카프를 두르기 시작했다. 오늘날 과격파의 활동도 여기서 그 근원을 찾아볼 수 있다.

팔레스타인 문제가 얽혀 있어 정세가 복잡하기는 하지만, 이슬람 과격파를 둘러싼 오늘날의 움직임은 종교와 종교가 그 자체로서 대립하고 있기 때문이 아니다. 대립의 뿌리는 가치관의 차이에 있으며, 그것에 국가의 정치와 경제문제가 얽혀져서 분쟁이 일어나고 있는 것이다. 어떻게 얽혀 있는지를 제대로 살피는 것이 중요하다. 사태를 '문명 간의 충돌'처럼 파악하면 그 핵심이 빠져 버린다. 문화내셔널리즘에 대해서도 그것은 마찬가지이다.

'다문화주의'(multiculturalism)에 관해서도 관심이 모아지고 있다. 이것은 다른 민족(에스닉 그룹)과의 공존을 적극적으로 꾀하는 사상 · 운동 · 정책의 총칭으로, 먼저 캐나다에서 시작되어 1971년에는 국가 방침으로 선언되었다. 그때까지 이누이트('인간'을 의미하는 캐나다 에스키모의 말) 등 소수민족들에 대해 백인으로의 동화정책이 취해져 왔음에 대한 반성을 반영하고 있다. 오스트레일리아에서도 비슷한 정책이 취해져, 오늘날에는 아시아로부터의 이민을 고려하면서 전개되고 있지만 복잡한 그늘도 여기저기에 드리워져 있다.

미국에서도 이러한 정책을 적극적으로 추진하려는 움직임이 있다. 종래 미국은 이민에 의한 국가로 '인종의 용광로'(melting pot of races)라고 불렸다. 그것은 백인 문화에 그 밖의 문화를 동화시키는 것을 의미했다. 실제로 남부를 중심으로 아프리카계 흑인에 대한 차별이 오래 지속되어 왔지만, 1960년대부터 1970년대에 걸쳐서 비백인계 미국인의 권리주장, 선주민(先住民)의 권리보장이 진전되면서 미국은 '인종의 샐러드 그릇'이라고 불리게 되었다. 더욱이 다른 문화(異文化) 간에 거리를 두고 서로의 존엄을 인정하자는 '문화다원주의'(cultural pluralism)로부터 보다 적극적으로 연계를 강화해 가는 '다문화주의'로 나아가려는 운동도 이루어지고 있다.

앞에서 살펴본 민족의 분리독립을 목적으로 한 움직임과는 반대로, '다문화주의'는 국민국가의 틀을 유지하는 것을 전제로 한다. 어느 쪽으로 나아갈 것인가는 과거의 역사와 오늘날의 각각의 민족의식이 정하게 된다. 하지만 어느 쪽이든 그 민족과 문화 속의 소수파가 무시되기 쉬운 결함을 안고 있다.

새역사교과서

일본은 제2차 세계대전 후에 미국과 동맹관계를 강화하여 미국의 핵 군사력의 보호 아래 들어감으로써 군사비를 절약하고, 경제대국으로의 길을 걸었다. 1980년대에는 'Japan as Number One'[2]이라고까지 불렸지만, 버블경제가 붕괴되고 기업의 도산이 이어지면서 어두운 골짜기로 떨어졌다. 그때에 '보통 국가'가 되고자 하는 구호가 일어나 국기로 '히노마루'(日の丸), 국가로 '기미가요'(君が代)가 법률로 제정되었다. 1999년의 일이다. 패전으로부터 반세기가 지나서야 일본은 간신히 '보통 국가'가 된 셈인데, 왜 그렇게나 걸렸는지 살펴봐야 할 것이다.

1997년에는 '새역사교과서를 만드는 모임'이 발족해 2001년 문부성 검정을 받은 교과서가 한국, 중국의 반일감정을 부채질하였다. 이 모임의 활동은 과거의 전쟁에 대해 지금까지의 반성 방식이 "너무 자학적이다"라는 입장에서 근대사를 고쳐 쓰고자 하는 것으로, 일본인의 긍지를 되찾고자 하는 생각이 근저에 깔려 있다. 침략

2) Ezra F. Vogel, *Japan As Number One : Lessons for America*, iuniverse Inc. 1999.

의 역사를 긍정하려는 자세가 그 근저를 이루고 있기에, 당연히 내외에서 이를 강하게 경계하며 비난하는 운동이 일어났다. 우익이 대두하는 것처럼 말하는 사람들도 있지만, 실제로는 진정한 우익이라 할 만한 인물들은 극소수이다. '새역사교과서를 만드는 모임'의 멤버에는 전체주의나 군국주의 그리고 공산주의에 반대하는 자유주의적인 입장, 즉 리버럴한 사상의 소유자가 많았다. 다양한 주장들을 전개하고 있지만, 그 최대공약수는 일본의 행동에는 '역사적 필연'이 있었다, 혹은 영국 등의 제국주의와 그다지 다르지 않은데도 왜 일본만 비굴해지지 않으면 안 되는가 하는 것이었다. 처음에는 교육현장에서 새 교과서가 채택된 비율이 아주 낮았기 때문에 반대 운동 측을 맥 빠지게 만든 듯한 감이 있었다.

2005년 봄, 한국과 중국에서 영토문제와 일본의 국제연합 상임이사국 진입을 둘러싸고 반일운동이 일어났다. 고이즈미(小泉) 수상이 매년 야스쿠니신사(靖國神社) 참배를 행한 것도 자극이 되었지만, 개정 시기를 맞이한 '새역사교과서'의 침략과 영토문제에 관련된 기술도 문제가 되었다. 지난 20여 년간 한국이나 중국과의 거리는 한층 가까워졌다. 하지만 한국과 중국이 일본을 대하는 자세는 빈번히 변화하였다. 서로가 미래를 풍요롭게 만들기 위하여 협조해 가고자 할 때에는 '미래지향'이라는 말이 대두된다. 그러나 반대로 반일감정을 부추기는 듯한 일도 일어난다. 그럴 만한 과거가 실제로 있었기 때문이다. 그것이 정치적 교섭에 등장한다.

'새역사교과서를 만드는 모임'의 주장이 이상한 것은, 우선 일본인이 스스로 택해서 저지른 일을 '역사적 필연'인 것처럼 그럴듯하게 꾸며대는 데 있다. 또한 영국과 같은 열강들이 18, 19세기에 행한, 이른바 고전적인 제국주의를 긍정하는 것도 근본적으로 이상하다. 그리고 그들과 일본이 20세기 국제정세 속에서 행한 것과의 차이도 무시하고 있다. 한반도와 중국 사람들에게 깊은 원한을 남긴 만행이 실제로 저질러진 사실을 직시하면서, 일본인이 왜 그와 같은 사태를 일으켰는지를 제대로 반성하는 것이 요구되고 있는 것은 아닐까? 그것이 이루어지지 않는다면, 장차 한국이나 중국과의 양호한 관계는 구축될 수 없을 것이다. 그리고 제대로 된 반성이 이루어진 다음에야 마침내 일본인이 긍지를 되찾을 수 있을 것이다. 이것이 내가 역사를 바라보는 시각이다.

또 하나 일본의 대 미영전쟁(對美英戰爭)은 "강요된 전쟁이었다", "생명선이 끊어졌기 때문에 일어난 전쟁이었다"라는 견해가 뿌리 깊이 박혀 있다. 이에 대해서는 언제, 왜 미국이 일본에 대한 석유 공급을 중단했는지를 확인한다면 해결될 것이다.

역사를 고쳐 쓴다는 것은

나는 해외에서 고용된 입장에 있는 사람들로부터 "일본인은 으스대지 않기 때문에 좋아한다"라는 말을 몇 번이나 들은 적이 있다. 전쟁에서 패한 탓에 많은 일본인들이 반성하고서 전처럼 다른 나라 사람들에게 거만하게 구는 일이 적어지고, 우선 다른 나라 사람들과 협조해야 한다는 생각이 몸에 배면서 오늘날의 일본이 있었다고도 말할 수 있을 것이다. 이러한 전후(戰後) 일본인의 자세를 잃어버려서는 안 될 것이다.

그러나 일본인이 으스대지 않게 되었다고 하여 그것이 지난 전쟁에 대한 지금까지의 반성 방식이 옳았음을 의미하는 것은 아니다. 제2차 세계대전에서 패전국이 됨으로써 일본인이 일본의 문화에 대하여, 특히 근현대의 내셔널리즘에 대하여 상당히 일그러진 생각에 빠져 버린 것도 사실이다.

제2차 세계대전 중 일본의 정치 행태를 기준으로 하여 메이지 이래로 일본이 걸어온 길은 마치 내셔널리즘을 향해 간 듯이 분석되어 왔다. 바꾸어 말하면, 이것은 근대 일본의 내셔널리즘을 곧 '악'으로 단정하고, 그 내용은 제대로 검토해 보지 않았던 것을 의미한다. 이는 지적 태만이다.

중일전쟁에서 제2차 세계대전에 이르는 시기에 많은 일본인이 빠져든 경향을 잘 검토하는 것은 반세기 이상 지난 오늘날에도 중요하다. 그것은 결코 먼 과거의 일이 아니라, 오늘날의 일본에게 더욱더 필요한 일이다. 그리고 여기에는 패전 후에 만들어진 반성의 방식을 검토하는 일도 필요하다.

2005년 여름 도쿄의 스기나미구(杉並區) 등 '새역사교과서'를 채택한 곳도 간혹 있었다. 그러한 움직임과는 별도로 메이지 시대 일본의 약진하는 모습을 찬미한 역사소설 등을 추켜올림으로써 일본의 활기를 되찾으려고 하는 사람들도 있었다. 쇼와(昭和)의 내셔널리즘은 거북하지만, 메이지의 내셔널리즘이라면 찬미해도 괜찮다고 하는 감정이 숨어 있는 듯하다. 이러한 생각의 뿌리도 제2차 세계대전 이후의 반성 방식에서 찾을 수 있겠지만, 이래저래 오늘날 일본의 내셔널리즘은 예측할 수 없는 상태에 있다.

무라야마 도미이치[3] 내각(1994~1996)이 각의(閣議) 결정한 일본 현대사 자료의 공개가 오늘날 아시아역사자료센터(http://www.jacar.go.jr)를 통해서 이루어지고 있다. 인터넷을 이용하면 세계 어느 곳의 누구라도 간단히 열람할 수 있다. 예를 들어, 그 자료들에 의하면 일본군의 난징(南京) 점령(1938) 때 저질러진 중국인 학살은 거의 6만 명이었다고 한다. "난징학살은 없었다" 따위의 이야기는 더 이상 할 수 없게 된 셈이다. 반대로 "30만 명 죽였다"고 하는 숫자는 당시 일본 군부에 의한 과대 선전에 근거한 것임을 알 수 있다.

이제야 겨우 자료를 앞에 두고 국제적 논의를 할 수 있는 조건이 차츰 갖추어지고 있다. 그렇다면 왜 일본군은 난징에서 6만 명이나 되는 중국인을 살해한 것일까? 그다음에 행한 우한(武漢) 공략에서는 똑같은 짓을 반복하지 않았다. 난징에 대한 공격은 창강(長江)에서부터 시작되었다. 우선 잠수함이 물 밖으로 떠올라 기관총 난사가 행해졌다. 적의 병사가 숨어 있는 '인민의 바다'는 그 전체가 적으로 보이고, 그러한 '전체'를 향해 발포가 행해진 것이다. 여기에는 내 먼 친척뻘 되는 사람의 확실한 증언이 있다. 말하자면 그것은 처음으로 겪게 된 게릴라 전술에 바짝 겁먹은 결과였다.

이것이 전부라고 말하려는 것은 아니다. 난징에서의 살육뿐만 아니라 국제법을 위반해 가면서 병사를 살육에 길들이는 훈련도 이루어졌다. 그리고 '황군(皇軍)에게는 모든 것이 허용된다'는 신앙

---

3) 村山富市, 1924~. 정치가. 1991년에 사회당의 국회대책위원장에 이어 1993년에는 당 위원장이 되었다. 1994년에 자민당과 연립을 꾀하여 사회당 수상이 되었으며, 후에 사민당(일본 사회당의 개칭) 당수를 역임하고 특별대표가 되었다.

에 가까운 사상도 있었다. 이런 사상에 대한 고찰은 이 책에서 하나의 초점이 될 것이다.

어찌되었든 자료를 앞에 두고 한 · 중 · 일의 연구자가 논의를 거듭하는 것이야말로 결국은 동아시아의 미래를 개척해 가는 것이 되리라고 나는 생각한다. 그리고 일본이 한반도, 대만, 사할린, 중국 동북부 등에서 권력을 등에 업고 저지른 문화 침략의 실제에 관해서는 아직도 자료의 발굴이 충분하지 않다.

여기서 이야기하고자 하는 것은 국가적 차원에서 사죄가 이루어졌는지, 배상이 끝났는지 아닌지 하는 문제가 아니다. 사죄나 배상은 임시변통이나 그릇된 생각을 가지고서도 할 수 있기 때문이다. 무엇이 잘못되었던 것인지, 그리고 왜 잘못을 범한 것인지를 분명히 하려는 것이다. 이러한 의미에서 일본의 내셔널리즘의 재검토가 요구되고 있다.

2. 내셔널리즘이란 무엇인가

내셔널리즘이라는 용어

오늘날 일본에서는 자신이 속한 '민족'의 힘과 문화가 다른 민족보다 우월하다고 자만하거나 자민족의 이익을 위해 다른 '민족'을 압박해도 괜찮다고 생각하는 경향, 혹은 애국심에 집착한 언동을 가리켜 자주 '내셔널리즘'이라는 용어를 사용하고 있다. 내셔널리스트라고 하면 곧바로 우익을 떠올려 거부 반응을 보이는 사람들도 있다. 그러나 이는 국제적 상식에서 보면 상당히 한쪽으로 치우친 생각이다.

10년 전쯤 프랑스에서 우수한 일본 연구자를 수없이 육성해 온 장 자크 오리가스(Jean Jaeques Origas, 1937 ~ 2003) 씨에게 이끌려 파리의 뤽상부르 광장을 산책한 일이 있었다. 가을의 황혼이 깃들 무렵에 쌀쌀함을 느끼며 거리로 내려가면서 마침 어느 극장 앞을 지나던 참이었다. 그 극장 입구의 네온사인이 빛나고 있었다. 'Théâtre Nationale Populaire'. 'populaire'는 영어의 popular와 같이 '민중' 혹은 '국민의'라는 의미이다. '국립민중극장'일까…? 나는 프랑스의 작가 로맹 롤랑(Romain Rolland)이 20세기 초기에 일으킨 연극운동의 이름이 현재에도 남아서 네온사인으로 환히 밝혀져 있는 것에 감회를 느끼며 소리 내어 읽어 보았다.

그러자 오리가스 씨가 천천히 고개를 끄덕이고서는 중후한 저음의 목소리로 이렇게 말했다. " 'Nationale Populaire'는 조금 이상하군요. 동의반복(同義反復)이 됩니다"라고. 프랑스어로 'nationaliste'라고 하면 '국가주의자'라는 의미도 되지만, 그것보다 '민중주의자'라고 번역하는 쪽이 적절한 경우가 많음을 상기하였다. 오리가스 씨는 내가 그 말에 마음이 걸려 하는 것을 헤아리고서는 아무렇지도 않은 듯 확인해 주었던 것이었다. '음. 오리가스 선생님은 언제나 이런 식으로 젊은 연구자를 대하고 계시는구나' 하고 깊이 감동하였다.

영어로도 'national'과 'popular'의 의미는 비교적 가깝다. '내셔널'은 '국민 모두의'라는 뉘앙스가 강하다. 확실히 내셔널 버터라고

하는 상표가 있다. 'ナショナリズム(내셔널리즘)'은 물론 영어의 'nationalism'을 가타카나로 표기한 것이지만, 오늘날의 일본어와는 상당히 뉘앙스가 다르다.

그렇지만 마쓰시타 전기기구제작소(현재 松下電氣産業)는 1927년부터 '내셔널'이라는 상표를 사용하기 시작했다. 그 경영 수완을 높이 평가받고 있는 창업자 마쓰시타 고노스케(松下幸之助)는, 일본이 대량생산, 대량선전, 대량소비로 막 들어가는 시기에 '국민 모두의'라는 의미를 담아 이 상표를 채택한 것임에 틀림없다.

내셔널리즘이라는 말로부터 곧바로 우익을 연상하는 것은 제2차 세계대전 후의 일본에만 있는 독특한 풍조일지도 모른다. '국수주의'라든가 '울트라 내셔널리즘(초국가주의)'으로 불리는 전시의 사상을 거부하고자 한 나머지 그러한 경향이 형성되었다고 본다.

그렇다고 하더라도 내셔널리즘이란 말은 사람에 따라 매우 다른 의미로 사용되고 있다. 다른 많은 것들처럼 내셔널리즘에 관해서도 오늘날의 국제적인 상식은 유럽과 미국이 기준이 된다. 먼저 그것을 제대로 알아 둘 필요가 있다. 그런 다음에 사정이 다른 일본의 내셔널리즘에 대해 살펴보고자 한다.

내셔널리즘의 정의

오늘날 내셔널리즘은 학문적으로는 어떻게 정의되고 있을까? 각종 사전류를 참고하여 정리해 보면 다음과 같다.

> 어떤 한 민족이나 복수의 민족이 그들의 생활 · 생존의 안전을 지키

고, 민족이나 민족 간에 공통되는 전통 · 역사 · 문화 · 언어 · 종교 등을 보존하고 발전시키기 위해 국민국가(nation-state)를 형성, 국내에서는 그 통일성을, 외국에 대해서는 그 독립성을 유지 · 강화하는 것을 지향하는 사상원리나 정책, 혹은 운동의 총칭.

유럽어에서 내셔널리즘은 이처럼 '국민국가'와 넓은 의미에서의 '문화'가 깊게 맺어진 용어이다. '국민국가'는 '민족국가'로도 번역되지만, 우선 국가가 정한 법률에 의해 국민이 생활함에 있어서 평등과 자유가 보장되는 근대 국가라고 해두자. 17세기 중엽에 있었던 영국의 시민혁명, 18세기 후기에 13개의 주가 영국으로부터 독립한 미국 독립전쟁, 그리고 절대왕정을 타파하여 국내 상공업의 자유와 토지 경작의 자유를 정착시킨 프랑스혁명(1789~1799)에 의해 만들어진 국가가 모델이 된다.

그렇다면 내셔널리즘은 근대 이전에는 없었던 것일까? 유럽에서 'nationalism'이라는 말이 광범위하게 사용된 것은 19세기 말 이후라고 한다. 그러나 내셔널리스트 중에는 자신이 속하는 '네이션'(nation, 국민 혹은 국가)이 오래된 전통을 가지고 있다고 주장하는 사람들도 상당수 있다.

'네이션'을 토대로 한 사상과 감정 등이 내셔널리즘이므로, 만약 '네이션'이 오래전부터 있었다고 한다면 내셔널리즘이라는 용어가 아니더라도 그것에 해당하는 어떤 것, 후에 내셔널리즘이라고 불리게 될 사상의 싹은 예전부터 있었던 셈이다. 그래서 내셔널리즘을 둘러싼 논의는 그것을 근대의 산물로 볼 것인지, 그 이전부터 존재하던 것인지, 크게 두 가지 입장으로 나뉜다. 근대의 산물이라고 보는 입장은, 기독교에서 보편적인 것으로 여기는 신의 '사랑'을 중심에 두는 가치관으로 뒤덮여 있던 유럽 세계가 '네이션'이라는 단위로 분열해 가는 과정이 근대이며, 거기서 작동하던 것이 바로 내셔널리즘이라는 시각이다.

고대 일본에서는 변경의 이민족에 대해 에미시(蝦夷),[4] 구마소(熊襲),[5] 하야토(隼人)[6] 등 동물을 나타내는 글자를 붙여서 기록하였다. 이것은 이민족을 멸시하는, 어디라도 있는 자민족중심주의(ethnocentrism)이다. 무로마치(室町) 시대 이후의 '남만인'(南蠻人)도 마찬가지이다. '남만'은 원래 중국어로 남방 민족을 멸시하는 호칭이었다. 일본에서는 아마미 제도(奄美諸島)로부터 동남아시아를 가리키는 말이었지만, 후에 스페인, 포르투갈이 동남아시아를 식민지로 삼았기 때문에 그 일대로부터 오는 스페인·포르투갈인을 '남만인'으로 부르게 되었다.

일본 무용 등에서 오른손과 오른발, 왼손과 왼발을 동시에 앞으로 내놓는 몸짓을 '남만', 줄여서 '난바'(ナンバ)라고 부른다. 기이한 느낌을 준 '남만인'의 몸짓에 빗대어 붙인 이름이다.

'에조치'(蝦夷地)를 '홋카이도'(北海道)로 고쳐 부르며 메이지 유

---

4) 일본의 간토(關東) 이북 홋카이도와 동북에 살던 원주민이다. 아이누족이라는 설과 일본인의 일부라는 설이 있다. 蝦는 새우를 의미한다.

5) 일본의 사쓰마(薩摩)와 오스미(大隅), 휴가(日向) 지방에 살던 부족 이름이다. 熊은 곰을 의미한다.

6) 일본 규슈(九州) 남부의 사쓰마(薩摩)와 오스미(大隅)에 살던 종족이다. 隼은 매를 의미한다.

신(明治維新) 시기에 병합했을 때, 아이누(アイヌ)에게도 일본 국적을 주었지만 '구토인'(舊土人)으로 불렀다. 민족으로서 '일본인'에 해당하는 관념은 '화인'(和人) 등의 호칭으로 상당히 오래전부터 형성되어 있었고, 도쿠가와(德川) 시대의 출판물과 교육을 통해 민중들 사이에서도 공유되어 있었다고 봐야 할 것이다.

내셔널리즘을 근대의 산물이라고 생각할지의 여부를 떠나 확실히 말할 수 있는 것은, 근대에 이르러 국민국가가 형성되어 가는 과정에서 근대적인 내셔널리즘이 탄생했다는 것이다. 그것은 본질적으로 '국민국가주의'(state-nationalism)인 것이다.

네이션이란

그렇다면 '내셔널리즘'의 토대를 이루는 '네이션'이란 무엇인가? 그 어원이 된 말은 유럽에서 고대로부터 있었지만, 오늘날의 의미로 사용하게 된 것은 역시 근대가 시작되면서부터이다. 오늘날의 의미는 자신이 태어나서 자란 고향에 대한 애착(향토애, patriotism)에 머물지 않고 좀 더 넓은 범위의, 그러나 기독교와는 다른 방식으로 사람들이 결합하는 방법을 가리키는 말이 되었다.

사람들이 법률을 만들어 그 아래에서 자유롭고 평등하게 결합하는 것을 이상으로서 처음 주장한 사람은 프랑스의 장 자크 루소라고 일컬어진다. 그의 『정치경제론』(1755) 등 일련의 저작에서는 향토애를 토대로 하여 사람들이 공통의 의지로 결합하는 작은 공동체를 생각하였지만, 만년에 헌법 문제를 논할 때는 '네이션'이라는 용어를 사용하였다.

이후 18세기 후기에 자유, 평등, 박애를 기치로 한 프랑스혁명이 일어났다. 주변에 있던 봉건영주의 영지를 폐지하고, 프랑스 전 영토의 사람들을 동등하게 같은 법률 아래에 두며, 경제활동의 자유를 인정하는 국민국가의 기본형을 만들었다. 그 과정에서 루소의 이상이 선구로서 받아들여졌기에 그가 '네이션' 이념의 선구자로 불리게 된 셈이다.

그렇게 받아들여진 데는 또 하나의 이유가 있다. 영국에서는 17세기에 홉스가 '자연권'(natural right)이라는 개념을 제시하였다. 이것은 개인이 원래 자유롭게 살 권리를 갖고 있다는 생각으로, 기독교회의 지배에 대항하여 자유롭게 살 권리의 일부를 정치권력과 그 법률에 맡기고, 그것에 의해 자유를 보장받는 제도를 구상한 것이었다. 자유로운 주장 사이에서 폭력적 대립이 일어나는 것을 막는 수단으로서 권력이 필요했기 때문이다.

그러나 존 로크는 이에 대해 절대군주제를 긍정하는 사상이라고 이의를 제기하며, 국가의 이념과 국가를 전복해도 괜찮다는 혁명사상을 설파했다. 이 사상이 루소에게 영향을 주었다. 하지만 로크의 경우 국가라는 것은 어디까지나 국민의 이해 대립이 폭력적으로 나타나지 않도록 하기 위한 장치이고, 도덕은 신의 의지에 맡겨져 있는 것임에 반해, 루소는 기독교에서 말하는 '사랑'과는 다른 방식의 결합을 구하는 사람들의 공통의지(일반의지)가 법률의 토대가 된다고 설명하고 있다.

내셔널리즘의 두 가지 유형

같은 유럽에서조차 '네이션'에 대한 개념이 영국이나 프랑스와는 상당히 다른 나라도 있었다. 19세기 초의 신성로마제국 시대까지만 해도 여러 개의 국가로 나뉜 채 통일을 염원하던 독일의 경우가 그러하다. 그런 의미에서 독일의 '민족'은 국가를 넘어선 것으로 독일어라는 '국어'를 기준으로 고안되었다.

그러한 특징을 잘 보여 주는 것으로서는 철학자인 피히테(Johann Gottlieb Fichte)가 민족 독립과 문화의 재건을 설명한 강연 「독일국민에게 고함」(1808)이 유명하다. 거기에서 '나치온'(Nation)은 정신문화를 같이하는 공동체를 의미하며, 새롭게 창조해야 할 이상(理想)으로서 이야기되고 있다.

이 강연은 1807년에 황제 나폴레옹의 군대에 점령당한 베를린에서 행해졌다. 프랑스혁명이 끝날 무렵 실권을 장악하고 군사독재의 제정(帝政)을 펼친 나폴레옹은 대국민군(大國民軍)을 이끌고 봉건적 군대밖에는 갖추지 못한 유럽의 여러 나라들을 제압하는 기세를 보였다. 이것이 각국에 국민국가주의를 고조시키는 계기가 되었다.

'국어'(national language)와 '국문학'(national literature)에 대한 생각도 이와 함께 확대되어 제도로서 점차 실현된다. '국문학'은 독일에서 1770년대에 일어나 순식간에 유럽 각지로 퍼졌다고 한다. 독일식의 문화공동체, 국민문화(national culture)라는 사고방식도 국민국가 형성과 함께 확대된 셈이다.

독일의 국민문학을 대표하는 이가 괴테(Johann Wolfgang von Goethe)라면, 그와 대조를 이루는 좋은 예가 미국의 휘트먼(Walt

Whitman)과 마크 트웨인(Mark Twain)의 경우이다. 휘트먼의 시집 『풀잎』(1855/1892)과 마크 트웨인의 『허클베리 핀의 모험』(1885) 등은 모두 무척 평이하게 쓰였으며, 투박한 말도 뒤섞인 대중문학(popular literature)이다. 본능의 해방을 노래한 『풀잎』은 청교도(puritan) 정신으로부터 격렬한 비난을 초래하였기에 20세기 들어서야 '국민문학'으로 여겨지게 된 것이라고 한다.

또 하나 독일에서는 루터의 종교개혁 때문에 로마 교황청으로부터 파문당한 루터파 등 프로테스탄티즘을 국교로 생각하는 경향이 강했다(단 제2차 세계대전 후에는 가톨릭 신자와 거의 동일한 수였지만, 동서 독일이 합병한 후에는 가톨릭이 다수파가 되었다). 이렇게 보면, 후진국으로 출발한 일본 근대의 문화내셔널리즘은 독일형에 가까운 셈이다. 그리고 그것이 특히 제2차 세계대전 시기에 큰 의미를 가지게 된다. 이에 대해서는 차차 알아보고자 한다.

대립하는 사상

이렇듯 내셔널리즘은 사상원리나 심정(心情)의 경향, 정책, 운동 등의 총칭으로 뉘앙스도 다양하며, 여러 가지 의미를 포함한 다의적인 용어이다. 그런 까닭으로 논의의 혼란을 피하기 위해 오늘날 일본에서는 ① '민족주의' ② '국민주의' ③ '국가주의' 등으로 나누어 사용하고 있다.

① '민족주의'는 총칭으로서의 내셔널리즘의 번역어라고 보면 된다. 단, 하나의 국민국가가 복수의 '민족'으로 구성되는 경우 하나의 '민족'의 입장을 강조하는 사상(ethno-nationalism)이라는 의미도

된다. 그것은 분리독립주의를 나타내는 경우도 있다. ② '국민주의'와 ③ '국가주의'는 각각 '국민국가주의' 속에서 '국민'의 입장에 서는 경우와 '국가'의 입장에 서는 경우로 생각하면 이해가 될 것이다. ②의 '국민주의'는 '건전한 내셔널리즘'으로 불리는 경우도 있다. 그 경우 ③의 '국가주의'는 다수 국민의 이해나 심정을 억눌러 국가의 이해를 우선시키는 '건전하지 않은' 사상을 의미한다.

향토를 생각하는 마음이, 그 향토를 포함한 '네이션'을 생각하는 마음도 된다. 그렇지만 모두가 자신의 향토의 이익만을 주장한다면 '네이션'의 통일과 단결을 보장할 수 없다. 그러므로 이 두 개가 첨예하게 대립하는 경우도 자주 일어난다. 그리고 내셔널리즘과 대립하는 사상은 향토주의만이 아니다.

민족과 국가를 가볍게 여기거나 무시하며, 세계 속의 한 사람으로서 개인을 뜻하는 '코즈모폴리터니즘'(cosmopolitanism)이나 '유니버설리즘'(universalism)도 그 하나이다. 유럽에서는 라틴어를 공통어로 하는 식자층(識字層), 즉 귀족 계급에서 코즈모폴리터니즘의 입장에 서는 사람들이 많았다. 그래서 이것은 '국민주의'에서 보면 귀족의, 그것도 제멋대로의 주장이라고 여겨지는 경우도 많았다.

또 하나 '인터내셔널리즘'(internationalism, 국제주의)이 있다. 국가에 구애받지 않고 각각의 신분이나 계급의 연계를 중요시하는 입장으로, '국민주의'의 고조에 대항하여 수많은 왕들과 귀족들이 자신들의 신분을 지키기 위해 이 입장을 취했다. 산업자본가들이 국경을 넘어 결속하려는 움직임도 있었다. 19세기의 노동자운동도 이러한 입장을 취했다.

즉, 내셔널리즘은 '국민국가'와 깊이 관련된 용어로 '코즈모폴리터니즘', '유니버설리즘'이나 '인터내셔널리즘'과 대립하며, 경우에 따라서는 내부에 포함하고 있는 '민족주의'나 '애국주의'(patriotism)와도 날카롭게 대립하는 경우도 있다. 또 '국가주의'와 '국민주의'가 대립하는 경우도 있다. 이들의 상호 관계를 빼놓고서 내셔널리즘을 생각할 수는 없다. 그리고 무릇 내셔널리즘에는 그 근본에 문화가 결정적 요인으로 작용하고 있다. 이에 대해서는 다음에서 살펴보도록 하자.

민족과 문화

'민족'이라는 말은 메이지 시대에 영어 '네이션'의 번역어로 만들어진 것이다. '인종', '종족', '족민'(族民) 등 다양하게 번역되었지만, '민족'이라는 말로 통일되어 보급된 것은 1889년에 구가 가쓰난[7]이 창간한 일간지 『일본』(日本)이 로쿠메이칸[8]의 무도회 개최 등 정부가 취한 경박한 구화주의(歐化主義)에, 또한 타협적인 조약 개정에 반대하며 그것을 공격하는 논진을 펼쳤을 때 사용한 것이 크게 작용하였다.

'네이션'을 형성하는 하위의 작은 그룹으로는 '부족'(tribe)이라는

---

7) 陸羯南, 1857~1907. 저널리스트, 평론가. 신문 『일본』(日本)을 창간하고 국민주의를 고취하였다.

8) 鹿鳴館. 도쿄 히비야(日比谷)에 있던 관영 국제사교장으로서 1883년에 준공되었다. 영국인인 조사이어 콘더(Josiah Conder)가 설계한 이곳에서는 음악회와 무도회 등이 개최되었다. 당시를 로쿠메이칸 시대라고 부르기도 한다.

말이 사용되었다. 그렇지만 오늘날에는 차별문제가 얽혀 있어 학술용어로서는 '에스닉 그룹'(ethnic group)을 사용하고 있다. 일본에서는 여기에도 '민족'이라는 말을 그대로 사용하는 경우가 많다.

'에스닉 그룹'은 '어떤 문화적 공통항을 기준으로 하여 서로가 맺어져 있다고 스스로 인정하거나 다른 사람들에 의해 그처럼 인정받는 사람들의 집단'을 가리킨다. 그 공통항으로서 예전에는 태어나면서부터 지니는 신체적 특징이나 언어, 종교, 생활습관 세 가지를 문화적 요소로 든 적도 있었다. 신체적 특징으로 보면 일본인, 중국의 다수파인 '한민족'(漢民族), 한반도의 '한민족'(韓民族)은 무척 닮았으며, 방글라데시의 산악 민족에서도 아주 닮은 사람들이 있다. 그러기에 현재에는 인간의 생물로서의 신체적 특징에 따른 '인종'(race)이라는 분류와는 별도의 결합방식에 의한 것이라는 개념이 우세하다. 또한 최근에는 인류는 생물로서 하나의 종이기 때문에 '인종'이라는 용어를 사용하지 말아야 한다는 움직임도 있다.

공통항이 되는 문화적 요소는 토지와 혈연관계, 언어 등을 공유하고 있다는 의식, 종교, 신화, 사회조직, 생활양식 등으로부터 그 집단에 소속된 사람들 혹은 다른 집단의 사람들이 그 집단의 통합에 있어 의미를 지니는 지표로서 선택한 것이라고 한다. 일본 열도에 살고, 일본어를 말하고, 독자적인 신화를 가지고…라는 방식으로 하나의 '민족'으로서의 통합 지표는 여러 가지 요소를 조합한 것인데, 어떤 요소가 선정될지는 '민족'에 따라 다르다. 즉, '민족'이란 문화적 요소의 조합에 의한 하나의 통합이라는 의식을 본질로 한다. 그리고 그 의식은 역사적 조건에 의해 만들어진다.

그러므로 같은 하나의 '민족'으로 볼 것인지에 대한 견해가 갈리는 경우도 있다. 예를 들면 오늘날 오키나와(沖繩) 사람들 중에서 자신들은 일본인과는 다른 민족이라고 주장하기도 하며 그것을 뒷받침하는 학설도 있다. 그렇지만 이것을 그다지 의식하지 않고 살아가는 사람들도 상당수에 이른다.

오키나와는 근세에는 류큐 왕조(琉球王朝)가 지배하면서 중국이나 일본과 거리를 두고 있었다. 메이지 유신 정부가 군대를 파견하여 지배하에 두고 현(縣)으로 편입시키는 바람에 도민(島民)들 사이에는 강한 저항감이 남아 있었다. 그러나 다이쇼(大正) 시대에는 일본에 동화하여 '좋은 일본인'이 되려는 의식이 강해졌다고 한다. 제2차 세계대전 후에는 미국의 통치하에서 '조국 복귀' 운동이 끈질기게 추진되었다. 민족의식이란 역사의 산물이라고 하는 것을 잘 보여 주는 예이다.

토지를 공유하지 않으며, 세계 각지에 흩어져 살면서도 같은 생활양식을 소중히 하며 공동체(community)를 영위하는 유대 민족의 예도 있다. 이러한 '민족'의 형태를, 특히 디아스포라(Diaspora)라고 부른다. 최근에는, 예를 들면 한반도를 떠나 다른 토지에 정착한 사람들을 '코리언 디아스포라'라고 부르고 있다. 중국(주로 지린성), 미국, 일본, 구소련의 순으로 그러한 인구가 많다.

'재일'(在日) 한국인은 1920년대에 증가하기 시작하였지만, 중일전쟁 시기에는 일본인의 노동력이 전쟁에 내몰리게 된 자리를 메우기 위해 한반도에서 강제연행이 저질러지는 등 가혹한 조건하에서 이루어졌다. 전후에도 차별은 강하게 남은 한편, 한반도가 남북으로 분단되면서 '재일' 한국인 사이에도 대립이 생기는 등 복잡한 과정을 거쳐 오늘날에 이르고 있다. 일본에서 태어난 세대가 과반수에 다다를 무렵부터는 '재일'이라는 독자의 아이덴티티를 가지려는 의식도 자라나고 있다.

디아스포라는, 어떤 지역과 국가(host country)의 내부에서 조국(mother country)을 계속 의식하며 공통의 생활양식을 갖는 공동체를 영위하는 집단 또는 그 집단에 속하는 사람들이라고 정의된다. 조국을 떠나 방랑생활을 보내는 개개인을 '디아스포라'라고 부른다면 논의가 혼란스러워진다. '디아스포라'로서 살아가는 길을 자각적으로 선택한 사람들에게서 자신들은 방랑자가 아니라는 항의를 받는 경우도 있다.

문화라는 말

'문화내셔널리즘'이란 간단히 말하자면 내셔널리즘의 정치나 경제적 측면이 아니라 그 문화적 측면을 가리키는 말이다. 그리고 이 문화가 실은 내셔널리즘의 본체였다. '민족문화'나 '국민문화'라는 관념으로 대표되는 것이 그 정체이다. 그렇다면 '문화'라는 것은 무엇인가?

'문화'라는 말은 원래 중국에서 '문치교화'(文治敎化), 즉 형벌이나 위력을 사용하지 않고 백성을 가르쳐 인도한다는 의미로 옛날부터 사용되었다. 그렇지만 일본에서는 도쿠가와 시대에 연호로 쓰였을 뿐 그다지 눈에 띄게 사용되던 말은 아니었다.

오늘날의 의미로 문화는 메이지 중기인 1890년경부터 앞서 말한

『일본』이라는 일간지 정도에서 독일어인 'Kultur'의 번역어로 사용하기 시작했다. '경작하다'나 '기르다'라는 의미의 라틴어 'cultura'에서 유래된 말인데, 이것은 철학, 사상, 예술 등의 정신문화를 중심으로 하는 것으로 일본에서는 점차 '문명'(civilization)과 거의 같은 의미로 퍼져 나갔다. 1900년경에는 한 문장 속에서 두 개의 용어가 환언(換言)되어 사용된 사례도 보인다.

'문명'이란 라틴어의 'civis'(시민)와 'civitas'(도시)에서 유래한 것이며 미개나 야만에 대비되는 말인데, 메이지 전기에 서구 문명을 받아들여서 서양 열강을 따라잡아 추월하자는 구호와 함께 '문명개화'라는 말로 유행하게 되었다. '개화'만으로도 문명화를 의미했다.

그리고 1918년 말경부터는 가치관을 논하는 독일의 신칸트학파의 움직임을 수용한 사람들이 물질적 풍요로움보다 정신적 풍요로움을 추구하는 '문화주의'(Kulturismus)를 외치기 시작하자 '문화'라는 말이 유행어가 되었다. '문화적인 삶'처럼 근대적, 서구풍, 편리함 등을 나타내는 말로서도 널리 사용되어 '문화냄비'[9]가 팔려 나갈 정도였다. 덧붙여 말하자면, 제2차 세계대전 후에 '다이쇼 교양주의'(大正教養主義)라는 말이 쓰였으나, 당시에는 '교양주의'(culturism)라는 말은 거의 쓰이지 않았다.

그리고 이 '문화주의'의 영향이 광범위하게 미쳤기 때문에 오늘날에도 '문화'라는 말에는 '물질문명'에 대비되는 '정신문화'라는 뉘앙스가 강하게 담겨 있다. 한편 제2차 세계대전 후에는 영국, 미

9) 文化鍋. 양은냄비 등 가볍고 편리한 금속 냄비를 가리킨다.

국 등의 문화인류학의 영향을 받아 '문화'를 각각의 '민족'이 갖는 고유한 생활양식이란 의미로 사용하는 경우가 늘어났다. 아프리카의 피그미족의 '문화'처럼 사용된다. '문화'에는 크게 분류하여 정신문화와 생활문화의 두 가지 의미가 있기 때문에 간혹 혼동되기도 한다.

이런 식으로 하나의 용어에도 그 역사가 있다는 것 정도쯤은 누구나 알고 있을 것이다. 그렇지만 '문화'라는 말에 대해 지금까지는 단지 이 정도조차의 확인도 이루어지지 않았다. 이상은 지난 10여 년 동안 문화에 대해 지적되어 온 것에 나의 식견을 보태어 정리한 것이다.

자신의 정의에 따라 어떤 현상을 선명하게 설명해 보여 주는 것도 연구의 한 방법이지만, 특정 시기의 사람들이 어떤 식으로 용어를 사용하여 어떤 식으로 생각하였는지를 조사, 고찰해 봄으로써 문화의 역사를 해명해 보려는 연구 방법도 있다. 이 책에서는 주로 후자의 방법으로 일본의 문화내셔널리즘의 역사에 접근해 보겠다. '문화'라는 말을, 그 용법의 변화를 근거로 하여 사상이나 예술, 풍속, 생활습관 등을 포함하는 넓은 의미로 쓰고자 한다.

전통의 발명

역사학에서도 문화에 대한 주목이 높아지고 있다. 특히 영국의 케임브리지 대학에서부터 시작된 '문화연구'(cultural studies)는 지금까지의 정치 · 경제중심의 연구와는 달리 역사를 움직이는 문화의 힘에 주목한 것으로 '전통의 발명'(invention of tradition)론을 가장 눈부신 성과로 꼽을 수 있을 것이다. '전통'이라고 하면 훨씬 예전부터 이어져 온 것처럼 여기기 쉽지만, 실제로는 근대에 이르러 민족의 독자성(아이덴티티)이 요구되었을 때 새롭게 만들어진 풍속, 습관이 많다는 것을 밝혀내었다.

스코틀랜드 북부, 하이랜드 지방의 민족의상으로 알려진 킬트[kilt, 남성이 착용하는 타탄체크(tartan check)의 무릎길이 스커트]는, 실제로 19세기 런던의 양복점에서 제작된 것이었다. 이것이 가장 이해하기 쉬운 예일 것이다. 이 외에도 영국의 식민지가 된 아프리카의 부족사회에 의례제도와 의상 등의 새로운 정비가 요구되었던 것과, 근대의 도시생활에서도 5월 1일에 행해지는 노동자의 제전(祭典)으로 불리는 메이데이(May day) 등이 '전통의 발명'에 해당하는 단적인 예가 된다.

일본에서도 신도(神道) 양식으로 이루어지는 결혼식이나 하쓰모데[10] 등의 관습이 메이지 시대에 새롭게 만들어졌다. 하지만 완전히 새로운 습관이 만들어진 것만은 아니었다. 1909년 도쿄 혼조료고쿠(本所兩國)의 에코인(回向院) 경내에 스모를 위해 상설관이 세워졌다. 이때부터 '스모는 일본의 국기(國技)'라고 불리게 되었다. 그리고 다음 해 1월에는 국기관(國技館)으로 개칭되었다. 이것은 옛날부터 있었던 것에 새로운 의미가 주어진 예이다.

그리고 1931년, 도효[11] 위의 지붕 형태가 사원식(寺院式)에서 신

---

10) 初詣で. 정월에 절이나 신사에 새해 처음으로 참배하는 일을 말한다.

11) 土俵. 씨름판. 흙을 담아서 짠 가마 20개를 둥글게 묻어 만든 지름 4.55m의 스모판을 말한다.

사식(神社式)으로 바뀌었다. 스모가 원래 신에게 올리는 행사이면서 또한 줄곧 신사와 깊은 인연을 가져온 점이 강조되었기 때문이다. 그 뒤 1985년에 신국기관(新國技館)이 생겼을 때는 옛날 방식의 '마스세키'[12]가 부활하였다. 이처럼 '전통'에 대한 견해나 사고방식은 끊임없이 변하고 있다.

무릇 왕후(王侯)의 혈통이나 어떤 하나의 특정한 계보에 전래되는 습속을 가리키던 '전통'이라는 말이 넓게 국민의 '문화계승성'이라는 의미로 쓰이게 된 것은, 유럽에서 근대 국민국가가 만들어지는 과정을 통해서였다. 그러므로 '전통의 발명'이라는 현상은 어떤 가계나 집단의 풍속, 습관만이 아니라 좀 더 넓게 생각할 수 있다. 그때까지 신분, 계층, 혹은 지방별로 나누어 가지고 있던 문화의 이모저모를 국민이 자랑하고 계승해야만 하는 전통으로서, 즉 국민문화로서 만들어 내는 것이 넓은 의미에서의 '전통의 발명'이다. 보다 정확하게는 문화의 여러 요소가 '전통'으로서 재편성(re-organization)되어 새로운 의미가 부여되는 것을 가리킨다.

국민문화의 형성

유럽에서는 왕후 귀족이나 일부 지식층이 즐겼던 음악, 회화, 연극, 문예 등의 예술을 그 나라의 국민문화로서 공유하고, 긍지를 가지게 된 것이 근대라는 시대이다. 작품 그 자체는 이전부터 있었던 것이기 때문에 '발명'이라기보다도 '국민 모두가 공유하는 문화',

12) 枡席. 되 모양으로 네모나게 칸막이를 한 스모판의 관람석을 말한다.

즉 '국민문화'의 '전통'이라는 새로운 의미가 주어졌다고 하는 편이 옳을 것이다. 여기에도 여러 경우가 있다.

예를 들면, 19세기에는 '에다'[13]와 '사가'[14] 등 아이슬란드에 남아 있던 북게르만 민족과 바이킹 등의 북유럽 신화가 회화나 음악에서 왕성하게 살아나게 되었다.

이것도 내셔널리즘이 불러일으킨 움직임이다. 영국에서는 한때 인기가 시들해지고 있던 셰익스피어 극이 18세기 후기부터 19세기 전기의 독일에서 인간성을 심오하게 그려낸 것으로서 존경받게 되자 영국인이 재인식하게 되었다는 경위가 있다. 이리하여 셰익스피어 극은 근대적 예술관에 의해 새로운 가치를 부여받아 영국 국민 모두의 것이 되었고, 또 세계 어디에서나 즐기게 되었다.

또한 농민들 사이에서 전승되어 온 민화나 민요가 국민의 문예로 재인식되면서 수집과 편집이 이루어졌다. 이때 근대적 가치관에 의한 선택이나 스토리의 변경 등이 이루어진 경우도 많았다. 독일의 그림(Grimm)형제 동화 등에서 이러한 경우가 지적된다.

이러한 예는 일일이 들 수 없을 만큼 많다. 그리고 이러한 것들이 그 나라의 문화, 예술의 역사로서 구성되어 교육과 인쇄물을 통해 국민들에게 공유된다. 각기 그 나라의 문학사와 예술사 등은 모두 근대가 되면서 새롭게 편성된 것으로 넓은 의미에서의 '전통의 발

---

13) Edda. 아이슬란드에 전해 오는 고문서로 북유럽 게르만 민족의 신화, 영웅전설을 집대성한 것이다. 12세기경에 정리되었다고 한다.

14) Saga. 아이슬란드나 노르웨이의 왕과 민중에 관련된 신화, 전설 등의 산문문학의 총칭이다. 12~13세기경에 쓰여 대부분 작가가 상세히 남아 있지 않다.

명'이라고 해도 좋다. 그것을 촉진시킨 힘이 내셔널리즘이고, 거꾸로 내셔널리즘은 '발명된 전통'에 의해 지탱된다.

그리고 이러한 '국민문화'의 관념도 국민국가의 구조가 세계화(globalize)되면서 전 세계로 전파되어 갔다. 일본은 무척이나 민감하게 그것을 받아들여 상당히 부산하게, 게다가 독자적인 방식으로 그러한 창조를 이루었다. 그 양상에 대해서는 다음 장에서 살펴보도록 하자.

제2장

국민국가의 창조

1. 발명된 역사

달력의 발명

도쿠가와 후기의 서양 학자들, 특히 1858년 개국 이후 1860년부터 6번에 걸쳐 구미에 파견되었던 사절들 모두는 근대의 서구 여러 나라가 만들어 낸 '전통문화'라는 개념을 접했음에 틀림없다. 그들 중 구메 구니타케[15]만큼 그 개념을 마음에 깊이 새긴 사람은 아마

15) 久米邦武, 1839~1931. 역사학자. 사가번(佐賀藩) 출신의 무사. 유신 정부에 봉직하면서 이와쿠라 사절단의 일원으로 참여하였다. 역사학계로 옮겨서 도쿄대학 교수가 되었다. 근대 사학의 창출에 노력하였으나, 1891년 「신도는 제천의 고속」(神道は祭天の古俗)을 발표하여 필화사건을 초래하였다.

없었을 것이다.

구메 구니타케는 1871년(메이지 4년) 11월부터 1873년 9월에 걸쳐 이와쿠라 도모미[16]를 특명전권대사로 하는 사절단에 공식 기록원으로 참가하여 미국에서부터 유럽을 돌아보았다. 사절단의 임무는 도쿠가와 막부가 여러 나라와 체결한 불평등조약을 대등한 것으로 개정하는 것, 그리고 선진국의 문명을 자세히 견학하는 것이었다.

조약 개정은 이루어지지 않았으나 사절단이 일본에 가져다준 것은 헤아릴 수 없었다. 그리고 구메 구니타케가 편수한 『미구회람실기』(米歐回覽實記, 1878)의 한 소절은, 선진국이 역사와 전통을 존중하는 태도에 대해 깊이 배운 것을 선명하게 전하고 있다. 그렇지만 그것을 소개하기 전에 언급해 두어야만 할 것이 있다.

이와쿠라 사절단 일행은 1872년(메이지 5년) 11월 중반 무렵 런던에서 파리로 건너가서 12월 3일을 맞았다. 이 날은 메이지 6년 1월 1일이기도 하다. 대체 어찌된 일일까? 일본 정부가 그때까지의 태음력(舊曆)을 태양력(新曆)으로 바꾸었던 것이다. 서력(西曆)에 맞추어 날짜도 바뀌었다. 이른바 달력의 서구화였다.

이와 동시에 일본 신화 속의 제1대 천황인 진무(神武) 천황이 즉위하였다고 여겨지는 해를 기원 원년으로 하기로 결정되었다. 이 날부터 시작된 1년을 '기원 2533년'으로 삼았다. 서력보다 660년

16) 岩倉具視, 1825~1883. 막말과 메이지 전기의 귀족, 정치가. 공무합체(公武合體)에 관해 노력하였지만, 그 뒤에 궁정에서 토막운동(討幕運動)의 중심이 되었다. 유신 이후 정부의 중추가 된다. 조약 개정의 준비를 위해 사절단을 이끌고 구미를 둘러보았다.

빠르다. 일본에는 일본의 역사가 있고, 그것도 유럽보다 오래되었음을 내세우는 태도를 내외에 보여 준 것이었다.

그야말로 '전통의 발명', 아니 '역사의 발명'이다. 막말(幕末)부터 유신기(維新期)에 걸쳐 고양된 신들린 국체론, 즉 '일본은 신의 나라(神州)'라는 생각이 이것을 지지하였다. 이때에는 1월 29일을 국민의 축일로 정하였다. 다음 해에 기원절(紀元節)이라 부르도록 결정되었는데, 같은 해 다시 날짜는 2월 11일로 변경되었다. 여러 가지 사정이 있었다고 해도 신화의 세계에서 근거를 찾으려고 한 것은 근본적으로 무리였다. 그 때문에 이러한 일이 일어났다.

이윽고 중일전쟁이 한창인 1940년(쇼와 15년)에는 '기원은 2600년'이라고 주장하게 된다. 제2차 세계대전 후, 전시 중 고양된 건국신화에 의한 내셔널리즘이 부정되어 기원절은 폐지되었다. 그러다가 1967년에 '건국기념일'로 부활하였다. 이 날을 둘러싸고도 일본 내셔널리즘의 들쑥날쑥한 걸음을 읽어 낼 수 있다.

고전 서적의 정리

새로이 정해진 설날을 파리에서 맞이한 이와쿠라 사절단 일행은, 베르사유 궁전이나 노트르담 대성당 등을 돌아보고 1873년 1월 6일 오후에 국립도서관에서 장서를 접하였다. 17세기 일본인 가톨릭 신자가 일본에서 기록한 사료도 접하였다. 도쿠가와 막부가 기독교를 금지하였기 때문에 어느 누구도 모르고 있던 기록이었다. 그들도 모르는 일본을 외국에서 만났던 것이다.

구메 구니타케는 이 도서관의 건물구조, 장서정리법, 열람방식을 상세하게 적고 있다. 물론 일본으로 돌아가서 참고하기 위해서였다. 그리고 그는 다음과 같이 적고 있다. "서양의 일진월보(日進月步)한 이야기를 접한 후 일본인은 새로운 것만 중요시해 왔다. 그러나 틀렸다. 진보란 옛것을 사랑하는 마음이 있은 후에야 비로소 이루어지는 것이다. 천백 년의 지식, 이것을 쌓으면 문명의 빛을 발한다"고.

구메 구니타케의 일생은 이때 결정되었다. 그는 이러한 입장에서 근대 역사학을 개척해 간다. 사료 속의 전설을 비판하고 사실(史實)을 밝혀내는 것을 중요시하였다. 그러한 태도는 신화에 의해 기원절을 발명하던 태도와는 결정적으로 다르다. 그렇기 때문에 그 후에 일본의 행보와 잘 어울리지만은 못했다. 이에 대해서는 후에 한 번 더 그를 등장시켜 보기로 한다.

그로부터 4년 후인 1877년에 일본의 학예 전반을 종합정리한 소책자, 『문예유찬』(文藝類纂)과 『일본교육사략』(日本教育史略)이 사카키바라 요시노(榊原芳野)에 의해 편찬되어 문부성에서 간행된다. 『일본교육사략』은 1876년 필라델피아 만국박람회를 목표로 고문으로 초빙된 외국인 데이비드 머레이(David Murray)의 제언에 의해 편집이 시작된 것이었다. 그렇지만 만국박람회까지 끝내지는 못하였다. 또한 『문예유찬』의 '문예'라는 것은 문장과 학예 전반을 의미하는 옛 중국어로, 이른바 일본 학술사를 종합하고자 한 것이었다.

『문예유찬』에 '서문'을 쓴 문부성 대서기관 니시무라 시게키[17)]

17) 西村茂樹, 1828~1902. 윤리학자. 메이로쿠사(明六社)의 창립에 참가하였다. 1876년 도쿄수신학사(東京修身學社)를 일으키고, 1887년에 일본홍도회(日本弘道會)로 개칭하여 유학에 의한 국민도덕의 육성을 꾀했다.

는 2년 후 『고사유원』(古事類苑)의 편집을 건의한다. 고전 서적의 기사를 모아 천문이나 지리에서부터 종교, 풍속, 철학, 언어, 사학, 소설 등 여러 장르에서부터 문구류에 이르는 분류를 시행하였다. 그 서문은 일본의 대백과사전(encyclopedia)이라고 호언하고 있다. 1896년에 간행을 시작하였지만 1900년에 분류를 대폭 변경하여 1914년에 완성되기까지 35년에 걸친 대사업이었다. 오늘날에도 메이지 이전의 일본 문화 전반에 대해 대체적인 방향을 잡기에는 정말 편리한 책이다.

역사관의 전환

『고사유원』이 건의되기 2년 전인 1877년에는 고대에서부터 일본 문물의 역사를 더듬어 보려는 서적이 간행되기 시작하였다. 대장성(大藏省)에서 번역 등에 종사하던 다구치 우키치[18]가 고대부터 당대에 이르기까지 일본 문명의 발달을 기록한 『일본개화소사』 전6권(日本開化小史, 1882 완결)이 그것이다. 프랑스의 정치가이자 역사가인 기조[19]에 의한 『유럽문명사』(1828~1830) 등을 참고하여 일본의 문물과 정신문화가 고대 이래로 점점 발달해 온 모습을 담았다.

---

18) 田口卯吉, 1855~1905. 경제학자, 문명사가. 1879년에 「도쿄경제잡지」(東京經濟雜誌)를 창간하고, 자유주의 경제학을 앞장서서 주장하였다. 민권의 고취에 노력하면서 실업계에서도 활약하였다. 1894년 중의원의원에 선출되었다.

19) Francois Pierre Guillaume Guizot, 1787~1874. 프랑스의 정치가, 역사가. 프로테스탄트이면서 자유주의자. 7월 왕정하에서 수상이 된다. 2월혁명 발발에 의해 국외로 망명하였다. 저서로 『영국혁명사』, 『유럽문명사』, 『프랑스문명사』 등이 있다.

사회가 차례로 진화해 왔다고 하는 역사적 견해는 유럽에서도 근대를 통해 생긴 것이다. 『구약성서』에는 신이 엿새 동안 일하여 세계를 만들고, 하루의 휴식을 취했다고 기록하고 있다. 지질학자가 차례차례로 태고의 동식물 화석을 발굴해 내어도 기독교의 창조설(creationism)이 크게 무너졌던 것은 아니었다. 정말 곤혹스러운 것은 아메리카 대륙에서 발굴된 화석이었다고 버트런드 러셀(Bertrand Russell)은 『종교에서 과학으로』(1935)에서 적고 있다. 성서에 의하면, 대홍수로 지상의 생물은 전멸하고 노아의 방주에 탄 동물들만이 살아남았는데, 그 동물들의 자손이 대서양을 거쳐 아메리카 대륙까지 헤엄쳐 갔다는 것은 아무리 생각해도 무리한 이야기였기 때문이다.

그리고 유럽에서는 최종적인 구원, 즉 신의 나라의 실현을 기다리는 기독교의 역사관이 오랫동안 지배적이었다. 그러한 역사관에 뿌리를 두면서도 신의 이성이 아니라 그것을 나누어 받은 인간의 이성에 근거를 두려는 18세기 계몽사상을 출발점으로 하여 역사는 목적을 향해 진보 발전한다는 생각이 지식인들 사이에 퍼져 갔다. 19세기 후반에는 신의 존재도, 전 우주의 에너지 총량은 변하지 않는다는 법칙도 실험에 의해서는 증명될 수 없다는 불가지론(不可知論)의 입장을 취한 허버트 스펜서(Herbert Spencer)의 사회진화론이 유행하였다. 또한 유물론에 기반을 두고 경제야말로 인간의 활동 기반이며 계급 간의 모순이 차례차례로 혁명에 의해 해결되어 간다고 하는 마르크스주의의 발전단계론도 점차 세력을 얻었다. 이것들은 모두 진보나 발전을 긍정하는 역사관이다. 다만 진화

(evolution)라는 것은 조금씩의 변화를 가리키며 혁명(revolution)과는 대립된다.

메이지 전기 · 중기 일본의 지식인에게는 다윈의 생물진화론과 함께 스펜서식의 점진주의적인 사회진화론이 널리 받아들여졌다. 『일본개화소사』의 저자 다구치 우키치도 스펜서의 『사회학원리』(1876~1896)를 번역하였다. 얼마 후 이토 히로부미(伊藤博文)가 헌법 제정을 위한 조사에 임했을 때에는, 조사관이 직접 영국의 스펜서 자택을 방문하였다. 그때의 조사관인 가네코 겐타로[20]는 메이지 헌법의 초안자로, 그는 헌법 제정 후에 '덕분에'라며 스펜서에게 서한을 보낼 정도였다. 얼마나 스펜서의 영향이 컸는지를 알 수 있는 대목이다.

그러면 이렇듯 진화하는 역사라는 생각을 갖기 이전의 일본 지식인의 역사관은 어떠한 것이었을까?

고대의 역사관

중국의 정사(正史)는 고대부터 황제의 치세를 점검하기 위한 재료로서 사관(史官)이 기록하고 편찬하는 방식으로 쓰였다. 이 방식은 천자치세(天子治世)의 연대기인 본기(本紀)와 저명한 개인의 사적(事績)을 기록한 열전(列傳)이라는 2개의 부분을 반드시 필요로 한다. 고대 일본은 이 방식을 본뜨고자 하였다. 하지만 중국과 큰

20) 金子堅太郎, 1853~1942. 관료, 정치가. 미국에서 유학하였다. 이토 히로부미의 헌법 기초 작성에 참가하였다. 러일전쟁 중에 미국에 특파되어 전시외교 · 강화체결에 공헌하였다.

차이도 존재했다.

최초의 정사라 할 『일본서기』(日本書紀, 720)는 고대의 신화 · 전승을 기록한 '구사'(舊辭), 황위 계승을 중심으로 한 '제기'(帝紀) 등을 비롯하여 야마토 조정이 다스린 각 지역, 각 씨족, 사원의 기원 등 전승기록을 모아 편찬한 것인데, 이설(異說)을 "일서(一書)에 가로되"라고 병기하는 것이 특징의 하나이다. 기록의 출처가 확실하면 내용에 모순이 있어도 병기하는 것은 중국의 '사'(史)의 방식과 같지만, 이런 방식은 너무나 많다. 많다는 것은, 야마토 조정이 다양한 세력으로부터 기록을 모아 그것을 모두 기재하지 않을 수 없었던 것으로, 요컨대 조정은 여러 세력의 연합에 의해 성립되었다는 설이 여기서도 입증된다.

또한 많은 신화가 포함되어 있고, 그것이 인간의 역사시대와 연속하고 있는 것도 중국과 다르다. 한 무제의 치세(기원전 141～87) 아래에서 편찬된 사마천의 『사기』(史記)에도 신화는 기록되어 있지만, 그것들이 무제와 결부되어 있는 것은 아니다. 신화나 전승도 적어서 남겨 두고자 한 사마천의 태도에 의한 것이다.

그렇지만 신화와 역사의 연속성은 무문자(無文字) 사회, 즉 문자를 갖지 못한 부족의 전승에서 일반적으로 보이는 것이다. 기억되어 구전되어 온 여러 가지 전승은 구전이 반복되는 가운데 환상이나 여러 사건들이 많은 사람들의 기억 속에서 뒤섞이고 윤색되어 하나의 이야기 형태로 만들어져 간다. 그런 형태가 남은 것으로 생각하면 된다. 다만 일본 신화의 경우, 여러 개의 부족이 나눠 가지고 있던 전승이 하나의 스토리로 정리되는 데 이르지 못했다. 스사노오[21]나 야마토타케루[22] 등 영웅이야기도 하나의 이야기로 융합되는 과정으로 기록되는 데 그쳐 버렸다. 일본의 신화군은, 말하자면 너무나 빨리 문자와 만나 버렸던 것이다.

또한 중국의 정사는 고대로부터 한대(漢代)까지의 통사인 『사기』를 제외하면, 전한(前漢)부터 왕조마다 그 역사를 정리하는 단대사(斷代史) 형태를 취한다. 그리고 진(晋)나라 시대 이후, 혁명에 의해 왕조가 교체될 때마다 전대의 기록을 기초로 다음 세대 왕조의 관리가 편집하는 관습이 확립되었다. 후에 청조 제6대 황제, 건륭제(乾隆帝, 재위 1735~1795)가 권위 있는 정사를 골라 「이십사사」(二十四史)가 되고, 중화민국 때에 「원사」(元史)를 더해 「이십오사」(二十五史)가 되었다. 이렇듯 왕조마다 '사'(史)를 나누는 방식을 역성혁명사관(易姓革命史觀)이라 부른다.

일본에서는 신대(神代)부터 887년까지 『일본서기』를 비롯한 6편의 국사(六國史)가 편찬되었다. 모두 '한문'으로 쓰였다. 그렇지만 조정이 전복되지 않고 천황가가 이어졌기 때문에 연속사가 된다. 또한 중국에서는 유학이 중심이라 불교는 정사에 기록되지 않는다. 그렇지만 일본에서는 쇼토쿠(聖德) 태자 시대부터 궁정이 불교를

21) スサノオ. 일본 신화에서 아마테라스오미카미(天照大神)의 남동생이다. 원래 스사노오에게는 바다를 다스릴 권리가 있었는데, 아마테라스의 궁정에서 난폭한 행동을 하여 하늘에서 추방되었다. 일본 서부의 이즈모(出雲) 지방에 내려온 스사노오는 이 지역을 위협하고 있던 머리가 8개 달린 용을 죽였다. 그는 용의 꼬리에서 마법의 검, 구사나기(草薙)를 되찾아 누이에게 주었으며, 이 검은 후에 일본 황실의 3대 보물 중 하나가 되었다.

22) ヤマトタケル. 게이코(景行) 천황의 아들. 천황의 명을 받아 구마소(熊襲)를 토벌하고, 후에 동쪽 지방을 평정하였다.

받아들였고, 이것을 중심으로 신도(神道)와 유학(儒學)도 받들었기 때문에 불교도 정사에 기록되어 있다. 중국과 일본은 유학과 불교를 받아들이는 데 있어 이러한 차이도 있었던 것이다.

귀족들은 제각기 가계(氏)의 역사를 남기고 있었는데, 여기서는는 천황가의 권위와 어떠한 관계에 있었는지를 기록하는 것이 중요했다. 신도의 제사를 담당하던 인베(斎部, 忌部)씨의 유서(由緖)를 기록한 『고어습유』(古語拾遺, 807)라고 불리는 역사서가 있다. 이것은 인베 히로나리(斎部広成)가, 같은 역할을 담당하던 나카토미씨(中臣氏)의 세력 강화에 대항해서 자신의 집안이 부당한 취급을 받고 있다고 조정에 호소하여 정사에 누락되어 있던 인베씨의 전승을 다시 정리해서 기록한 것이다. 여기서 그는, 정사(正史)에는 자세한 것이 누락되어 있다고 적고 있다.

고대 일본의 정사는 권력과 그 구성자들이 스스로에게 정통성을 부여하기 위한 것이었다. 거기서 부당한 대우를 받고 있다고 생각한다면 그에 대해 이의제기가 이루어졌던 것이다. 중국에서는 좀처럼 생각할 수 없는 일이다. '사(史)'의 의미가 중국과 일본에서는 근본적으로 달랐다.

덧붙여 말하자면, 『고어습유』의 본문도 '한문'으로 적혀 있다. 일본의 독자적인 신도를 담당하던 사람들도 공식 문서에는 '한문'을 사용하였던 것이다.

고대의 문화내셔널리즘

헤이안 시대에 실권을 쥔 후지와라씨(藤原氏)는 후지와라 미치나가[23]의 사후 그들의 영화로운 세상을 기리는 역사서를 『에이가모노가타리』(榮花物語)로 기록하였는데, 우다(宇多) 천황(재위 887~897)대부터 시작하고 있다. '육국사'의 마지막 『일본삼대실록』(日本三代實錄)은 고코제(光孝帝, 재위 884~887)에서 끝나고, 그 후의 '정사'의 시도는 좌절된 채로 있었다. 결국 『에이가모노가타리』에서는 '육국사'를 계승하려는 천황가의 의사도 읽을 수 있다.

『에이가모노가타리』는 일문(日文)으로 된 장제목을 갖춘 모노가타리(物語) 형식으로 쓰여 있다. '한문'으로 기록된 중국식 천황가의 '사'와는 다른 방식이 의식적으로 선택된 것이다. 『겐지모노가타리』(源氏物語, 螢の卷)에는 정사보다도 모노가타리 쪽이 자세한 사실이나 사람의 마음을 있는 그대로 전할 수 있다며 히카루 겐지(光源氏)가 여성을 유혹할 때의 말을 빌려서 이야기하고 있다. 『에이가모노가타리』의 작자는 그런 모노가타리의 사상을 존중하였던 것이다.

게다가 미치나가의 죽음이 『겐지모노가타리』의 주인공 히카루 겐지의 죽음에 비유되어 적혀 있다. 중국의 사서는, 사실을 존중하고 허구를 배제하는 유학의 정신에 따르고 있기 때문에 허구의 인물에 비유하여 사실을 쓴다는 따위는 있을 수 없다. 여기서 허구에 대한 가치관의 차이가 나타난다.

스가와라 미치자네[24]가 894년에 당조(唐朝)의 혼란과 일본 문화

---

23) 藤原道長, 966~1027. 헤이안 중기의 귀족. 관백(關白) 직위를 차지하지는 못했으나, 정치가로 후지와라씨 전성기의 최정점에 선 인물. 1017년 태정대신(太政大臣)에 임명될 때까지 여러 관직을 두루 거쳤다.

24) 菅原道真, 845~903. 헤이안 시대의 귀족, 학자. 우다(宇多) 천황에 의해 중요한 직책

의 발달 등을 이유로 나라 시대부터 계속되어 온 견당사(遣唐使)를 폐지시킨 후, 이른바 '국풍문화'(國風文化)가 꽃피게 되었다. 이것은 그런 중에 일어났던 일이다. 그렇다고 해도 『겐지모노가타리』는 귀족 사이에 유행했던 밀교의 그림자를 짙게 드리우고 있어 순수한 국풍이라고 말할 수 있는 것은 아니었다.

그리고 후지와라씨는 그 전신인 나카토미씨로 거슬러 올라가 유사 이래 천황가를 섬겨 온 자신들의 권력의 정통성을 『오카가미』(大鏡), 『마스카가미』(增鏡), 『미즈카가미』(水鏡) 등으로 저술해 갔다. 역시 일본어로 된 문장으로 문답이나 좌담 형식이 사용되었다.

이렇듯 중국에 대항하는 내셔널리즘은 그 이전 『고금화가집』(古今和歌集, 905년경)에 「가나서문」(仮名序)을 다는 것에 나타나 있다. '한문'의 서문은 「한자서문」(眞名序)이라고 불리며, 형식상으로는 이것이 정규인 것이다. 그러나 굳이 거의 같은 내용의 「가나서문」을, 그것도 철저하게 '야마토 말'을 사용하여 달았던 것이다. 그 근본 사상은 중국 시(詩)의 이상을 바로 일본에서 실현하고자 하는 것이었다.

이렇듯 일본에서야말로 이상이 이루어진다고 하는 사상을 내셔널리즘이라 부른다면, 아마 그것이 최초로 나타나는 것은 헤이안 초기에 편찬된 불교설화집 『일본영이기』(日本靈異記)일 것이다. 이

을 두루 거친 후 894년에 견당사(遣唐使)에 임명되었지만, 그 폐지를 건의하였다. 다이고(醍醐) 천황 때에 우대신(右大臣)에 임명되었지만, 901년 후지와라 도키히라(藤原時平)의 중상모략으로 규슈로 좌천되어 유배지에서 생을 마감했다. 뒤에 학문과 문학의 천신(天神)으로 신격화되었다.

책을 통해 바로 일본에서야말로 부처가 현현(顯現)한다는 생각을 읽을 수 있다. 비교되는 곳은 천축(天竺, 인도), 당토(唐土, 중국), 백제(한반도)이다. 이런 형식의 내셔널리즘은 후에 유학계의 사상에서도 드러난다.

중세, 근세의 문화내셔널리즘

도쿠가와 전기에 원래 승려였지만 주자학자가 되었고 또한 스이카 신도(垂加神道)를 일으킨 야마자키 안사이[25]는 재미있는 에피소드를 남기고 있다. 한 번은 안사이가 제자들에게 다음과 같이 질문하였다. "중국에서 공자를 대장으로 하고, 맹자를 부대장으로 삼아 일본을 공격해 오면 어떻게 하겠는가?" 제자들이 답하지 못하자 안사이는 스스로 그 해답을 이야기했다고 한다. "공자를 포로로 삼고 맹자를 베어서 나라의 은혜에 보답하는 것이 신자(臣子)된 도리이고, 이것이야말로 공맹의 길이다"라고.

'신자'는 '천자의 신하 및 적자(赤子)'의 의미로, 정말 틀림없는 유학 사상이다. 도쿠가와 전기에 주자학에서 양명학으로 옮긴 야마가 소코[26] 역시 유학의 '예'(禮)나 '성인의 도(道)'는 중국보다 일본에서 비로소 제대로 실현되고 있다고 설명하고 있다.

---

25) 山崎闇斎, 1619~1682. 에도 전기의 유학자. 처음에는 승려가 되었지만, 다니 지추(谷時中)에게 주자학을 배운 후 교토에서 사숙(私塾)을 열어 문하 제자가 천 명에 달했다. 뒤에는 깃카와 고레타루(吉川惟足)에게서 신도를 익혀 스이카(垂加) 신도를 열었다.

26) 山鹿素行, 1622~1685. 에도 전기의 유학자, 병법학자. 고학(古學)의 개조(開祖). 유학을 하야시 라잔(林羅山)에게, 병학(兵學)을 호조 우지나가(北条氏長) 등에게 배웠다. 『성교요록』(聖敎要錄)을 저술하고서 주자학을 배격하여 막부의 노여움을 사서 유배되었다.

일본에서는 신도 · 유학 · 불교가 병립하면서 절충되어 어느 하나가 지배적이었던 때가 없었다. 중국의 민간종교인 도교나 노자, 장자 등의 도가 사상도 혼입되고, 여러 가지 종교나 사상이 병립하고 혼재하며, 또한 습합(習合)되면서 전개되었다. 그것이 일본 문화의 큰 특징이다. 야마자키 안사이처럼 유학자와 신도가를 겸하는 사람도 나왔다.

헤이안 시대에는, 특히 천태종의 사고방식에 따라 보살이 사람들(중생)을 구제하기 위해 거짓 모습을 하고 나타난다는 '권현'(權現)의 생각과 인도의 부처들이 일본에서는 신이 되어 나타난다는 본지수적설(本地垂迹說)이 성행하게 되었고, 중세에는 신불(神佛) 습합이 점점 강해졌다. 그런 와중에도 이세(伊勢, 渡會) 신도는 태양신인 아마테라스(天照)를 최고 신으로 하는 일본의 신들이야말로 일본 고유의 신이라며 그러한 관계와 단절하였다.

남북조의 소란한 시기에 기타바타케 지카후사(北畠親房)가 남조의 정통성을 주장하기 위해 『신황정통기』(神皇正統記, 1339/1343)를 썼다. 거기에는 일본의 황실이 대대로 이어져 왔다고 하는 사실을 들어 일본이 중국보다도 우월하다는 생각이 기술되어 있다. 그 이유로 천황가의 '덕'을 들고 있는데, 보다 큰 이유는 다른 데 있다.

『신황정통기』 서두의 한 문장만이 이른바 '한문'으로 '大日本者神國也(대일본은 신의 나라이다)'라고 적혀 있다. 이런 생각은 오래된 것으로는 『일본서기』 진구(神功) 황후기에 등장하고, 중세에는 『우관초』(愚管抄)나 불교 사상이 농후한 『헤이케모노가타리』(平家物語) 등에도 나오지만, 기타바타케 지카후사는 이세 신도를 믿고 있었다. 그리고 이것이야말로 황통이 이어져 온 '사실'과 '덕'을 보증하는 것이었다. 그렇지만 그는 불교 신앙이 독실한 천황에 대해서도 기록하고 있다. 결국 기타바타케 지카후사는 유학도 불교도 배제하지 않으면서 이세 신도 사상에 의한 황통의 연속성으로 중국에 대한 일본의 우위를 설명한 것이었다. 이 시기 내셔널리즘의 고양은 가마쿠라 시대 말에 두 번에 걸쳐 몽골이 공격해 왔던 일, 그 국난에 따른 것이었다.

중세 아시카가(足利) 시대에는 미나모토씨(源氏)와 다이라가(平家)의 다툼을 비파법사(琵琶法師)가 읊은 『헤이케모노가타리』, 남북조의 쟁란을 그린 『태평기』(太平記)를 쇼군가(將軍家)가 관리하였다. 그것들은 미나모토·다이라(源平) 양가의 혈통이 교대로 황실을 섬긴다고 하는 무가의 역사관을 보여 주고 있다. 그리고 도쿠가와 막부는 무가정권의 정통성을 설명하기 위해 진무 천황으로부터 고요제(後陽成) 천황(재위 1586~1611)에 이르기까지의 역사를 천황대대로 나누어서 『본조통감』(本朝通鑑)을 편찬하였다. 이것은 중국의 통사인 사마광이 편찬한 『자치통감』(資治通鑑, 1084)의 명칭과 서술 방식을 본뜬 것으로 1670년에 완성되었다. 이것이 천황가의 '육국사'(한문), 후지와라씨의 '가가미식의(鏡もの) 사서'(일문), 도쿠가와 막부의 사서(한문)로, 세 가지 양식을 달리한 고대로부터의 통사가 권력자의 손에 의해 편찬되었다.

또 하나 도쿠가와 3대 가문의 하나인 미토번(水戸藩)에서는 제2대 번주인 미토 미쓰쿠니(水戸光圀)의 명령으로 『대일본사』(大日本史)가 편찬된다. 이것은 진무 천황으로부터 남북조의 종말까지를 『사기』를 본떠 '한문'의 기전체(紀傳體)로 엮은 것인데, 남조를 정통으로 삼는 입장과 출처를 자세하게 기록하고 있다는 등의 특징이 있다(1906년, 최후의 목록 5권이 완성).

이렇게 천황가의 '육국사', 후지와리씨의 및 도쿠가와씨의 사서에다가 『대일본사』까지 더한다면, 근대 이전에 스타일이 다른 네 가지의 통사가 권력자의 손에 의해 편찬된 것이다. 천황가, 귀족, 무가로 권력이 변천되고, 각각이 제 권력의 정통성을 주장하기 위해, 더욱이 연속사관에 따라 통사를 편찬하였기 때문에 가능했던 일이다. 이런 나라는 세계에서 그 예를 찾을 수 없다.

국학 사상

도쿠가와 막부는 천황가와 이를 지지하는 귀족들(公家)의 힘을 줄이면서도 천황가의 권위는 높이는 정책으로 각 번에 대한 스스로의 권력을 강화시켰다. 아주 최근의 연구에 따르면, 겐로쿠(元祿) 시대에 널리 유통된 '오라이모노'(往來物, 이 경우는 한자의 자전)에는 중국에서 선교를 맡았던 이탈리아인 예수회 선교사 마테오 리치의 세계지도 『곤여만국전도』(坤輿萬國全圖)가 게재되어 있고, 또한 역대 천황들의 모습도 목판으로 인쇄되어 있다. 도시에서도 농촌에서도 부유층들은 읽고 쓸 수 있었기 때문에 세계 속의 일본이라는 이미지를 지니게 되었고, 오랫동안 지속된 천황가의 권위도 이 무렵에는 알려져 있었다.

또한 막부는 1665년 제종사원법도(諸宗寺院法度), 제사이의신주법도(諸社禰宜神主法度)라는 법령을 실시하여 신사와 사원의 분리를 꾀하였고, 번에서도 아이즈번(會津藩), 미토번, 오카야마번(岡山藩)이 사원을 정리하여 1촌 1진수제(鎭守制)를 실시하였다. 그렇다고 해도 도쿠가와 시대에 전국의 신사에 큰 세력을 휘둘렀던 요시다(吉田) 신도는, 신도를 근간으로 하면서도 유 · 불 · 도의 가르침을 구미에 맞게 혼합해 갔다.

그에 비해 이세 마쓰자카(伊勢松坂)에서 마을 의사를 하고 있던 모토오리 노리나가[27]는 논리보다는 사실성을 존중하는 사상을 『신황정통기』 등으로부터 계승, 유학이나 불교에 대항하여 '사물의 마음'(物 · 事のこころ)을 중요시 여기는 '국학'〔도쿠가와 시대에는 '고학'(古學) 등 여러 가지 명칭이 사용되었지만, 메이지 시대에 '국학'이라는 명칭으로 통일되었다〕을 제창하였다. 중국에서는 지(知)를 중요시하였기 때문에 논리가 먼저 서게 되었지만, 일본에서는 있는 대로의 정(情)을 소중하게 여기는 마음이 쭉 이어져 왔다고 설명한다.

모토오리 노리나는 『이소노카미사사메고토』(石上和淑言, 1816)에서 '일본은 아마테라스 오미카미(天照大御神)의 나라'라고 하였고, 『다마쿠시게』(玉くしげ, 1789)에서는 "아마테라스 오미카미는 그 하늘을 다스리는 신이시며, 우주에서 비교할 만한 것이 없으며," 모든 나라는 이 신 덕분에 생겨났다고 설명하고 있다. 노리나가는 네덜란드보다 중국의, 더군다나 일본의 달력이 우월하다고 말하며, 세

---

27) 本居宣長, 1730~1801. 에도 중기의 국학자. 교토에서 의학공부를 하는 한편, 『겐지모노가타리』(源氏物語) 등을 연구하였다. 가모노 마부치(賀茂真淵)의 문하로 들어가서 고도(古道) 연구에 뜻을 세워 30여 년 동안 『고사기전』(古事記傳)을 완성하였다. 유교를 배척하고 고도로 돌아가야 한다고 설명하면서 그윽한 정치(もののあはれ)에 의한 문학평론을 전개하기도 하였다.

계에서 으뜸가는 일본이라는 생각을 가지고 있었다. 그리고 신도를 이른바 보편성을 가진 민족종교처럼 여겼다. 『신황정통기』의 문화내셔널리즘이 여기서는 유학이나 불교와 절연된 형태로 나타난다. 그때 일본의 신도는 보편성을 지니고 있다고 주장하게 되었다.

도쿠가와 후기가 되자 이 주장을 이어받아 불교나 기독교에 대항하여 히라타 아쓰타네[28]가 한층 신들린 '국학'을 설명하면서 폭넓은 범위의 사람들, 특히 신사 관계자들에게 영향을 주었다. 그러나 이것도 막부로부터 공인된 것은 아니었다. 히라타 아쓰타네의 인기가 높아지자 막부는 그를 에도(江戸)에서 추방하였다.

그것과는 별도로 라이 산요[29]가 미나모토 · 다이라 두 가문으로부터 도쿠가와씨에 이르는 무가의 흥망을 기록한 '한문' 역사서 『일본외사』(日本外史, 1827)를 기술했다. 이 책이 10년 후에 간행되자 공전의 베스트셀러가 되었다. 미토번의 『대일본사』와 같이 남조를 정통으로 한다. 미토번에서는 '충' · '효'를 중시하는 주자학에 황실숭배를 덧붙인 학문이 이루어지고 있었지만, 후기에는 신들린 국체론이 주류가 되어 갔다.

아편전쟁(1840~1842)에서 영국이 중국 청나라를 격파하고, 일본에도 미국이나 러시아의 검은 배(黑船, 증기선)가 내항하여 개국을

28) 平田篤胤, 1776~1843. 에도 후기의 국학자. 모토오리 노리나가 사후의 문하생으로 고도에 뜻을 세워 복고신도(復古神道)를 체계화하였다. 재야의 국학으로서 존왕운동(尊王運動)에 큰 영향을 주었다.

29) 頼山陽, 1781~1832. 에도 후기의 유학자. 비토 니슈(尾藤二洲)에게 배웠다. 교토에 서제 '산자수명처'(山紫水明處)를 중심으로 문인들과 교류하였다. 수사(修史)에 관심이 깊어 시문에 뛰어났으며, 서도(書道)에도 조예가 깊었다.

요구해 오면서 비롯된 위기감에, 천황의 권위를 등에 업고 외국을 물리치려는 존왕양이(尊王洋夷) 사상이 자라났다. 민간에서도 구로즈미교(黑住敎), 천리교, 금광교(金光敎) 등 다양한 신도계의 신앙이 성행하였고, 또한 이세(伊勢) 신의 '가호' 속에서 세상이 바뀌기를 바라는 민중의 광란도 때때로 일어나고 있었다.

도쿠가와 시대의 역사관

한편 권력자의 손에 의해 네 가지나 되는 통사가 편찬된 것은 역사를 사고하는 방식에 결정적인 작용을 미쳤다. 역사는 권력자가 자신들에게 유리하게 기록하는 것이라는 사고방식이 생겼기 때문이다. 특히 중세에는 전투에서의 공적이 영지의 분배에 깊이 관여되었다. 그 기록이 정확하지 않으면 이의신청이 행해졌다. 전투를 그린 에마키모노(繪卷物)에 대해 정확하지 않다고 이의를 제기한 무인도 있었다.

『난태평기』(難太平記, 1402)라고 불리는 책이 있다. 무로마치 시대의 무장, 이마가와 료슌[30]은 한때 남조가 제압했던 규슈의 땅을 탈환하여 이곳을 손에 넣는 큰 성과를 올렸다. 그럼에도 장군 아시카가 요시미쓰(足利義満, 1385~1408)에게 해임당하고 영지도 몰수되었다. 실의에 차 있던 만년에 쇼군가에 대한 이마가와씨의 대대로 이어진 충성, 막부의 수립과 운영에 종사한 자기 자신의 공적, 유학

30) 今川了俊. 貞世, 1326~1414경. 무로마치 전기의 무장, 가학자(歌學者). 아시카가 요시아키라(足利義詮) · 아시카가 요시미쓰(足利義満) 등을 섬겼다. 레이센 다메히데(冷泉為秀)에게 사사받았으며, 가학(歌學)에 뛰어났다.

사상에 기초하여 '천하 만민을 위한' 정사를 설명하면서 자손에게 전하고자 한 책이었다. 『태평기』의 관련 부분을 고쳤기 때문에 『난태평기』라는 이름이 붙었다.

한편 『헤이케모노가타리』나 『태평기』 등의 단편적인 에피소드가 여러 가지 전설을 낳고, 또한 예능이 되어 널리 유포되고 있었다. 미나모토노 요시쓰네(源義経)의 이야기 등도 그중 하나인데, 이러한 경향은 사실(史實)로서 기록된 것의 이면을 파고들어 탐색하는 태도를 길러 준 것으로 생각된다.

도쿠가와 막부는 역사적인 사건을 풍자하는 것을 금지하였다. 예를 들면 아코로시(赤穗浪士) 습격사건(1702)이 일어나자마자 가마쿠라 시대의 소가(曾我) 형제의 복수극을 바탕으로 한 작품이 무대에 올려졌다. 그런데 이것은 금지되었다. 이윽고 지카마쓰 몬자에몬[31]이 사건을 『태평기』의 세계에 옮겨서 조루리(淨瑠璃) 『기반태평기』(碁盤太平記, 1706)를 만들었다. 후에 이것을 답습하여 다케다 이즈모(竹田出雲) 등이 지은 『가나데혼추신구라』(仮名手本忠臣藏, 1748 초연)가 큰 호평을 받았다.

독자는 『태평기』에 오보시 유라노스케(大星由良之助)로 등장하는 인물의 모습을 통해 실제로 습격을 지휘한 오이시 구라노스케(大石內藏助)를 상상한다. 이러한 구조의 예능을 민중이 즐기면서

---

31) 近松門左衛門, 1653~1725. 에도 중기의 조루리(淨瑠璃) · 가부키(歌舞技) 작가. 가부키에서는 사카타 도주로(坂田藤十郎)와, 조루리에서는 다케모토 기다유(竹本義太夫)와 연계하였다. 교겐본(狂言本) 20여 편과 조루리 수백 편을 썼으며, 의리(義理) · 인정(人情)의 갈등을 제재로 하여 사람의 마음을 아름답게 묘사하였다.

허구로 만들어진 이야기의 이면에서 진실을 읽어 내고자 하는 태도(うがち)가 길러졌다. 사실(史實)로 쓰인 것에서는 그 이면의 의도를 읽고자 하고, 픽션으로 만들어진 것의 이면에서 사실을 확인하고자 하는 태도는 일본인이 역사를 좋아하게 된 큰 이유일 수 있다.

그리고 지식인들은 연속사관과 주자학이 말하는 하늘의 '이'(理, 법칙)라는 관념을 몸에 익혔기 때문에 서구 근대의 과학적인 이론으로 설명되었던 사회진화론, 즉 점진주의 역사관을 용이하게 받아들일 수 있었다고 볼 수 있다. 중국의 지식인은 일본보다 일찍 사회진화사관을 접했지만, 20세기에 들어서서야 비로소 그러한 관점에서 통사를 쓰기 시작했다. 동일한 서구의 사고방식과 만나더라도 수용하는 측의 조건에 따라 수용 여부나 그 수용 방법도 달라졌던 셈이다.

2. 천황제도 발명되었다

국가신도의 형성

메이지 유신은 무가가 권력을 천황에게 반환하는 '대정봉환'(大政奉還)의 방식을 도쿠가와 막부가 취하고자 한 것에 대항해 사쓰마번(薩摩藩)과 조슈번(長州藩)이 손을 잡고 '왕정복고'의 형태를 취하며 이루어졌다. 메이지 신정부는 1868년 제정일치(祭政一致), 진기관(神祇官) 재흥을 포고하고, 신도를 국가종교로 삼는 정책을 추진해 나가면서 신사로부터 불교적 요소를 제거하고 모든 신사를 직접 관할하에 두었다.

이것은 막말의 국학이나 미토학(水戸學)의 '경신폐불'(敬神廢佛) 사상에 의한 '폐불기석'(廢佛棄釋)운동을 이어받은 것으로, 수많은 절과 불상이 파괴되었다. 도쿠가와 시대에는 농민들 대부분의 '집안'은 단가(檀家)로서 어느 절에 소속되는 제도가 취해졌고, 그러한 제도 때문에 또한 절에 대한 반감도 생겼다. 그러나 신불습합이 지나쳐 절인지 신사인지 분명치 않는 곳도 꽤 있었고, 승려에게 신관의 모습을 갖추게 하고 축문(祝詞)을 올리게 하는 따위의 무리한 정책은 많은 혼란을 초래하여 '폐불기석'은 도중에 좌절되었다.

더구나 단가(檀家)제도[32]는 무로마치 시대에 상당한 세력을 지녔던 기독교를 도쿠가와 막부가 엄격하게 금지시킨 것을 계기로 '신앙조사'(宗門改め)를 하기 위해 마련되었기 때문에 막부의 신앙조사관(宗門改役)—각 번의 신앙집행관(宗門奉行)—촌역(村役)이라는 제도하에 종지인별장(宗旨人別帳)이 만들어졌다. 호적제도 이상의 장부로 모든 영민(領民)에 관한 출생에서부터 타향에서의 돈벌이, 귀촌(歸村), 사망에 이르기까지의 활동이 기록되었다. 지방에 따른 차이도 있어 철저한 것은 아니었지만 상당한 관리사회가 출현했던 것은 확실하다. 오늘날에도 남아 있는 종문개장(宗門改帳)은 18세기의 인구 동태나 개개인의 생애사를 이해하는 데 있어 세계에서도 좀처럼 찾아볼 수 없는 자료이다.

---

32) 특정 사원과 대대로 장례 관계를 맺고 시주를 하여 그 사원의 재정을 돕는 사람을 단가(檀家)라 하는데, 가족단위로 단가가 되어 어느 절에 속하는 것이 제도화되어 전국적으로 시행되었다.

메이지 정부는 1871년에 황실의 조상신인 아마테라스 오미카미를 받들어 모시는 이세 신궁을 으뜸으로 삼아 모든 신사의 격(格)을 정하고, 1882년에는 국가제사는 황실의 조상숭배이지 종교가 아니라는 입장을 밝혔다. 이른바 '국가신도'(國家神道)이다. 제국헌법에 의해 이 국가신도가 확립되어, 개국 이래 서양 열강이 강하게 요구해 온 종교의 자유를 인정하게 되었다. 그렇다고 해도 그것은 '국가신도'와 부딪히지 않는 범위에서였다.

'국가신도'의 또 하나의 상징은 야스쿠니신사이다. 유신 전후부터 메이지 신국가를 위해 정부 측에 서서 싸우다 순국한 사람들의 영혼을 받드는 장소가 전국의 여기저기에 생겼는데, 메이지 정부는 1869년에 보신(戊辰) 전쟁[33]의 전몰자를 위한 '도쿄 초혼사'(東京招魂社)를 구단(九段)에 설립하고, 1879년에 '야스쿠니신사'로 개칭하였다. 그곳의 관리는 주로 육군성이 담당하였다. 후에 청일전쟁의 전리품도 진열되고, 특히 5만 명이나 되는 전사자를 낸 러일전쟁의 희생자가 모셔지자 유족들을 중심으로 국민에게 큰 의미를 지닌 장소가 되었다.

국민의 사상

한편 메이지 신정부는 1870년, 중앙집권 국가 형성을 위해 종래의 사농공상(四民)의 신분제도를 폐지하고, 이듬해에는 에타(穢多) · 히닌(非人) 등의 차별적 호칭과 신분을 폐지, 국민의 평등원칙

33) 일본의 메이지 유신 때 막부 타도파와 막부파 간에 벌어졌던 일련의 전쟁(1868~1869).

을 분명히 내세웠다. 다만 공경(公卿)과 각 번의 번주를 '화족'(華族), 무사를 '사족'(士族), 농공상 3민을 '평민'으로 하였기 때문에 신분제는 남아 있었고, 또한 차별의 현실도 남았다.

이에 대해 후쿠자와 유키치[34]나 가토 히로유키[35] 등은 '천부인권'이라는 말을 쓰며 봉건적 신분제의 타파를 주장하면서 메이지 정부를 자유롭고 평등한 인민의 동의에 따라 수립된 정권이라고 논하였다. 유럽과 미국의 인권 사상에 기초한 국민주의의 주장, 바로 '건전한 내셔널리즘'이다.

미국의 독립선언(1776)은 자연법과 자연신(the Laws of Nature and of Nature's God)에 의해 인류는 정치집단이나 정부를 만든다고 밝힌 후, 모든 인간은 조물주(the Creator)에 의해 평등하게 태어나서 보다 나은 삶, 자유, 행복을 추구할 권리가 보장되는 것을 자명한 이치로 주창하였다. 미국 독립선언의 기초자인 제퍼슨, 기초위원이었던 프랭클린, 미합중국 초대 대통령인 워싱턴, 독립운동에 큰 공헌을 한 토머스 페인 등은 모두 인간의 이성을 존중하는 입장이지만, 창조주를 믿는 '이신론자'(理神論者, deist)였다. 이것은 18세기의 계몽주

---

34) 福沢諭吉, 1835~1901. 사상가, 교육가. 막부에 등용되어 그 사절의 수행원으로 3회에 걸쳐 구미를 둘러보았다. 메이지 유신 이후에는 정부 요인으로서가 아니라 민간에서 활동하였으며, 1868년에 사숙(私塾)을 게이오의숙(慶應義塾)으로 개명하였다. 메이로쿠샤(明六社)에도 참가하였다. 1882년에는 『시사신보』(時事新報)를 간행하였고, 독립자존과 실학을 고취하였으며, 그 이후 탈아입구(脫亞入歐) · 관민조화(官民調和)를 주장하였다.

35) 加藤弘之, 1836~1916. 철학자, 교육가. 도쿄대학 총장, 제국학사원장, 국어조사위원회 회장 등을 역임하였다. 처음에는 천부인권(天賦人權) · 자유평등을 설파하였으나, 이후에 사회진화론을 주장하면서 평등설에 반대하였다.

의에 의해 유럽의 지식인 사이에 퍼졌던 사상으로 무신론을 경계한다.

또한 오늘날 유럽의 여러 나라들에 비해 미국에서는 모든 것을 신이 창조하였다고 보는 창조설(creationism)이 널리 받아들여지고 있다. 1999년 앙케트 조사결과에서는 성인 40%가 창조설을 지지하고, 44%가 신이 생물진화의 장치를 만들었다는 설을 지지하고 있다. 생물진화론에 대항한 기독교원리주의의 반격의 결과라고 할 수 있는데, 철이 들 무렵에 이 독립선언을 착실히 학습한 것도 하나의 원인이 아닐까?

이 같은 기독교의 창조주에 대한 개념이 메이지 시대 일본인에게 그대로 수용되었던 것은 아니다. 주자학은 '이'(理), '기'(氣) 2원론—추상적인 법칙성을 '이'라 하고, 이른바 물체의 원소 같은 것을 '기'로 생각한다—에 서 있지만, '이'를 보다 근본으로 삼는다. 그러한 '이'에 의해 서양의 '이신론'이 이해되었다고 하지만, 유학에는 조물주라는 개념이나 평등의 개념이 없다. 외래의 사상을 받아들여 자신의 것으로 삼는 데에는 그것을 받아들여 잘 씹어서 소화시키는 장치(receptor)가 필요하다. 소화기관이 작동하지 않으면 그대로 꿀꺽 삼켜 버린다. 그리고 그런 작동에 의해 외래의 것이 변형되거나 편견이 생기기도 한다.

도쿠가와 시대에는 평등이나 자유를 당연한 것으로 여기는 사상이 이미 널리 퍼져 있었던 듯하다. 평등사상으로 먼저 고려되는 것은 불교의 평등원리인데, 신분제의 엄격한 원칙을 깨뜨려 이 세속의 사람들이 모두 평등하다는 주장은 발견되지 않는다. 스즈키 쇼산[36]의 『만민덕용』(萬民德用)이, 하늘로부터 동등하게 받은 덕으로써 사농공상 각자의 직분을 다하는 것이야말로 불도(佛道)를 다하는 것이라고 한 것이 가장 잘된 설명일 수 있다. 그렇지만 이것도 신분제를 넘어서는 것은 아니며, 도쿠가와 초기에 이 선승의 생각이 널리 퍼졌다고는 생각하기 어렵다.

이와 유사하게 18세기 후반부터 19세기에 걸쳐 무가층에서도 지지받아 광범위하게 퍼졌던 사상이 있었다. 세키몬 심학(石門心學)[37]이다. 이시다 바이간[38]은 신(神) · 유(儒) · 불(佛)의 근본은 같다고 하는 삼교일치론(三敎一致論)에 입각해서 하늘로부터 받은 인간의 본성에 '사농공상'의 차별은 없으며, 상인에게는 상인으로서 해야 할 도(道)가 있고, 그것은 무사와 대등한 것이라고 서민들에게 알기 쉽게 설명하였다.

한편 막말에는 주자학과 더불어 양명학이 부활하였다. 사이고 다카모리[39]가 그 대표격이다. 양명학은 홀로 천하와 대결하는 기

36) 鈴木正三, 1579~1655. 에도 전기의 가나조시(仮名草子) 작가. 원래는 막부의 가신이었으나, 이후에 출가하여 쇼산(正三)으로 칭하고, 무사도 정신을 가미한 독특한 선(禪)을 주장하면서 이왕선(二王禪)이라 이름 붙였다.

37) 일본 에도 시대 중기에 이시다 바이간을 시조로 도시 상인(町人)들에게 삶의 의미를 가르친 사상 · 교화운동. 신(神) · 유(儒) · 불(佛)의 삼교를 융합하여, 그 교지(敎旨)를 평이한 말과 통속적인 예를 들어 설명한 일종의 서민교육을 가리킨다. 수련을 위한 정좌 등을 중히 여기며, 사회교화에는 도화(道話)를 사용하였다.

38) 石田梅岩, 1685~1744. 에도 중기의 사상가. 세키몬 심학의 시조. 교토에서 강좌를 열어 상인들의 역할을 긍정하는 등 서민을 교화시키는 데 노력하였다.

39) 西郷隆盛, 1827~1877. 막말 · 메이지 유신기의 정치가. 사쓰마번(薩摩藩)의 지도자가 되어 막부를 타도하였다. 보신(戊辰) 전쟁에서는 에도성에 무혈 입성을 실현하였다. 신

우장대(氣宇壯大)한 마음의 자유를 기른다. 특히 우에키 에모리[40]에게서 자유민권운동이 뚜렷이 나타나는데, 『우에키 에모리 자서전』(植木枝盛自敍傳, 1890)에는 "공자 따위 아무것도 아니다. 나는 천명의 성인과 어깨를 나란히 하는 존재이다"라는 마치 과대망상이라고 의심할 수밖에 없는 기술이 있다.

이리하여 유신기부터 세이난(西南) 전쟁 등 내란이 이어지는 시기에 평등과 자유의 관념이 '일본은 신의 나라'라는 사상과 뒤섞이면서 소용돌이쳤다. 그리고 메이지 정부의 실태가 번벌 정부(藩閥政府)에 지나지 않는다는 것이 확실해짐에 따라 국회 개설이나 참정권 획득을 요구하는 자유민권운동이 점차 고양되었다. 지방 사업가나 촌장(村長)층이 이 운동을 후원하였다.

제국헌법과 교육칙어

사쓰마, 조슈 등의 번벌 세력은 대외적으로는 불평등조약의 개정을 꾀하고, 국내의 자유민권운동의 고양에는 국회 개설 및 헌법 제정으로 대응해 간다. 다만 「군인칙유」(軍人勅諭, 1882)에는 "짐은 너희들 군인의 대원수이다"라고 천황의 대권을 내세우고, 프로이센이나 바이에른의 헌법이 왕권신수설을 조문에 남기고 있는 것을

정부의 육군대장 · 참의(參議)에 종사하였지만, 정한론(征韓論) 정변으로 하야했다. 귀향해서 사립학교를 설립하였다. 1877년 사학교당(私學校黨)에 옹립되어 병력을 일으켰으나(西南戰爭) 패하여 자결한다.

40) 植木枝盛, 1857~1892. 사상가 · 정치가. 자유민권운동의 이론적 지도자. 이타가키 다이스케(板垣退助) 등과 함께 자유당을 설립하였다.

참조해서 제국헌법 제3조를 "천황은 신성하며 침범할 수 없다"라고 하였다. 입헌군주제와 이제까지 진행시켜 왔던 '국가신도' 정비와의 타협을 도모했던 셈이다.

뒤이어 1890년 만세일계(萬世一系)의 황실숭배를 주창하는 교육칙어를 발포하고, 국민교화의 지침으로 삼았다. "국헌을 중시하고, 국법을 따르며, 일단 유사시에는 의용공(義勇公)으로 봉직함으로써 천양무궁(天壤無窮)한 황운(皇運)을 보필해야 한다"는 것이었다. 유사시에는 충의에 두터운 용기로써 국가를 위해 힘을 다해 천지와 더불어 영원히 이어지는 황실의 운명을 돕지 않으면 안 된다는 의미였다.

그러나 존왕의 마음만으로는 국민의 일상 생활을 관리할 도덕이 되지 못했다. 이에 도쿠가와 시대에 무가나 무사들 사이에 널리 퍼져 있던 '충'(忠)·'효'(孝)를 중시하던 도덕을 이용하였다. '충'은 원래 '진심'(眞心)이라는 정도의 의미, 또 '효'는 부모를 생각하는 마음의 의미로 유학의 중요한 덕목이다. 그러나 고대의 유학에서 최고의 덕목으로 꼽는 것은 '인의예지신'(仁義禮智信)의 다섯 가지로, 공자가 목숨과 바꿔서라도 지켜야만 한다고 말한 것은 '인'(仁)(『논어』, 「위령공」 편)이며 맹자의 경우는 '의'(義)였다.

중국에서 한때 불교에 밀려 쇠퇴 기미를 보이던 유학은 송대(宋代)에 불교에 대항하여 우주론을 갖춘 학문, 과거(科擧)에 의해 선발된 관료 계급 및 사대부의 학문으로 융성하게 되었다. 특히 주희(朱熹)에 의해 집대성된 주자학은 '충'·'효'를 중시하고, 또한 우주론에서 조상숭배에도 마음을 기울인 장대한 체계였다. 도쿠가와 막부는 전국시대부터 상당한 세력을 가져 온 기독교를 엄격히 금지하고, 이 주자학을 정규 학문으로 정하였다. 이에 따라 도쿠가와 시대를 통해 무가와 무사들 사이에서 번주(藩主)에 대한 '충'을 제일로 여기는 일본적인 유학이 정착되었다.

이러한 번주에 대한 '충'을 메이지 정부는 천황가(天皇家)에 대한 것으로 바꿔 놓고, 더구나 '사민평등'(四民平等)하게 보급시켰다. 그것이 교육칙어였다. 그리고 만세일계의 천황가에 대한 '충'이 마치 고대부터 일관되게 일본 국민의 전통이었던 것처럼 이야기되어 갔다. 미토번 등을 별도로 하면 도쿠가와 시대 제번의 무가나 무사들이 메이지 시대에 말하는 천황중심의 '충군애국'의 정신을 몸에 지니고 있었다고는 좀처럼 여겨지지 않는다. 무사들 사이에 존왕사상을 단번에 퍼트린 것은 라이 산요의 『일본외사』(日本外史, 1836~1837 간행)였다. 하물며 서민들 사이에 그러한 관념이 뿌리내렸을 리가 없다. 실로 '전통의 발명'이다.

가족국가론

제국헌법 제정 후 입헌군주제의 입장을 취한 지식인들이 주류를 이루어 신들린 국체론은 세력을 잃어 갔다. 이를 대신하여 고개를 들기 시작한 것이 '가족국가론'이다. 유학에서 말하는 '인민은 천자의 적자(赤子)'를 '천황의 적자'로 대치시킨 것으로, 일본인은 모두 예부터 천황을 부친으로 둔 아이로서 커다란 가족으로 살아 왔다고 설명한다. 도쿠가와 시대에 번주는 아버지나 다름없다고 이야기되기는 했지만 이러한 것을 설명하는 사상은 없었다.

앞서 '천부인권'론의 논객으로 소개했던 가토 히로유키는 1877년 신설된 도쿄대학(후에 도쿄제국대학)의 종리(綜理, 후에 총장)가 된 후 이때부터 차츰 진화론으로 경도되어 『인권신설』(人權新說, 1882)에서 생물진화론, 사회진화론을 조화시키는 입장에 서서 천부인권설을 비판하고 자유민권파와 논쟁하였다. 가토 히로유키의 회상 『가토 히로유키 자서전』(加藤弘之自叙傳, 1915) 등을 살펴보면, 두 가지 계기를 꼽을 수 있다. 하나는 천황에게 국가론을 시강(侍講)하던 중에 자유민권 사상에 의문을 갖게 된 것이고, 또 하나는 자연과학의 시대가 왔다고 생각한 것이다.

가토 히로유키가 메이지 천황에게 강의한 국가론은, 19세기의 독일 법학을 대표하는 블룬칠리(Johann Kaspar Bluntschli)의 주저인 『일반국가법』(1851~1852)이었다. 이것은 국가를 하나의 생명체로 보는 국가유기체설에 입각하여 그 외의 사상이나 개개인의 사회계약에 의해 국가가 만들어진다고 보는 사회계약론, 국가는 영주의 사적인 세습재산이라고 보는 가산국가론(家産國家論), 왕권신수설에 기초하여 군주의 절대적인 권력을 설명하는 절대군주론, 그리고 그것들의 정반대편에 서 있는 인민주권론 등을 모두 부정하고, 국가 그 자체에 주권이 있다고 설명하는 국가주권론이었다. 민족자결권을 정당한 권리로 보고, 국가는 문화적 공동체로서 민족의 전통에 근거해야 함을 주장하면서 유럽제국과 같은 연합체를 구상하고도 있었다. 독일형 내셔널리즘의 전형이다. 이 책의 영문판이나 가토 히로유키가 초역(抄譯)한 『국법범론』(國法凡論, 1876)이 각 대학에서 강의되어, 다음 대의 관료층에 스며들어 러일전쟁 후에는 국가유기체론이 성행하는 원인이 되었다.

가토 히로유키가 이제부터는 자연과학의 시대라고 느꼈던 것은 다윈의 생물진화론을 당시 우주의 최고법칙인 에너지보존법칙과 거의 동일한 진리로 여기며, '다윈보다도 다윈주의자'라고 불렸던 19세기 후반의 독일 생물학을 대표하는 헤켈(Ernst Haechel)의 사상을 인용하면서 『인권신설』을 저술한 것을 가리킨다. 그러나 그중에서 생물진화론은, 실은 사회진화론을 보강하기 위한 도구에 지나지 않았다. 그의 사회진화론은 스펜서식의 점진적인 사회진화론을 참고해 가면서도 스펜서와 마찬가지로 개개인을 원리에 두는 것이 아니라 원시시대의 강대한 권력이 조금씩 아래로 위양되어 가는 과정을 생각한 것이었다.

국가 간의 생존경쟁, 이런 사고야말로 메이지 내셔널리즘의 중심을 이루는 것이었다. 그리고 가토 히로유키는 영국과 비교해 보더라도, 일본에는 입헌군주제가 어울린다고 논하면서 메이지 국가체제를 정당화하였다.

그런 이유로 『인권신설』은 서구 사상의 수박겉핥기에 지나지 않는다며 영국에서 공학과 이학, 그리고 법학을 공부한 바바 다쓰이[41]로부터 비난을 받는다. 바바 다쓰이는 역학이론을 사회에도 적용하여, 사회진화는 두 가지 세력의 다툼에 의해 발생한다는 독자적인 사상을 가지고 있었다. 이 논쟁은 인권을 둘러싼 듯 보이지만 실

41) 馬場辰猪, 1850~1888. 정치가, 사상가. 게이오의숙에서 공부하고서 영국으로 유학하여 법학을 익혔다. 자유당원으로 민권 사상의 보급에 노력하였으며, 메이지의숙(明治義塾)을 열었다. 투옥당하였으나 석방된 후 미국으로 건너가 그곳에서 생을 마감했다.

은 사회진화론에 대한 두 사람의 다툼이었다.

가토 히로유키는 메이지 헌법과 교육칙어가 반포된 후에는 주자학과 사회진화론의 절충을 꾀하여, 일본은 고대부터 천황과 '천황의 적자'로서의 국민이 한 가족처럼 이루어져 국가를 운영해 왔다, 일종의 족장제가 오랫동안 이어져 왔다고 설명하기 시작했다. 중국에서는 역성혁명이 일어나지만, 일본에서는 부모에 대한 '효'가 그대로 천황에 대한 '충'이 되는, '충·효가 하나인 만방무비(萬邦無比)한 국체(國體)'가 유지되어 왔다고 하였다. 전형적인 가족국가론이었다. 가토 히로유키의 국가론은 먼저 천부인권론으로 기운 다음, 국가유기체론으로, 그리고 가족국가론으로 바뀌어 갔다.

그리고 제국대학 법학부의 헌법학 교수 호즈미 야쓰카[42]는 『국민교육 애국심』(國民教育 愛國心, 1897)에서 "일본 민족의 고유 체제는 혈통단체이다. …우리들의 조상은, 즉 황공스럽게도 우리 천조(天祖)이시다. 천조는 국민의 조상이고 황실은 국민의 종가이다"라고 설명했다. 이것도 가족국가론의 일종인데 '혈통단체'라고 달리 말하고 있다.

혈통이나 가계에 대한 관념은 옛날부터 있었다. 그렇지만 일본 민족이 하나의 혈연집단이라는 식의 의식이 형성되지 않았다. 자기 집안의 선조는 한반도로부터 건너왔다는 구전(口傳)이 기타큐슈(北九州) 등지에서는 쇼와 전쟁 전기 무렵까지 남아 있었고, 각지에 한반

---

42) 穗積八束, 1860~1912. 법학자, 도쿄대학 교수. 천황주의적인 헌법학자로 보아소나드(Gustave Emile Boissonade)가 기초한 민법의 실시연기를 주장하여 우메 겐지로(梅謙次郎)와 논쟁하였다.

도나 대륙으로부터 건너왔다는 것을 보여 주는 성씨나 지명도 있다.

일본 신화에는 진무 천황이 미나미규슈(南九州)의 휴가(日向)로부터 동쪽으로 진격하여 야마토(大和)에 들어가고자 했던 것을 그 지역 호족 나가스네히코(ナガスネヒコ)가 대항하며 맞서 진로를 바꾸게 만든 이야기가 있는데, 그 나가스네히코의 자손이라고 전해지는 씨족이 도호쿠(東北)에 있었다고도 한다. 그리고 당시 인류학에서는 일본인은 다수 '인종'의 혼혈이라고 하는 설이 유력하였다. 또한 일본인은 중국인과 동일한 '몽고종'(몽골로이드)이라는 것을 강조하던 사람들도 있었다.

일본은 대만 등 새로이 획득한 영토의 이민족에게도 동일하게 일본 국민으로서의 국적을 부여하는 방책을 택했는데, 이러한 하나의 '혈통단체'라는 생각은 그들을 국민으로 받아들이는 데에는 적합하지 않았다. 따라서 이 입장에 선 반대론도 나왔다.

『가정교육 역사독본』

교육칙어 반포 이후의 문화내셔널리즘의 또 다른 특징을 잘 보여 주는 책이 있다. 오치아이 나오부미(落合直文)와 고나카무라 요시카타(小中村義象)가 편저한 『가정교육 역사독본』(家庭教育 歷史讀本, 博文館, 1891~1892) 12권이다. 전설 등을 배제하고 전거(典據)로서 적합한 고전을 발췌해서 총 12권으로 27편의 단편을 모아 평이한 문장으로 구성하였다. 이 책이 베스트셀러가 되면서 어린이 대상의 역사서가 유행하는 계기를 만들었다고 한다. 두 사람 모두 가토 히로유키가 1882년에 도쿄대학에 개설한 '고전강습과'(2년제)

를 졸업한 다음 그 당시 제1중학교 교수로 있었다.

이 책에는 쇼토쿠 태자도, 도요토미 히데요시도, 도쿠가와 이에야쓰도 나오지 않는다. 다이라 기요모리[43]나 미나모토노 요리토모,[44] 오다 노부나가[45]도 이른바 조연으로 등장하였다. 기요모리는 시게모리(重盛)의 아버지로서 노부나가는 그의 시동으로 종사했던 모리 란마루(森蘭丸)의 주군으로 등장하고, 요리토모는 요시쓰네의 배우자인 시즈카고젠(静御前)의 이야기 속에서 악역으로 등장할 뿐이다. 일본사의 전체상을 보여 주는 읽을거리로서는 한편에 너무 치우쳐 있다. 당시의 역사나 수신(修身) 교과서도 이 정도로 극단적이지는 않았다.

---

43) 平清盛, 1118~1181. 헤이안 말기의 무장. 호겐(保元) · 헤이지(平治)의 난 이후에 미나모토씨를 대신하여 세력을 얻어 종일위태정대신(従一位太政大臣)에 오른다. 그의 딸을 다카쿠라(高倉) 천황의 황후로, 그 사이의 아들을 안토쿠(安徳) 천황으로 세워 황실의 외척으로서 세력을 자랑하였다. 자식들이 모두 고관이 되어 전횡이 심해지자 그 세력을 제거하려는 계획이 때때로 일어나, 그가 죽은 뒤 수년이 지난 다음에 다이라씨의 직계 후손은 멸망한다.

44) 源頼朝, 1147~1199. 가마쿠라(鎌倉) 막부 초대 쇼군(將軍, 재위 1192~1199). 무가 정치의 창시자이다. 헤이지(平治)의 난으로 이즈(伊豆)로 유배되었으나, 1180년 모치히토왕(以仁王)의 지령을 받들어 다이라씨 토벌의 군대를 일으켜 후지가와(富士川)의 전투에서 대승을 거둔다. 가마쿠라에 머물며, 동국(東國)을 세력 기반으로 하여 막부를 열었다. 동생인 노리요리(範頼) · 요시쓰네(義経)를 시켜 다이라씨를 멸망케 한다. 그 뒤에 1192년에 쇼군의 지위를 얻었다.

45) 織田信長, 1534~1582. 전국시대의 무장. 이마가와 요시모토(今川義元)를 격파하고, 여러 곳을 정벌하였다. 1568년에 아시카가 요시아키(足利義昭)를 옹립하여 교토에 입성하였으나, 1573년에는 요시아키를 쫓아내고 무로마치(室町) 막부를 멸망시켰다. 아즈치성(安土城)을 세워 천하통일을 향해 다가갔으나, 교토 혼간지(本願寺)에서 아케치 미쓰히데(明智光秀)에게 습격당해 자결한다.

『가정교육 역사독본』의 구성

*은 남조(南朝) 관련

제1편	노보노(能褒野)의 이슬	야마토타케루노 미코토(日本武尊)
	소소노(裾野)의 폭풍	소가(曾我) 형제의 복수
제2편	뇨이린사(如意輪寺) 본당	구스노키 마사쓰라(楠正行)*
	센가쿠사(泉岳寺)	아코 의사(赤穂義士)의 복수
제3편	고마쓰(小松)의 눈	다이라노 시게모리(平重盛)
	기카이가시마섬(鬼界ヶ島)	슌칸 소즈(俊寬僧都)
제4편	쓰루가오카(鶴ヶ岡)	시즈카고젠(静御前)
	도바(鳥羽)의 무덤(戀塚)	게사고젠(袈裟御前)
	관(館)의 피보라(血烟)	호소카와 다다오키(細川忠興)의 부인
제5편	아오바(靑葉)의 피리	다이라노 아쓰모리(平敦盛)
	히노(日野)가의 새싹(若草)	아신마루(阿新丸)*
	모리(森)가의 폭풍	란마루(蘭丸)
제6편	우사(宇佐)의 칙사	와케노 기요마로(和氣淸磨)
	은사로 받은 옷	스가와라노 미치자네(菅原道真)
제7편	배가 일으키는 파도	진구 왕후(神功皇后)
	땅의 승방(むろや)	모리나가 친왕(護良親王)*
제8편	국화 아래 흐르는 물	구스노키 마사시게(楠正成)*
	팔도에 부는 바람	가토 기요마사(加藤清正)
제9편	나코소(名古曾) 관문	미나모토노 요시이에(源義家)
	우지강(宇治川)	사사키 다카쓰나(佐々木高綱)
	야시마섬(屋島)의 해변	나스노 무네타카(那須宗高)
제10편	세키성(關城)에 뜬 달	기타바타케 지카후사(北畠親房)*
	고시지(越路)에 내리는 눈	닛타 요시사다(親田義貞)*
제11편	행궁의 벚꽃	고지마 다카노리(児島高德)*
	묻지 않는 벌레	후지와라노 모로타카(藤原師賢)
제12편	구슬 소리	다카야마 히코쿠로(高山彦九郎)
	로쿠무사이(六無齋)	하야시 시헤이(林子平)

쇼토쿠 태자는 민간 신앙의 대상으로 널리 받아들여져 있었으나, 도쿠가와 시대의 유학자들은 쇼토쿠 태자가 불교의 융성을 꾀한 소가씨(蘇我氏)의 편에 서서, 스슌(崇峻) 천황을 살해한 '시역(弑逆) 왕자'라고 경멸하는 태도를 보였다.

쇼토쿠 태자의 권위가 지식인 사이에 부활한 것은 『가정교육 역사독본』 간행 10년 정도 후인 1903년에 입헌주의자들이 「17조 헌법」 공포 1300년을 기념하여 그 제정자로서 명예회복을 꾀하였기 때문이다. 구메 구니다케는 『쇼토쿠 태자실록』(聖德太子實錄)을 펴내어 헌법 제정의 위업에 비한다면 '시역' 등은 하찮다는 태도를 보였다.

다만 「17조 헌법」에서 주창된 "화(和)를 소중히 여긴다"가 이때부터 칭송받았던 것은 아니다. '화(和)의 정신'이 예부터 일본의 '전통'이라고 거듭 이야기되기 시작한 것은 제2차 세계대전 때의 일이다. 쇼토쿠 태자를 둘러싼 '전통의 발명'이 메이지와 쇼와 전전기(戰前期) 두 차례에 걸쳐 행해진 셈이다.

그런 쇼토쿠 태자를 제외하면 『가정교육 역사독본』에 주역으로 등장하지 못한 인물들은 모두 무가의 권력을 향상시킨 사람들이라는 것을 알 수 있다. 즉, 철저하게 무가 정권을 경시하는 입장에서 편찬된 것이다. 그리고 27편의 단편 중에서 7편이 남북조에 관한 것으로 남조 쪽의 구스노키 마사시게[46] 등 충신 이야기가 대부분

46) 楠木正成, 1294~1336. 남북조시대의 무장. 1331년에 고다이고(後醍醐) 천황에 응해 거병하여, 지하야성(千早城)에서 농성하며 막부의 대군과 싸웠다. 겐무(建武) 정권하에서 가와치(河內) 등의 슈고(守護)가 되었다. 뒤에 규슈에서부터 동쪽으로 올라오는 아시카가 다카우지(足利尊氏)의 군대와 충돌하여 전사하였다.

을 차지하고 있다. 그 다음으로는 가마쿠라 초기의 무인으로 아버지의 원수를 갚은 일로 유명한 소가(曾我) 형제나 「주신구라」(忠臣藏) 등의 복수극이 눈에 띈다.

제4편에는 앞에서 언급한 시즈카고젠, 그리고 헤이안 말기 엔도 모리토(遠藤盛遠, 후의 文覺上人)의 구애를 거부하고 남편을 대신하여 살해당한 게사고젠(袈裟御前), 또 근세 초기의 무장 호소카와 다다오키(細川忠興)의 부인이자 기독교인으로 알려진 호소카와 가라사(細川ガラシャ)의 생애가 쓰여 있다. 이것은 말하자면 충신과 열녀 이야기로 일본의 역사를 구성한 것이다.

또 한 사람의 여성이 제7편에 등장한다. 진구(神功) 황후이다. 신라를 토벌하였다고 하는 이 황후를 클로즈업한 것은 조선 침략의 의지가 드러난 것이라고도 볼 수 있다.

이 책은 교육칙어 정신으로 너무나 충실하게 편집된 것이었다. 천황가에 대한 '충'을 강조하면, 고대와 메이지의 중간에서 천황가의 권위를 회복하려 했던 '겐무의 중흥'(오늘날에는 '新政')이 중시된다. 그렇다면 남조를 편들게 된다. 미토번의 『대일본사』도, 라이산요의 『일본외사』도 그러하였다.

그런데 교토의 천황으로 이어져 온 황통, 그리고 메이지 천황도 물론 북조계이다. 이것은 만세일계의 황통론에서 나타나는 약점이다. 제국대학에서 문헌실증주의에 기초한 역사학을 주도하였던 시게노 야스쓰구[47]나 구메 구니다케 등은 미토번의 『대일본사』가

47) 重野安繹, 1827~1910. 역사학자. 쇼헤이코(昌平黌)에서 사사받았다. 메이지 유신 이후,

『태평기』를 전거로 하여 남조정통설을 취한 것을 비판하며, 남북양조병립설(南北兩朝竝立說)을 주장하였다. 국정교과서인 『소학일본사』(小學日本史)도 병립설을 채택하였다.

이 문제는 이후 1911년, 즉 대역사건(大逆事件)을 계기로 사회주의 사상을 철저히 단속하려는 정책이 추진된 이듬해, 세상이 어지러워진 것은 천황에 대한 '충'의 정신이 튼튼하지 않기 때문이라든지, 남북조병립설을 취한 역사교과서도 나쁘다고 하는 트집이 이어지면서 논쟁으로 발전하게 되었다(南北朝正閏論爭). 그 결과 남조정통론이 승리를 얻었다. 황실 계보와 어긋나든 말든 '충'을 강조하는 사상이 보다 중요시 여겨졌던 것이다. 다만 황실에서는 북조계의 천황에 대해서도 계속해서 제사를 모셨다.

그 후 이 문제에 초점이 맞추어진 일은 없었다. 그렇지만 1935년 전후 천황기관설[48]을 탄핵하며 천황 주권을 분명하게 하려는 국체명징론(國體明徵論)이 고조된 시기에 또다시 '겐무의 중흥', 즉 남조찬미가 대두된다. 1932년에 '일본 파시즘'을 표방하여 문단에 파문을 던진 나오키 산주고[49]가 그 해에 『구스노키 마사시게』를 썼고, 얼마 지나지 않아 도쿄제국대학 조교수인 히라이즈미 기요시[50]가

정부의 수사(修史) 사업을 담당하였다. 또한 도쿄대학 교수로서 국사과를 설치, 구메 구니타케 등과 근대 사학의 기초를 만들었다.

48) 天皇機關說. 메이지 헌법의 해석 가운데 국가의 통치권이 천황에게 있다고 보는 해석에 대항하여 통치권은 법인인 국가에 귀속되며, 천황은 그 최고기관이라고 보는 학설.

49) 直木三十五, 1891~1934. 소설가. 『시사신보(時事新報)』의 월간 비평란에 신랄한 필치를 발휘하였고, 이윽고 시대소설을 집필하여 대중문학의 향상에 노력하였다.

50) 平泉澄, 1895~1984. 역사학자. 일본 중세사를 전공하였다. 황국사관의 주창자로서 전

『겐무 중흥』(建武中興, 1934)을 썼으며, 당시 가장 영향력 있던 문예평론가 야스다 요주로[51]도 고토바인(後鳥雨羽院)이나 고다이고(後醍醐) 천황을 찬미하였다. 그러면서 이런 경향들이 '황국' 사상을 부추기게 된다.

국민교화의 지그재그

여기서 교육칙어를 반포한 이후의 국민교화가 어떠한 길을 걸었는지 국정수신교과서를 중심으로 그 대략을 살펴보자. 1899년 청일전쟁 후 국가주의가 고양된 것에 이어 문부성은 공립학교, 게다가 소학교령이나 중학교령에 의거한 사립학교에서의 종교교육을 금지하였다. 1870년에 창립된 페리스여학원, 조시학원(女子學院)을 비롯해 각지에 선교사들이 설립한 학교는 미션스쿨이라 불리며 1880년대 구화주의(歐化主義)가 번성하던 시대에 특히 인기가 있었는데, 이 조치로 인해 경영이 어려워지게 되었다. 이에 대해 그러면 신도교육은 어떠했는가 하는 당연한 논의가 일어났다. 그러나 국가의 제사는 일본 민족의 조상숭배이며, 조상숭배는 종교가 아니라는 것으로 결말이 났다.

1904년부터 사용된 제1기 국정수신교과서에서는 근대 시민도덕의 강조가 보이며, 기본적 인권도 열거되고 있다. 그런데 1910년부

시하의 국사학계를 이끌었으며, 사회적으로도 영향력을 미쳤다. 전후 도쿄대학 교수를 사임한다.

51) 保田与重郎, 1910~1981. 문예평론가. 『고기토』, 『일본낭만파』(日本浪漫派) 창간 동인으로 활약하였다. 반근대주의적 미의식을 고창하여 1930년대 중반부터 각광을 받았다.

터 제2기가 되면서 근대 시민도덕은 크게 후퇴하고, 대신에 유교적 가족윤리가 강조되면서 그 연장으로 국민도덕을 기초로 한 가족국가관이 설명되었다. 호즈미 야쓰카의 '국민교육 애국심' 사상이다. 계속해서 억압받고 있던 대다수 기독교 계통의 학교들은 1910년에 기독교학교교육동맹을 조직하고서, 이웃고 도시샤(同志社), 릿쿄학원(立敎學院), 간세이학원(關西學院) 등 대학령에 따른 대학을 설립해 갔다.

1918년부터의 제3기에서는 가족국가관에 기초한 것에는 변화가 없지만, 공민으로서의 도덕, 국제협조가 강조된다. 제1차 세계대전 후의 국제협조 무드가 나라 안팎으로 널리 퍼졌던 시기이다.

그렇지만 만주사변 후인 1934년부터의 제4기에는 '충량(忠良)한 신민'으로서의 도덕이 논의되었고, 1935년 문부성은 학교의 '종교적 정서의 함양'을, 즉 특정 종파에 기울지 않은 일반적 · 종교적 정서교육을 장려하였다. 국체명징운동이 고조되는 가운데 종교문제는 각 종교법인 측으로부터도 다양하게 적극적으로 논의되었다.

그리고 1941년부터의 제5기에는 '황국민'으로서의 도덕이 중시되었다. 다만 이 시기의 '황국' 이미지는 많은 민족을 포함하는 '제국', '대동아공영권'의 맹주로서 '대일본제국'의 이미지였다.

이렇듯 국민교화의 방침은 정말로 들쑥날쑥한 걸음을 걸었다. 이것을 무시하고 근현대 일본의 발자취를 되돌아본다는 것은 있을 수 없다.

제3장

국민문화의 형성

1. '국어'의 불가사의

국어란 무엇인가

유럽에서는 국민국가가 형성되는 과정에서 '국어'가 각각의 국민문화의 토대가 되었다. 국민 모두가 제 나라의 언어로 읽고 쓰지 않으면 생활이 불편하게 되는 상태가 된 것이었다. 물론 그 이전부터 영국에서는 영어로, 프랑스에서는 프랑스어로 서로 이야기하고 있었다. 그러나 읽고 쓰기란 유복한 계층에 한정되어 있었다. 귀족과 지식인의 읽고 쓰기는 라틴어가 기본이었고, 그것을 바탕으로 유럽에 공통의 문화권이 형성되어 있었다. 그런 구조를 해체하고 개개의 국가 문화의 기초로서 민중의 대화체를 바탕으로 하는 읽고 쓰기 언어의 표준이 만들어져 갔던 것이다. 귀족들의 라틴어 공동체에 대항해서 만들어진 각각의 국어는 민중의 언어였기 때문에 이를 '속어혁명'(俗語革命)이라고 부른다.

이렇게 국민들이 마스터해야 될 읽고 쓰기 언어로서의 '국어'가 정리되어 교육과 인쇄물을 통하여 공유되어 갔다. 나라에 따라 차이는 있지만 표준적인 철자법과 문법의 정리는 18세기 중반 무렵부터 시작되어 대부분의 나라에서 20세기가 시작할 즈음에 일단 완성되었다고 볼 수 있다.

예를 들면 18세기 후기부터 19세기에 이르는 프랑스혁명 과정에서는 발음 그대로의 철자 쓰기 실험이 행해졌다. 그러나 거의 같은 음이지만 의미가 다른 말이 상당히 많기 때문에 쉽게 혼동을 일으켜서 실험은 실패로 끝났다. 영어, 프랑스어, 독일어도 모두 표음문자로 표기하지만, 철자는 발음 그대로 표기하지는 않는다. 표기법은 일정한 법칙성을 가지고 있어 어느 나라의 초 · 중학생이든 단어의 스펠링을 외우는 데 애를 먹고 있다.

게다가 계급이 분명히 나뉜 유럽에서는 상류계급이 말하는 프랑스어나 영어 등을 고상하고 가치가 높은 것으로 여기고, 농민과 노동자가 말하는 언어는 상스러운 말이라고 차별받았다. 오랫동안 초등학교 저학년부터 '국어' 성적에 따라 계급차가 재생산되어 왔다. 이런 의미에서는 '국어'도 반드시 '국민 모두에게 공통의 것'이라고는 이야기할 수 없다.

그리고 각각의 '국어'에 따른 문어(文語)가 형성되어 가면서 다음의 세 가지가 일어났다. 첫째로 기독교 성서에 관해서가 아닌 인간에 관한 학문, 즉 인문학(人文學, humanities)이 형성되었다. 둘째로 고대부터 변론술(辯論術)에 기초하여 두터운 역사를 가지고 발달해 온 수사학(修辭學, rhetoric)에 의하지 않고 저자의 사상을 그대로 전달할 수 있는 문체가 만들어졌다. 때때로 이것은 '투명한' 문체라고 불린다. 그리고 셋째로 저자의 개성을 발휘하는 문체의 궁리가 이루어졌다. 요컨대 속어혁명은 기독교의 질서로부터 자유로운 정신과 개성의 발휘를 훌륭한 것이라고 보는 근대적인 정신혁명을 뜻한다.

그러나 유럽의 '국어'라는 제도를 받아들인 중국과 일본에서는 그에 따른 속어혁명도 정신혁명도 일어나지 않았다. 그 까닭은 무엇일까?

언문일치는 고대부터

중국의 지식층은 고대부터 읽고 쓰기 전용의 언어(文言)를 사용하고 있었다. 그러나 유학 경전(五經)과 제자백가의 문장, 시 등에서는 부분적으로 그 시대의 민중의 구어(白話)가 받아들여져 있다. 이러한 문언(文言)과 구어의 혼합은 여러 가지 방식으로 나타날 수 있다. 어느 쪽도 표의문자를 사용하지만, 외국의 고유명사, 방언과 지명 등에는 표음식으로 한자를 사용하는 경우도 있다.

특히 당대(唐代)에는 변려체(騈儷體)로 불리는 대구(對句)를 구사하는 수사법을 따른 당대전기(唐代傳奇) 등 '문언'소설과는 별도로, 불전 등을 서민에게 쉽게 풀이한 이야기책(變文)에서부터 시작된 '백화(白話)'의 흐름으로 크게 나뉜다. 송대(宋代)에는 주희의 강의록 『주자어류』(朱子語類)도 그의 사후에 백화로 나왔다. 또한 번화가에서 유행한 강담(講談)의 대본을 읽을거리로 출판한 것이 그 연원으로 매회마다 제목을 붙인 연속물 장회소설(章回小說)도 성행하였다. '백화'라 하더라도 실제의 회화를 그대로 받아 적은 것은 아니다. 그렇게 한다면 어떤 나라의 말로도 문장이 되지 않는다.

명말(明末)에는 양명학이 전하는 마음의 자유라는 사상을 민중의 욕망 해방으로 해석한 '양명학 좌파'(陽明學左派), 특히 이지(李贄, 호는 卓吾)의 사상이 이에 박차를 가했다. 이탁오(李卓吾)는 민중의 읽을거리, 그중에서도 도적의 무리를 그린 『수호전』(水滸傳)이야말로 문장 중의 문장이라고 전무후무한 주장을 했다. 그는 기성의 가치관을 뒤집고 개인의 마음에서 절대자유를 주장하면서 스스로 이단임을 밝혔다. 이러한 그의 사상이 한 세대를 풍미하였으나, 체포당하여 감옥에서 스스로 목을 베어 생을 마감했다. 향년 76세였다.

이러한 이탁오의 영향을 받은 원굉도(袁宏道, 자는 中郎)는 고전의 규범을 따르는 전통파에 대항하여 개인의 정신과 감성을 발휘하는 시를 성행시켰다. 청대(淸代)에는 이런 흐름을 이어받아 원매(袁枚, 隨園)가 고전어가 아닌 당대의 말로써 시작(詩作)을 하며 성령파(性靈派)라고 이름 붙였다.

또한 이탁오는 기생에게 강의를 하여 스캔들이 되었는데, 그의 영향을 받은 시인들도 비난을 받으면서도 적극적으로 여성 시인들을 가르쳤다. 이렇듯 중국에서는 수사학을 따르지 않고 '사상의 본질을 전하는' 백화나 개성 있는 문체가 유럽 근대 문화와 만나기 이전에 성립되어 있었다.

그러나 경험적 사실을 존중하며 허구의 가치를 인정하지 않는 유학의 명분이 무너진 것은 아니었다. 주자학파는 양명학을 강하게 배격하면서 청대에는 다시 주자학이 사대부 계층을 지배하게 되었다. 백화소설과 성령파의 가치가 재평가된 것은 1910년대 후반의 '문학혁명'(文學革命) 이후의 일이고, 이탁오가 '좌경분자'(左傾分子)로 재평가된 것은 제2차 세계대전 후 마오쩌둥의 중국에서였다.

일본의 지식층은 고대부터 근세 말에 이르기까지 시대나 훈련 정도에 의한 농담(濃淡)도 있었고, 또한 규범이 흐트러지는 정도도 다양했지만, '한문'의 읽고 쓰는 능력(literacy)을 유지해 왔다. 또한 중국어 회화(발음)가 되지 않더라도 원문 그대로, 혹은 기호를 붙이거나 훈독하여 토를 달거나 하며 일본어로 바꿔서 의미를 읽어 내는 궁리도 해냈다.

한편 중국 문자의 의미와는 무관하게 그 음을 빌려 일본어를 쓰는 경우(이른바 萬葉仮名와 カタカナ)도 고대부터 이루어져 왔다. 즉, 리터러시(literacy)에 관해서는 고대부터 중국어와 일본어의 바이링걸(bilingual, 두 개의 국어를 말하는 사람)이었다.

일본어의 기술에도, '한문' 풀어 읽기체〔讀み下し體, '한어'(漢語)를 그대로 읽는 경우가 많아서 훈독체(訓讀體)라는 이름은 적당치 않다〕[52] 와 화문체(和文體, 일문체)가 행해졌다. 헤이안 전기의 『이세모노가타리』와 중기의 『고금화가집』 가나(仮名) 서문에 보이는 화문체는 고대 가요와 와카(和歌)의 기술을 토대로 한 것으로, 남성 귀족의

52) '한문' 풀어 읽기체와는 달리, 훈독체는 모든 한자를 일본어의 훈으로 번역하여 읽는다.

구어(口語)를 벗어난 이른바 인공적인 문체였다. 동일한 일본어이기 때문에 '한문' 풀어 읽기체에서 '한어'와의 대구 표현과 '바야흐로~하려 한다'(將に~せんとする)와 같이 정해진 방식을 요구하는 '호응의 부사' 등을 줄이면 점점 화문체에 가까워진다. 그러데이션(gradation)의 띠를 연상하면 좋다.

즉, 일본인은 고대부터 일본어를 가지고도 '한문조'(漢文調)와 '화문조'(和文調)를 양극으로 하는 읽고 쓰기를 했지만, 이는 '한문'의 경우처럼 귀족계층에만 국한되어 있었다. 근대 유럽의 언어학은 일반적으로는 구어를 기준으로 어떤 사회계층이 사용하는 특유의 언어를 지방방언에 대응해 '사회방언'이라 일컬었는데, 이러한 '사회방언'에 해당하는 읽고 쓰기 언어가 성립되어 있었던 셈이다. 그러므로 그것은 민중의 언어를 토대로 한 읽고 쓰기 언어가 퍼진 유럽의 '속어혁명'에 해당하는 것은 아니다.

민중의 리터러시(literacy)

민중, 즉 피지배층의 구어를 토대로 한 읽고 쓰기 언어는 중세 후기에는 민중의 부유층에게서 유통되기 시작하였다. 그리고 도쿠가와(德川) 시대 전기에 마치슈(町衆, 도시 내 유력가—역자)와 농촌의 부유층이 일본어를 읽고 쓸 수 있었다는 것은 확실하다. 다만 그것이 국가에 의해 제도적으로 행해진 것은 아니다. 민간의 학습은 승려와 무사, 민간학자에 의해 소규모의 글방(塾)과 데라코야(寺子屋, 서당—역자)에서 전적으로 자발적으로 이루어졌다.

데라코야는 중세 사원의 세속 교육에서 시작되었다고 보인다.

중국에서 민중교화에 열심이었던 것은 정토교(淨土教)였고, 또한 '양명학 좌파'였다. 후자 중에 유(儒) · 불(佛) · 도(道)의 3교 일치론을 주장한 사람도 많아 그 영향이 교토고잔[53]에 미쳤다. 중국에서도 송대 선림(禪林)의 승려는 유학에 밝았고, 중국에서 일본으로 건너왔거나 중국에 유학하고 돌아온 선승들은 때때로 선유(禪儒)라고도 불렸다. 그리고 고잔을 나와 유학자가 된 후지와라 세이카(藤原惺窩)나 가인(歌人)인 마쓰나가 데이토쿠(松永貞徳) 등 전국시대에 다이묘(大名)에게 고용되었던 사람들이 도쿠가와 초기에는 민간으로 나왔다. 그중에는 민중을 상대로 한 글방을 연 사람도 있었다. 이것이 데라코야와 서방(書房, 습자 교실)이 확대되는 계기를 만들었다고 생각된다.

도쿠가와 초기 교토에서는 중국으로부터 전래된 『수호전』이 불티나게 팔렸던 흔적이 있다. 이탁오 사상의 영향이라고 볼 수 있다. 그리고 도쿠가와 전기에 주자학과 양명학을 꺼리며 공자, 맹자의 가르침으로 돌아가고자 하는 '고학'(古學)의 길을 개척한 이토 진사이(伊藤仁斎)가 마치슈를 상대로 행한 강의를 그의 자식들이 정리한 『동자문』(童子問)에는 "야사패설(野史稗說)에도 모두 지리(至理)가 있으며, 사곡잡극(詞曲雜劇) 역시 묘도(妙道)에 통한다"라는 구절이 있다. 대수롭지 않은 항설(巷說) 같은 것에도 이치에 부합하는

53) 京都五山. 교토에 있는 임제종(臨濟宗)의 다섯 개 큰 절. 수차례에 걸친 사찰 선정, 사격(寺格) 변경을 한 뒤 1386년 아시카가 요시미쓰(足利義滿)에 의해 천룡사(天龍寺), 상국사(相國寺), 건인사(建仁寺), 동복사(東福寺), 만수사(萬壽寺)의 순위가 결정되었고, 남선사(南禪寺)를 그 상위에 두었다.

부분이 있으며, 민간의 가요와 잡극에도 대단한 경지에 다다른 것이 있다는 것이었다. 비속한 것에 대하여 조금도 멀리하지 않는 태도이다. 여기서도 이탁오의 정신이 영향을 미쳤다고 볼 수 있다. 그리고 진사이의 문하에서는 이하라 사이카쿠(井原西鶴)의 '호색물'(好色物)과 지카마쓰 몬자에몬의 조루리, 중국의 백화소설을 논평의 대상으로 드는 사람들도 나왔다.

하극상의 난세가 진정되자마자 이러한 문화권에는 신도 · 주자학 · 양명학 · 고학, 또한 인도 기원이나 중국제 · 일본제의 불교도, 한시, 와카, 모노가타리(物語)에서부터 민중의 렌가(連歌)와 하이카이(俳諧), 오락소설이나 농담까지도 모두 공존하고 있었다. 무엇이든 다 포함하고 있는 보편주의였다.

유럽 인문학(人文主義)의 기본적인 성격은 기독교와 대립하며 민중의 오락을 배제한다. 유럽 인문학보다도, 또한 중국의 '양명학 좌파'보다도 폭넓은 태도가 이 시기의 일본에서 성립되었던 것이다. 도쿠가와 시대를 통해 민중이 향유한 문화의 대다수가 무사계층 출신자에 의해 만들어졌지만, 이런 폭넓은 태도가 그러한 흐름을 형성시킨 계기가 되었다고 할 수 있다.

이토 진사이가 서구의 근대적인 문예관을 알고 있었던 것은 아니다. 문예를 읽음으로써 인정(人情)의 다양한 모습을 잘 아는 것이 그에게는 '중용을 알기' 위한 것, 즉 한편으로 치우치지 않으며 희로애락의 중화(中和)를 얻기 위한 수단이었다. 그 나름대로 유학 정신에 의거해서 그것을 설명한 것이었다.

막부 측에서 민중교육을 열심히 행하던 이는 제8대 쇼군(將軍)

도쿠가와 요시무네(徳川吉宗)였다. 그저 개명적(開明的)이었던 것은 아니다. 막부의 각종 공문서 등을 각 번의 권력을 넘어서 직접 민중에 전할 필요가 있어 식자율(識字率)의 향상을 장려한 것이다. 막부와 번은 특수한 이중권력 관계에 있었다. 막부는 번의 영지를 몰수하고 다이묘를 폐지시키거나 관할 영지를 교체하도록 명령할 수 있는 권력을 가지고 있었지만, 각 영지의 관리 자체는 번에 일임하고 번에 속해 있는 무사단에는 직접 권력을 행사하지 않는 구조였다. 데라코야의 장려는 각 번의 힘을 넘어서 막부의 위광과 의향을 직접 민중에게 미치도록 하기 위한 것이었다.

그러나 누가 뭐래도 데라코야가 눈부시게 늘어난 것은 18세기 중반부터였다. 상품 · 화폐 경제가 발전하면서 세력을 신장한 서민이 자제의 교육에 열을 올리게 되었고, 세키몬 심학(石門心學)처럼 적극적으로 서민교육을 전개하는 경우도 생겨났다. 세키몬은 여성교육에도 열심히 임했다.

도쿠가와 중 · 후기에는 각 번도 영지 내의 생산성과 상업상의 이익을 올리거나 관리를 철저하게 하기 위해서 데라코야를 보호하고 장려하였다. 그 결과 막부 말기에는 양잠 등의 산업이 번성한 농촌지대에서 50% 가까운 취학률을 기록하였다. 다만 다이묘와 하타모토[54] 사이에서는 검술의 연습보다 샤미센(三味線) 쪽을 선호하는 사람도 늘어나고, 여성의 취업에서는 습자공부보다 샤미센이나 재봉이 유리하다고 여겨져서 식자율이 낮아졌을 수도 있다.

54) 旗本. 에도 시대 쇼군에 직속하던 만 석 이하의 무사를 가리킨다.

근세의 구어체

서간문의 모범집에서 시작하여 사전으로도 사용된 '오라이모노'[55]는 도쿠가와 시대 내내 초등교육 전반과 각종 직업의 안내서로 발전해 간다. 그뿐만 아니라 도쿠가와 시대의 여러 서적에도 서민의 구어체가 넘쳐나고 있다. 민중이 일본어로 읽고 쓴다는 의미로서의 '속어혁명'은 상당한 정도까지 실현되었던 것이다.

일찍이 기독교 선교사에 의해 이솝우화의 번역본 『이소호모노가타리』(伊曾保物語, 1593)와 『구어역 헤이케모노가타리』(口語譯平家物語) 등 구어로 번역된 로마자 표기 책들이 아마쿠사(天草)에서 인쇄·발행되어 상당히 널리 읽혔다. 이것도 하나의 계기가 되었는지 모르지만, 강의와 담의[56]가 구어체인 것은 중국으로부터 배운 듯하다. 고난 분잔(湖南文山)이 번역한 『통속삼국지』(通俗三國志, 1689~1692) 등 장회소설(章回小說)의 번역도 행해졌다. 소화[57] 등도 대부분 구어체에 가까워졌다. 이것도 중국의 백화에서 배운 것일 것이다. 여기서 기무로 보운(木室卯雲)의 『화고 가노코모치』(話稿鹿の子餅, 1772)에서 극히 짧은 소화를 뽑아 보겠다.

간다가와(神田川) 홍수에, 장작이 더미채로 흘러가는 것을, 야나기

---

55) 往來物. 가마쿠라·무로마치 시대부터 메이지·다이쇼 시대에 이르기까지 초등교육, 특히 습자 학습을 위해 편집된 교과서의 총칭이다. 헤이안 말기에는 서간문의 모범문례였지만, 중세 이후에는 교과서적인 존재가 되어 서민교육에서 중요한 역할을 담당하였다.

56) 談義. 설법승의 말투를 빌려 해학과 교훈을 포함한 사회풍자를 말한다.

57) 笑話. 듣는 이를 웃게 만드는 것을 주목적으로 하는 장편(掌篇) 이야기. 민화의 한 장르.

하라(柳原)의 거지가 강가에 나왔다가, 갈고리로 찍어서, 흘러오는 장작을 끌어올리면, 금세 거지가 장작장수가 되고 장작장수가 거지가 되었다.

神田川出水に, 筋違の薪ことぐごとく流れるを, 柳原の乞食川端へ出て居て, 鳶にひつかけ, ながるゝ薪を引上ぐれば, たちまち乞食が薪屋になり, 薪屋が乞食になつた.

우에다 아키나리[58]가 만년에 자유분방하게 생각이 닿는 대로 쓴 『담대소심록』(膽大小心錄, 생전에 간행되지 않았음)에서도 구어문체를 쉽게 찾을 수 있다.

바쇼(芭蕉) 따위의 엉터리가 다가갈 수도 없었다.〔미야케 세키안(三宅石庵)은 마쓰오 바쇼[59] 같은 엉터리가 범접할 수도 없을 정도의 학자였다.〕

芭蕉などゝいふこしらへ者が, よりつける事じゃなかつた.

파랑새는 고야산(高野山)에서 들었는데 부빵부빵하고 울었다. 모습은 안 보였다.

---

58) 上田秋成, 1734~1809. 에도 후기의 국학자, 시인, 요미혼(讀本) 작자. 만엽집 · 음운학에 정통하여 모토오리 노리나가(本居宣長)와 논쟁을 펼쳤다.

59) 松尾芭蕉, 1644~1694. 에도 전기의 하이진(俳人). 한때 교토에서 기타무라 기긴(北村季吟)에게서 사사받았고, 이후에 에도로 가서 수로공사 등에 종사하였으나, 이윽고 후카가와(深川)에 바쇼암(芭蕉庵)으로 옮겨 하이카이(俳諧)에 높은 문예성을 부여하고, 쇼후(蕉風)를 창시하였다.

佛法僧は高野山で聞(い)たがブツパンブツパンとないた. 形は見へなんだ.

이러한 예는 찾으려면 얼마든지 찾을 수 있다. 이 무렵에 구어문체가 표준이 되었다는 의미는 아니다. 『담대소심록』은 기분에 따라 다양한 문체를 사용하고 있다.

가나조시(仮名草子, 계몽 · 교훈 · 오락을 다룬 소설—역자), 우키요조시(浮世草子, 화류계를 중심으로 한 소설—역자), 샤레본(洒落本, 유곽풍속 해학소설—역자), 닌조본(人情本, 서민의 애정생활을 그린 풍속소설—역자), 곳케이본(滑稽本, 익살스런 통속소설—역자), 기뵤시(黃表紙, 성인용 그림책—역자) 등 도쿠가와 시대 민중의 읽을거리들의 대화문에는 하층 민중의 구어가 생생하게 재현되고 있었다. 그리고 지방방언과 사회방언도 구별해서 쓰는 것이 성행하여 유녀(遊女) 특유의 말투인 네(ネ), 사(サ), 요(ヨ) 등 접미사도 눈에 많이 띈다. 막부 말기에 막부의 신하로서 해군을 조직했고, 에도성(江戸城)을 무혈개성(無血開城)하도록 이끈 것으로 알려진 가쓰 가이슈(勝海舟)의 부친, 가쓰 쇼키치(勝小吉)의 『몽취독언』(夢酔獨言, 1843)처럼 전편이 에도 서민 마을의 언어로 쓰인 회상기도 남아 있다. 고리대금업자였던 쇼키치의 조부가 하타모토의 신분을 사긴 했지만, 쇼키치는 맡은 직무도 없이 저잣거리에서 무뢰한의 생활을 보내던 사람이었다.

다른 한편, 유럽에서 라틴어가 엘리트의 교양으로만 머물렀던 것과는 달리 도쿠가와 시대를 통해 '한시문'(漢詩文)도 민중 사이에 퍼져 갔다. 유학의 고전을 존중하는 오규 소라이[60]의 학통(古文辭派)이 원문주의(原文主義)에 입각해 『당시선』(唐詩選)을 유행시켰던 것이 크게 작용하였다. 백문,[61] 훈독용 기호[62]부터 삽화, 중국어의 사성(四聲, 네 종류의 음조)의 마크를 붙인 것까지 여러 판본이 출간되었고, 판을 거듭하면서 조닌(町人, 도시 상인—역자)에게도 친숙해졌다. 중국에서 당대(唐代) 시의 앤솔러지라고 하면 칠언절구, 칠언율시, 오언율시의 세 형식의 시를 모은 『삼체시』(三體詩)로 보는 것이 일반적 통념으로 『당시선』은 전혀 주목받지 못했다고 한다. 소라이는 중국 고문사파가 주장한 웅혼하면서 비장한 당나라 전성기의 시를 많이 모아 놓은 『당시선』을 유행시킴으로써 그 후의 일본 '한시' 취향에 결정적 영향을 미쳤다. 게다가 소라이와 그의 학통이 한 세대를 풍미함으로써 붕괴되어 가던 문화의 위계질서가 유학 중심으로 재확립되었다.

흥미로운 것은 모토오리 노리나가의 가론(『石上私淑言』)이, 광가,[63] 하이카이, 조루리, 소가(小歌), 아이들 사이에서 유행하는 노래, 절구질하면서 부르는 노래, 톱질하면서 부르는 노래 등에 이르기까지 통틀어서 '노래'(和歌)로 정의하고 있는 점이다. 도쿠가와

60) 荻生徂徠, 1666~1728. 에도 중기의 유학자. 처음에는 주자학을 배운 다음, 이후에 고금사학(古今辭學)을 창도하였다. 문하에 다자이 슌다이(太宰春台), 핫토리 난카쿠(服部南郭) 등이 있다.

61) 白文. 한문으로 된 책에서 구두점 · 훈점 · 단락 등이 없이 쓴 한문.

62) 返り点. 한문을 훈독할 때 한자 왼편 밑에 붙이는 기호. 아래에서 위로 올려 읽는 순서를 나타냄. 한문 토시.

63) 狂歌. 일상의 잡다한 일을 소재로 해학 · 익살 · 풍자 등을 담은 비속한 단가(短歌).

전기의 유학자와 문인들에게서 나타났던, 민중과 거리를 두지 않는 태도는 '국학'으로 계승되었다고 할 수 있지 않을까?

도쿠가와 시대의 일본어 문체는 지식층에서 '한문' 풀어 읽기체로부터 화문체에 이르는 그러데이션의 띠가 대부분 답습되고 있었다. 화한혼교문(和漢混交文)이라고 이야기되는 중세 군기물(軍記物)의 문체는 그 띠의 중간에 위치한다고 생각하면 된다. 그 띠를 옆으로 늘린 다음, T자형으로 또 하나의 그러데이션 띠를 밑으로 늘린 상태를 상상하기 바란다. 아래로 늘린 띠에서는 점차 민중의 '비천한' 단어가 많아진다. 민중의 구어(口語)에도 고상한 것, 상스러운 것이 있을 뿐만 아니라 '한어'의 많고 적음도 있다. 불교 등을 통해 '한어'가 민중 사이에 보급되어서 천한 말투에서도 '바카'(馬鹿, 바보)라든가 '야로'(野郎, 놈)라든가 하는 '한어'가 많이 돌출되기도 한다.

도쿠가와 시대에는 이같이 실로 다양한 읽고 쓰기 언어가 성립되어 가는 상태가 오랫동안 지속되었다. 장르마다 규범이 만들어지기도 하고, 신분계층에 따른 변화도 다양했으며, 시기에 따른 변화도 어지러울 정도였다. 그런 가운데 서구 근대의 '속어혁명'으로 인한 정신혁명에 상응하는 것도 점차적으로 퍼져 나갔다.

전체적으로 현세주의가 만연하여 경험의 축적으로부터 사물을 판단하려는 사고가 지식층에 퍼졌고, '양명학 좌파'의 영향을 받아서 개성적인 문체의 창출과 자유분방한 문장으로 꾸밈없는 구어를 쓰는 '투명'한 문체도 생겨났다. 후기의 '한시'에는 중국 청대의 성령파(性靈派)의 영향을 받아 당대의 단어로써 개인의 감성을 자연스럽게 드러내는 것을 존중하는 표현이 유행하였다. 그런 영향은 와카에도 미쳐서 가가와 가게키[64]를 시조로 하는 계원파(桂園派)의 흐름을 만들어 냈다.

국자 · 국어개량론

메이지 시대에는 유럽의 영향을 받아 다양한 국어(國語) · 국자(國字) 개량의 논의가 활발하였던 것은 잘 알려진 사실이다. 마에지마 히소카[65]가 구담과 필기의 일치를 주장했던 「한자어폐지지의」(漢字御廢止之議) 건의(1866)에서 비롯하여 니시 아마네[66]나 도야마 마사카즈[67]와 같은 영학(英學) 관계자를 중심으로 로마자사용론 혹은 가나문자사용론 등 국자개량론이 주장되었다. 그 후에도 한자 폐지론은 되풀이되었지만, 국어개량의 주장은 그 비중이 문체의 문제, 즉 '언문일치'론으로 옮겨졌다.

국어 · 국자개량 주장의 내용은 다음의 세 가지 유형으로 분류할 수 있다. 첫 번째는 모리 아리노리[68]로 대표되는 주장인데, 일본어

64) 香川景樹, 1768~1843. 에도 후기의 시인. 호는 계원(桂園). 노래는 자연스러운 감정을 가락으로 하고 쉬운 말로 읊어야 한다고 논하며, 「신학이견」(新學異見)을 써서 가모노 마부치(賀茂真淵)의 숭고주의에 반대하였다. 그를 따르던 그룹을 계원파라고 부른다.

65) 前島密, 1835~1919. 근대적 우편제도의 창설자. 메이지 유신 이후 역체두(驛遞頭)가 되어 '우편', '우표'(切手) 등의 명칭을 정하였다. 국자개량론자로도 알려져 있다.

66) 西周, 1829~1897. 계몽사상가. 네덜란드에 유학한 후 개성소(開城所) 교수로서 「만국공법」의 번역을 완성하였다. 모리 아리노리(森有礼) 등과 메이로쿠샤(明六社)를 창시하고 서양 철학을 소개하였다.

67) 外山正一, 1848~1900. 교육자. 시인. 영미에 유학하여 철학을 전공하였다. 도쿄대학 교수 및 총장을 역임하고, 문부성 장관에 오른다. 한자 폐지, 로마자사용론을 주장하였다.

68) 森有礼, 1847~1889. 정치가. 막말 구미에 유학하고, 신정부에 참여한다. 메이로쿠샤

를 폐지하고 영어 등을 사용하자는 순수한 구화주의이다. 이것이 실현되기에 얼마나 많은 세월이 걸릴지를 생각해 보면 너무나 무리한 제안이었다는 것을 알 수 있다. 두 번째는 문자의 개혁으로 '로마자 표기로 하자'라는 주장으로 문자만의 서구화라고 할 수 있다. 세 번째는 '가나문자만 쓰자'는 주장이다. 이것도 가나문자를 서구의 표음식 문자로 본 것이라고 한다면 결국 서구식으로의 접근을 도모한 것이라고 볼 수 있겠다.

이들에 반대하는 움직임도 있었다. 1884년 『동양학술잡지』(東洋學術雜誌)에 게재된 도야마 마사카즈의 「한자를 폐지할 것」(漢字を廢すべし)에 대해, 미야케 세쓰레이[69]는 같은 잡지에 「가나군의 맹장에게 한 방 먹인다」(仮名軍の猛將をして一驚を喫せしむ)를 투고하여 '한자'의 이점을 들어 반격하였다. 후에 미야케 세쓰레이는 '국수보존주의'(國粹保存主義)를 내걸고 정교사[70]의 리더로 활약하였다. '국수'라고 주장하더라도, 그 배후에 동양 문명의 전통을 아울러 생각했던 것이다. 그의 초기 대표작 『진선미 일본인』(眞善美日本人, 1891)에는, 일본인은 중국인과 같은 몽골인종이라는 것과, 고대부터 특히 도쿠가와 시대에 중국의 학문을 배워 온 것을 강조하고 있다.

를 설립하였으며, 문부성 장관이 되어 학교령의 공포(公布) 등 교육제도의 기초를 다졌다. 구화주의자라고 알려져 제국헌법 발표 당일 국수주의자에 의해 암살당했다.

69) 三宅雪嶺, 1860~1945. 저널리스트, 평론가. 정교사(政教社, 세이쿄샤)를 창립하고, 잡지 『일본인』(日本人)을 통해 국수주의를 제창하였다. 또한 잡지, 신문 등으로 번벌정부 비판의 선봉에 섰다.

70) 政教社, 세이쿄샤. 국수주의자들의 단체. 1888년 스기우라 주고(杉浦重剛), 미야케 세쓰레이, 시가 시게타카(志賀重昂), 이노우에 엔료(井上円了) 등을 동인으로 창립하였고, 잡지 『일본인』(日本人)을 간행하였다.

이러한 미야케 세쓰레이의 주장과 함께 '만요가나'(萬葉仮名) 등을 들어 서구보다 오래된 '국어'의 전통을 주장하는 유형도 있었다. 이런 입장은 최초의 '일본문학사'를 제창한 미카미 산지[71]와 다카쓰 구와사부로(高津鍬三郎)가 함께 쓴 『일본문학사』(日本文學史) 상·하(1890)와 오와다 다케키(大和田建樹)의 『화문학사』(和文學史, 1892) 등의 서문에 보인다. 이들은 중국 문화에 대해서 고래의 순수한 일본 문학을 상정하는 '국학'의 입장을 따르고 있지만, '한문'의 가치도 충분히 평가하고 있다.

그럼에도 국어개량론은 멈추지 않았다. 그렇다기보다 서구 근대의 본격적인 '국어'의 사상을 내건 사람이 등장했다. 독일에서 박언학(博言學, 일반언어학, 비교언어학)을 공부한 뒤 1894년에 귀국한 우에다 가즈토시[72]였다. 그는 「국어교육에 관하여」(國語教育に就いて)라는 강연에서 민중의 구어를 '국어'로 정의하고, 국어연구를 '미문'(美文)의 연구로부터 전환하라고 주장했다. 근대 언어학은 민중의 대화 언어를 대상으로 하는 학문이기 때문에 이를 공부하고 돌아온 사람이 주장하는 것은 당연했다.

이 강연에서 우에다 가즈토시는, '국어'의 토대를 이루는 것은 3천 년 동안 이어져 온 말인 '야마토 말'(大和ことば)이라고 하였다. 라틴어가 아닌 각 지역의 민중 언어를 바탕으로 하는 서구 근대의

---

71) 三上参次, 1865~1939. 역사학자. 도쿄대학 교수 겸 사료편찬계 주임을 담당하였다. 『메이지 천황어기』(明治天皇御紀)의 편찬을 주재하였다.

72) 上田万年, 1867~1937. 언어학자, 국어학자. 도쿄대학 교수. 서구의 언어학 연구방법을 소개하고, 국어정책에 각종 제안을 하였다. 뒤에 신궁황학관(神宮皇學館) 관장을 역임하였다.

'국어' 관념을 국학 이데올로기로 받아들인 것이다. 그리고 일본에서는 천황의 조칙(詔勅)조차도 '한어'로 나오고 있다며 반발하고 있다. 고대의 조칙은 일어문(宣命)체로 쓰였지만, 메이지 시대에는 '한어'가 많이 구사된 독특한 문어체가 사용되었다. 우에다 가즈토시는 그것을 가리켜 '한어'라고 했을 테지만, 그것도 물론 일본어의 일부이다. 틀려도 너무 틀린 이야기이다.

'곤니치와'(今日は), '사요나라'(さよう[左様]なら) 등 '한어'를 빼버리면 인사말조차도 불가능할 정도로 일본 민중의 일상회화에는 '한어'가 깊숙이 뿌리내려 있다. 글을 쓸 때에도 한자를 사용하는 것이 편리한 경우가 많다. 일본어의 경우, 유럽어 속에 라틴어가 혼합되어 있는 것과는 그 정도가 다르다. 예를 들면, 영어에서 식육의 "beef"나 "pork"가 라틴어 기원이라는 것은 그들이 라틴어를 배우게 되면 곧바로 알게 된다. 그렇지만 일본어의 '우마'(うま)가 중국어의 'ma'(馬)를 어원으로 한다는 것은 중국어를 공부하더라도 좀처럼 와 닿지 않는다. 이렇듯 일본어는 중국어와 밀접한 관계에 있다.

우에다 가즈토시는 음을 중시하지 않으면, 즉 표의문자인 한자로는 '사상을 생각한 그대로 쓸 수 없다'는 생각에 빠져 있었던 듯하다(『作文教授法』, 1895). 이것도 말도 안 되는 생각이다. 한 단어의 음이 어떤 특정 의미를 가지는 것은 어떤 언어에서든 다르지 않다. 표음문자로 쓰든 표의문자로 쓰든 한 단어가 한 단어로서의 역할을 하는 것은 어떤 언어에서든 다르지 않다.

게다가 우에다 가즈토시도 논문을 쓸 때에는 당시의 습관에 따라 '한문'투를 부드럽게 한 풀어 읽기체(메이지 시대 '普通文')로 표

기하였다. 자신이 주장한 것을 그 스스로도 실행할 수 없었던 셈이다. 그 정도로 관념적인 주장이었다. 그럼에도 우에다 가즈토시의 귀국으로 또다시 '한자폐지'론이 불거졌다. 그에 대하여 미야케 세쓰레이는 이전의 주장을 되풀이했다. 「한자의 이익」(漢字の利益, 1895)에서는 한자의 여러 가지 음의 변화를 학습시키는 것이 유익하다고 주장하고 있다. 이와 같은 국자문제를 둘러싼 논쟁에서 어느 쪽이 승리했는가는 말할 필요도 없을 것이다.

우에다 가즈토시는 근대 국어학을 개척하고서 러일전쟁 후에는 국어정책의 중추에 있던 사람이다. 그렇다고 우에다 가즈토시의 제언과 그 사상을 분석한다고 해서 당시 일본어의 실태를 이해했다고는 할 수 없다. 일본어의 구화정책은 죄다 좌절되었다. 다이쇼(大正) 시대에는 세계 공통어로서 만들어진 에스페란토어(Esperanto) 운동도 꽤나 널리 퍼졌고, 로마자운동과 가나문자운동은 쇼와(昭和) 전쟁 전까지지도 계속되었다.

다만 한자폐지론에는 문자의 습득을 용이하게 하려는 뜻이 담겨 있다. 그 뜻은 어려운 한자의 사용을 줄이는 방향으로 실현되었다.

그렇다면 일본어의 읽고 쓰기 언어에는 실제로 어떤 일들이 일어났던 것일까?

리터러시는 트라이링걸(trilingual)

유럽에서는 지식인의 공통어였던 라틴어가 아니라, 일반 민중의 대화 언어를 기초로 한 'national language' 즉 '국어'를 통한 읽고 쓰기가 국민문화의 기초로 자리 잡았다. 메이지 초기의 양학자들은 이를 잘 알고 있었다. 그런 까닭에 심상소학교(尋常小學校. 4년제, 1907년부터 6년제)에서 '국어'는 일본어 학습으로 한정되었다.

그렇지만 고등소학교(4년제, 1907년부터 2년제)에서는 '한문' 풀어 읽기체의 학습이 이루어졌고, 중학교 이상에서는 영어와 '한문'(일본화한 것을 포함하여)이 필수가 되었다. 당시 미래의 엘리트가 될 이들에게는 읽고 쓰기 능력, 리터러시에서 트라이링걸(trilingual, 3개 국어 가능자)이 요구되었던 것이다. 메이지 정부는 1872년의 학제 공포 때부터 중학교에 엘리트 양성의 성격을 부여하고 있었는데, 거기에는 '국어' 교과 중 '한문'을 포함시키고 있었다.

이것은 유럽에서도 라틴어가 엘리트 교육에서 여전히 중요시되었던 것과 비슷한 양상이라고 여겨진다. 하지만 이탈리아에서도 라틴어를 '국어'로 취급하지는 않는다. 일본의 경우 엘리트 양성을 위한 교과로서의 '국어'가 말하자면 바이링걸이었다. 다만 이것은 리터러시에 관해서지 회화능력이 요구되었던 것은 아니다. 백문을 풀어 읽기체로 읽는다면 일본어의 범위에 속한다고 하겠지만, 중학교의 '한문'에는 작문, 즉 중국어로 쓰는 것도 필수로 되어 있었다.

20세기에 들어설 무렵부터 육군성은 만 20세의 남성을 대상으로 체격과 식자율을 조사하는 장정조사를 시작했다. 초기의 식자율 조사는 심상소학교(4년제) 저학년 정도, 심상소학교 졸업 정도, 고등소학교(4년제) 졸업 정도, 중학교(심상소학교 졸업 후 5년제) 졸업 정도의 네 단계의 테스트를 행하고서 식자율을 5단계로 분류하였다. 나중에는 교과서를 사용했지만, 시행기의 문장의 예(1901년, 京都府)를 살펴보자.

심상 2학년 종료 정도　赤十字しゃ(적십자사). 日本のこつき(일본의 국기).

심상소학교 졸업 정도　賣捌所は韓國滿洲にも設けたり(판매소는 한국, 만주에도 설치되다).

고등소학교 2학년 종료 정도　知能ヲ啓發シ聽器ヲ成就ス(지능을 계발하여 청기를 성취한다).

고등소학교 졸업 정도　我ガ神聖ナル祖宗ノ遺訓ト我ガ光輝アル國史ノ成就トハ炳トシテ日星ノ如シ(우리의 신성한 조종의 유훈과 우리의 광휘한 국사의 성취는 빛나는 것이 태양과 별과 같다).

요구도가 상당히 높았던 것을 알 수 있다. 고등소학교에서는 '한문' 풀어 읽기체에 대한 리터러시가 요구되었다. 여기서 예로 들지 않겠지만, 중학교 졸업 정도라면 '한문' 그 자체를 풀어서 읽어 내는 능력이 필요했다('졸업 정도'라는 것은 학교에 다니지 못하였더라도 참고서 등으로 독학해서 동등한 정도의 학력을 갖춘 사람을 포함시킨 의미로, 조사가 이루어진 기간 동안 정규 졸업생과 같은 정도의 인원수가 기록되고 있다). 시대가 지나면서 고등학교 졸업 정도, 대학 졸업 이상이 추가되었지만, 대체로 메이지 시대의 보통문, 다시 말해서 화문체의 '나리(なり), 다리(たり)'체,[73] '한문' 풀어 읽기체, 그리고 '한문' 읽기 가능 · 불가능의 네 단계로 나누어 생각하면 된다.

73) 문장의 끝에 'なり' 혹은 'たり'를 붙이는 문체.

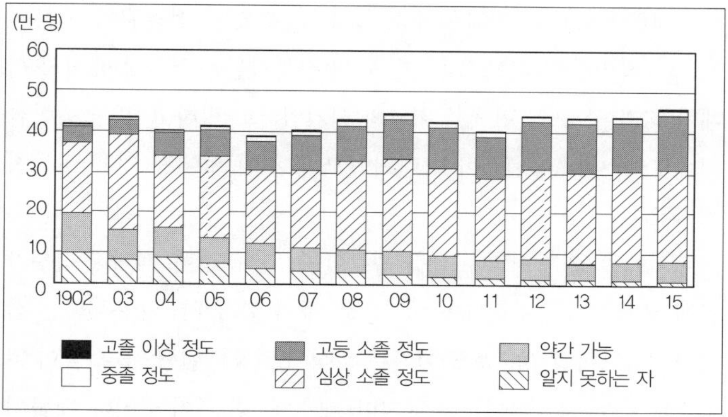

[그림 1] 「육군성 · 장정보통교육정도」 조사 참조(만 20세 남성 · 전국 통계)

주) 실제의 조사는 ~졸과 ~졸 동등(同等)이 나뉘어 있지만, 편의상 일괄해서 ~졸 정도로 하였다. 다만 정예부대의 수치가 비밀로 되어 있는 것은 물론, 수치의 조작도 추측되므로 대강의 경향으로 참고해 주었으면 한다.

막부 말기부터 메이지 초기에 이르기까지 영학(英學)의 융성과 함께 한동안 한학자가 탄식할 정도로 '한문' 학습은 쇠퇴했다. 그러나 1880년대에는 '한문' 학습이 일본 고전의 학습과 더불어 엘리트층에서 부활한다. 박문관[74]에서 1890년에 간행된 『일본가학전서』(日本歌學全書) 전10권, 『일본문학전서』(日本文學全集) 전24권에 이

74) 博文館. 1887년에 창립된 메이지 시대 일본의 가장 큰 출판사였다. 『태양』(太陽), 『소년세계』(少年世界), 『중학세계』(中學世界), 『여학세계』(女學世界), 『문예구락부』(文藝俱樂部) 등의 잡지를 간행하여 잡지 왕국을 이루었다. 메이지 후반에는 일본을 대표하는 종합출판사였지만, 다이쇼 시대에 퇴조를 보여 제2차 세계대전 이후에는 박우사, 교우사, 호문관으로 나뉘었다가 1050년 박문관신사(博文館新社)로 다시 출판을 계속한다.

어서, 1892년부터 『지나문학총서』(支那文學叢書) 전24권이 배본되기 시작하였다. 그리고 일본 '한시'의 전문가들은 역사상 메이지 시대가 질과 양 모든 면에서 최고의 시기였다고 말하고 있다. 종합잡지에도 한시란(漢詩欄)이 마련되었고, 그것이 없어진 것은 러일전쟁 후였다.

여기에는 몇 가지의 이유를 생각할 수 있다. 첫째, 메이지 정부가 공식 문체로서 상당히 딱딱한 '한문' 풀어 읽기체를 채용했다는 점이다. '복고혁명'(復古革命)이라는 의식이 작용했던 듯하다. 풀어 읽기체도 물론 일본어이기는 했지만, 배후에 '한문'이 있었다. 덧붙이자면 도쿠가와 시대의 막부와 각 번의 법령들은 한자를 많이 사용하는 소로(候)체의 일본 문장이었다. 다만 방(榜)은 한자를 줄인 쉬운 문체로서 그것을 이어받은 메이지 초기의 태정관제찰(太政官制札, 법령)에는 '사람 된 자 오륜의 길을 바르게 따라야 할 것(人たるもの五倫の道を正しくすべき事)', '사람을 죽이거나 집을 불태우고 재물을 훔치는 등의 악행은 있을 수 없는 일(人を殺し家を燒き財を盜むなどの惡行あるまじき事)'(변체가나 사용) 등으로 되어 있다.

둘째, 앞서 말한 것처럼 중학 '국어' 교과 안에 '한문'이 자리매김되면서 제국대학의 입시에는 영어와 '한문'이 출제되었고, 문학부의 졸업논문은 영어 등의 서구어나 '한문'으로 쓸 것이 요구되었다는 점이다. 일찍이 서구의 지적 수준을 따라잡기 위해서라도 영화사전(英華辭典)과 화영사전(華英辭典)은 물론, 19세기 중반에 상하이(上海)에서 한문으로 번역된 다수의 서구 학술서 등을 참조할 필요가 있었다. 게다가 논리적인 사고를 행하기에는 기초개념의 대부분이 '한어'였기 때문에 '한문' 학습이 필수로 여겨졌다. 또한 영어 학습을 위해서도 어순이 비슷한 '한문'을 공부하는 것이 유리했던 점 등 여러 사정이 겹쳐졌기 때문일 것이다.

국어문제와 내셔널리즘

한편으로 서양 근대 문명을 흡수하면서, 다른 한편으로는 '전통'에 기반을 둔 국민문화를 형성해 가기 위해 '한문'은 그 어느 쪽에서도 필요한 교양이었다. 이것은 일본이 고대부터 중국문명권 안에 있으면서도 독자적인 문명을 형성시켜 온 역사에 뿌리를 두고 있다. 그리고 당시의 지식인들은 동아시아가 근대 문명의 발전에 뒤처져서 서구 열강에게 침식당하고 있다는 위기감을 안고 있었다. 다시 말하면, 국제 정세를 '서양' 대 '동양'이라는 구도로 생각하지 않을 수 없는 현실에 맞닥뜨린 것이다. 이 점에서 기독교문명권이 다른 여러 지역과 비교해 압도적인 우위에 서 있다는 점을 암묵적으로 전제하면서도 각각의 내셔널리즘을 성립시킨 서구 각국들이나 미합중국과는 결정적으로 달랐다.

후쿠자와 유키치는, 일본은 '동양'에 머물지 말고 서구화의 길을 걸어야 한다고 생각하며 「탈아론」(脫亞論, 1885)을 주장하였다. 한반도 사람들에게는 중국으로부터 독립하기 위하여 한글의 읽기 쓰기를 권장하기도 했다. 그에 비하여, 미야케 세쓰레이 등은 중국 문명의 혜택을 받아 온 '전통'을 지킬 것을 강조하였다. 둘 다 내셔널리즘, 국민주의였지만 이 둘의 입장은 날카롭게 대립하였다.

후쿠자와 유키치는 중학교 이상에서 '한문'이 중시되기 시작한 것과 일본의 고전 부흥의 기운에 대하여 시대착오라고 비난하였다. 실제로 게이오의숙[75]의 학생들 사이에서 서도취미(書道趣味)가 일어났을 때, 그런 것은 외국인의 골동취미(骨董趣味)를 흉내 낸 것이라며 꾸짖고서는 클럽을 해산시켰다. 청일전쟁이 발발하자 중국 문명이 뒤처진 것을 업신여기는 언사를 내뱉으면서 차별적인 감정을 선동하기조차 했다.

정부도 한때는 구화주의로 치달았지만, 제국헌법을 제정하고 교육칙어를 발표하였던 시점에서는, 이미 일본의 내셔널리즘은 '서양' 대 '동양'이라는 도식 위에서 그 진로를 결정하였다고 봐야 한다. 서양 문명을 흡수하고, 문명국의 일원이 되기 위해서라도 독립자존의 정신, 즉 내셔널리즘의 기반을 서구 열강보다 오랜 역사를 자랑하는 문화전통에서 찾고서 이것을 정리할 필요가 있었다. 그것은 필연적으로 오랫동안 중국 문화의 영향 아래에 있던 역사를 그 근거로 삼게 됨을 뜻했다. 그래서 그것은 서구 열강에 대항하는 아시아주의의 지향으로 귀결된다.

러일전쟁 후에 우에다 가즈토시가 국어정책의 중추에 있으면서 중학교의 '한문' 시간을 줄여 갔지만, 쇼와 전쟁 전기(前期)를 통틀어 '한문'은 지식층에게 교양의 한 부분이었다. 서구어 중 어느 하나를 덧붙여서 그들의 리터러시가 트라이링걸이었던 것을 잊으면 일본 근현대의 사상과 문화를 제대로 해명할 수 없다. 요컨대 일본

75) 慶應義塾. 후쿠자와 유키치가 도쿄에 세운 사립학교. 1920년에 게이오의숙 대학이 되었다. 현재의 게이오 대학.

문화의 근대화를 다름 아닌 서구화로 생각해 버리면 엉뚱한 착오에 빠져 버리는 것이다.

언문일치, 그 논의와 실제

메이지 시대의 '언문일치'체에 대해서는 유럽의 속어혁명과 그것에 기반을 둔 정신혁명에 필적할 만한 것이 일어났다는 식으로 논의되어 왔다. 오늘날의 백과사전 등에도 그렇게 쓰여 있다. 그러나 민중의 구어문체는 이미 도쿠가와 시대에 퍼져 있었다. 그러므로 메이지 시대에 문제가 되었던 것은 '한문' 풀어 읽기체, 화문체, 그리고 그 각각의 고상함과 천박함이 혼재하는 도쿠가와 시대의 구어체를 포함한 다양한 문체 안에서 어떻게 표준적인 국민의 문체를 만들어 낼 것인가 하는 것이었다.

우선 문장 전반에서 '한문' 풀어 읽기체의 딱딱한 어조(어려운 '한어'와 '한문'적 어투)를 줄인 것이 일반적인 문장의 주류가 되었다. 이런 문장은 나리(ナリ) · 다리(タリ)로 끝맺는다. 당시는 '한문흘림'(漢文崩し)이나 '문어'(文語), '보통문' 등으로 불렸다. 한문조가 강한 것에서 약한 것까지 있었으나, 이른바 '미문'(美文), 와카의 칠오조(七五調)와 한시의 대구 등의 수사법을 사용했던 것과는 달리 자유롭게 사상을 표현한 문장이다.

그러나 일반적으로 민중의 구어에서 나리 · 다리는 사용되지 않는다. 따라서 문제는 문말(文末) 표현을 어떻게 할까 하는 것이었다. '문어체'나 '구어체'로 나뉘는데, 다른 점은 문말 표현에 있다. 도쿠가와 시대의 민중 구어에서 사회와 지방 양쪽 방언에서 특유한 문

말 표현을 제거해 버리면, 용언 종지형이나 연체형으로 끝나는 형태가 많아서 다(タ) · 다(ダ) · 마스(マス) · 마시타(マシタ)가 자연스럽게 떠오르게 된다. 메이지 시대에도 서민은 체언이나 '스루(スル) · 시타(シタ)'로 끝맺는 문장으로 글을 쓰고 있다. 그러나 그렇게 해서는 지식인들에게는 품위가 없는 듯이 여겨졌다.

잘 알려져 있는 쓰보우치 쇼요[76)]의 『소설신수』(小說神髓, 1885~1886)는, 서구나 중국의 소설과는 달리 일본에서는 '언문일치'가 이루어지지 않는다고 말하고 있다. 중국에도 당대 전기(唐代傳奇) 등 병려체를 사용하는 '문언' 소설이 있고, 서구에도 고상한 문체가 있다면 평이한 문체도 있다는 것, 기품 있는 문체가 있으면 나쁜 문체도 있다는 것을 고려하지 않았다. 그리고 일본의 소설에는 '한문' 풀어 읽기체를 비롯해 순수한 화문체나 에도 민중의 구어문체까지도 쇼요의 눈앞에 펼쳐져 있었다. 쇼요는 이것이 통일되어 있지 않다는 것을 말하고 있는 것이다.

여러 가지로 고려한 끝에 쇼요의 결론은 '(속어에 일대 개량이 이루어지지 않는 한) 속어로 묘사하지 말아야 한다'는 것이었다. 민중의 구어를 그대로 써내려간 다메나가 슌스이[77)]와 같은 소설 문체

---

76) 坪内逍遙, 1859~1935. 소설가, 극작가, 평론가. 와세다 대학 교수. 1885년에 『소설신수』(小說神髓), 『당세서생기질』(當世書生氣質)를 발표하고, 문학개량운동의 중심이 되었다. 1891년 『와세다 문학』(早稻田文學)을 창간하였으며, 뒤에 연극계 및 극문학 개량에 힘썼다.

77) 為永春水, 1790~1843. 에도 후기의 희극작가. 처음에는 대본소(貸本屋) 등에 종사하다가 시키테 산바(式亭三馬) 곁에서 『춘색매력』(春色梅曆) 등을 써서 명성을 얻어 인정본(人情本)의 작풍을 확립시켰다.

는 품위가 떨어지므로, 품위 있는 새로운 구어문체를 궁리하여 만들자는 것이 그의 제언이었다. 쇼요는 이미 존재하던 '언문일치'체를 장려하지 않았던 것이다.

그러므로 소설의 '언문일치'는 지식인이 민중의 '언문일치'체를 곁눈질하면서 품위를 떨어뜨리지 않도록 지문(地文)의 문말을 궁리하는 쪽으로 나아갔다. 야마다 비묘[78]가 「무사시노」(武藏野, 1887)의 지문에 '~다'(ダ)를 사용하자 이시바시 닌게쓰[79]와 우치다 로안[80]은 품위가 없다며 비난하였다. 닌게쓰는 '데스'(デス)를 장려하였다. 그러나 로안은 「하녀」(湯女, 1899)라는 작품에서는 에도 여성언어의 베란메조(ベランメェ調, 에도의 상공업 지역의 장인들 사이에서 쓰이던 기세 좋은 말투)로 일인칭의 이야기체를 시도하기도 했다.

일반 문장에서는 상당히 일찍부터 '~데고자루'(デゴザル)와 '~데아루'(デアル) 등이 고안되어 있었다. 서구의 속기술을 모방해서 일본식으로 고안된 것이 개발되면서 강연이나 담화의 필기가 활발히 행해졌다. 담화를 그대로 필기하는 형식의 문말에는 대체로 나리(ナリ)·다리(タリ), 데스(デス)·마스(マス), 다(ダ)·데아루(デアル)의 세 종류가 사용되었다. 1887년의 『심상소학독본』(尋常小學讀本)에는 '마시타'(マシタ)가 채택되었다.

---

78) 山田美妙, 1868~1910. 소설가, 시인. 1885년 오자키 고요 등과 겐유샤(硯友社, 연우사)를 일으켜 '언문일치체'를 주장하였다.

79) 石橋忍月, 1865~1926. 문예평론가, 소설가. 도쿄대학 재학 당시부터 후타바테이 시메이(二葉亭四迷)의 『부운』(浮雲) 등의 비평으로 인정받았다.

80) 內田魯庵, 1868~1929. 문학가. 톨스토이의 『부활』의 번역과 『사회백면상』(社會百面相) 등의 소설과 수필을 다수 남겼다.

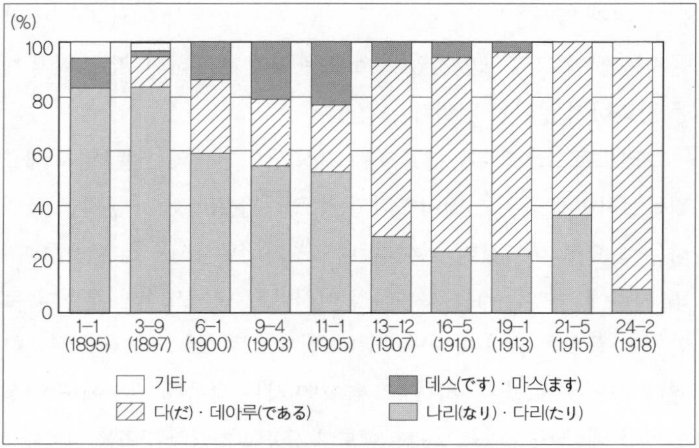

[그림 2] 메이지 시대의 『태양』(太陽)에 나타난 문말 표현의 비율

주) 1915년(제21권 제5호)에는, 보통선거법 특집 때문에 한문 풀어 읽기체가 증가.
출전) 스즈키 사다미(鈴木貞美) 편, 「종합잡지의 문체」(総合雜誌の文體, 近畿大學文藝學部紀要 『シュポシネン』 創刊號, 1996).

지식인이 자신의 의지대로 문체를 선택하여 논설을 썼던 종합잡지 『태양』(太陽)에서는 창간기인 1895년경에 『국민의 벗』(國民之友) 등과 같은 결사잡지처럼 나리(ナリ) · 다리(タリ)가 주류였지만, 강연이나 담화의 속기를 중심으로 20~30%는 데스(デス) · 마스(マス)체도 사용되고 있다. 그러나 이는 점점 줄어들어 다(ダ) · 데아루(デアル)체가 점차 증가하였고, 러일전쟁(1905) 후에는 이것이 전체적으로 많이 사용되었다. 다만 정치 등을 논할 때에는 여전히 나리(ナリ) · 다리(タリ)체가 많았다.

한편 소설 지문의 문말에 다(ダ) · 데아루(デアル)체의 방식이 우세해진 것은, 나리(ナリ)・다리(タリ)체로 압도적인 인기를 얻었던 오자키 고요[81]의 『금색야차』(金色夜叉, 1898~1902, 미완성) 이후라고 보면 된다. 종합잡지의 논설문도 대략 이와 병행된 현상을 보인다.

신문에서는 다이쇼 전기에는 아직 나리(ナリ)・다리(タリ)체의 규범이 강해 서서히 다(ダ)・데아루(デアル)가 혼용되다가 중후기를 거치면서 다(ダ)・데아루(デアル)체로 통일되어 간다. 미디어나 장르에 따라 변화의 양상은 달랐지만, 이처럼 메이지 전・중기의 논설문에 지배적이었던 나리(ナリ)・다리(タリ)체가 메이지 후기부터 다이쇼 시대를 거치면서 다(ダ)・데아루(デアル)체로 균질화되어 갔다. 또한 문체에서는 성별보다 장르에 의한 규범이 강하게 작용했다. 다이쇼 전기 여성이 논설에 진출했던 시기에도 요사노 아키코[82]처럼 다(ダ)・데아루(デアル)체를 사용하는 이가 많았다.

그러나 중학생 등을 위한 작문의 모범문에는 나리(ナリ)・다리(タリ)체도 상당히 남아 있었다. 그리고 서간문에서는 쇼와 전쟁 전기를 거치면서 남녀를 불문하고 데스(デス)・마스(マス)체가 서서히 증가하기는 하였으나, 격식을 차릴 때 쓰는 '소로문'(候文)도 제2차 세계대전 이후까지 사용되었다.

도쿠가와 시대에 민중의 리터러시가 향상되었으나, 그것이 하나의 시스템을 이루지 못하고 오히려 장르마다 제각각의 문체가 성

81) 尾崎紅葉, 1867~1903. 소설가. 1885년에 야마다 비묘 등과 연우사를 일으키고, 「가라쿠타 문고」(我樂多文庫)를 창간하였다. 이야기의 정묘함과 요염한 문장으로 압도적인 인기를 획득하고서 저널리즘과 연결하여 문단을 지배하였다.

82) 与謝野晶子, 1878~1942. 시인. 요사노 뎃칸(与謝野鉄幹)의 부인. 잡지 『명성』(明星)에서 활약하였다. 청신한 격조와 자유롭고 대담한 내용의 단가(短歌)로 유명하다.

립되는 변화를 되풀이하였다. 특히 서간문에서는 그것이 쉽게 해체되지 않고 남았다. 그런 까닭에 일본어의 읽고 쓰기 언어의 평준화는 상당히 지연되었다. 이것이 일단 완성에 이른 것은 쇼와 전쟁 후기를 거치면서라고 할 수 있을 것이다. 전후에는 공용문도 다(ダ) · 데아루(デアル)체로 바뀌었다. 덧붙이자면, 이것은 읽고 쓰기 언어에 관한 논의로서 일상회화에서 방언의 사용은 또 다른 이야기이다.

2. '일본 문학'은 이중의 발명

종교와 학문

유럽에서는 학문과 예술이 성서와 교회로부터 분리되는 데 긴 시간이 걸렸다. 자연과학은 신이 창조하신 세계의 정묘함을 밝히려고 하는 정열과 함께 있었다. 17세기로의 전환기에 케플러(Johannes Kepler)가 행성의 궤도에 관한 법칙을 발견했을 때, 그는 아름다운 멜로디를 연주하면서 운행하는 우주의 음악적인 비밀을 이야기하였다. 만유인력을 발견한 뉴턴도 창조주의 위업에 대한 경의를 저버렸던 것은 아니다.

기독교의 초월신에 관한 생각을 배제하고 인간이라는 존재를 생각해 보고자 한 이들은 오히려 철학자와 의사, 그리고 예술가들이었다. 때때로 데카르트의 '나는 생각한다. 고로 존재한다'라는 말이 인용된다. 하지만 그런 데카르트도 『인간론』(遺稿)의 프랑스어판 머리말에서는 신이 창조하신 정묘한 인간의 심신에 관해 서술하는 등 창조설로부터 완전히 이탈하였던 것은 아니었다. '뇌가 없으면 정신도 신도 없다'고 밝힌 것은 프랑스인 의사 라 메트리(Julien Offroy de La Mettrie)였다. 그의 『인간기계론』(1747)은 서명 없이 출판되었지만, 교회의 격노를 사게 되어 그는 프로이센의 계몽 군주 밑으로 망명하게 되었다.

유럽에서 시, 소설, 희곡을 중심으로 한 언어예술 작품, 즉 '문학'이라는 개념(concept)이 생긴 것은 르네상스를 거치며 인간의 상상력에 의한 창조성을 중시하는 로맨티시즘(romanticism)의 가치관이 확산되면서였다. 그것은 마치 기독교의 신에 의한 세계 창조설에 대항하는 듯한 생각이다. 그러므로 무엇인가를 창시한 인물이 높이 평가되고, 그것을 가능하게 한 개성 즉 창의성(originality)이 존중받게 되었다.

로맨티시즘의 또 하나의 면은 부르주아 사회를 등지고 타향이나 고대(古代)로 여행을 떠나고자 하는 마음, 혹은 기독교에서 이단으로 여겼던 신비주의에 끌리거나 사교(邪教) 내지는 '허위 신앙'(vain credo)으로 치부되던 토지의 신과 바람의 신 등 자연의 정령(spirit)에 사로잡히는 마음이었다. 그러기에 그리스 신화의 신들과 정령이 자주 소재로 채택되었다.

유럽과 미국에서 종교라면 기독교이며, 그 이외의 종교를 연구하는 종교학은 신학부에 부속되어 있었다. 대학 개혁을 통해 신학부의 지위가 상대적으로 낮아지거나 신학부를 두지 않는 대학이 생긴 것은 20세기에 들어와서의 일이다. 오늘날에도 유럽과 미국의 대형서점에 들어가서 종교학의 책이 어디에 놓여 있는지를 찾아본다면 알 수 있을 것이다. 예외 없이 기독교 신학 관계의 방대한 서적들을 꽂아 둔 서가 곁에 겨우 조금 놓여 있을 것이다. 그것을 볼 때마다 나는 '종교학이란 식민지에서 타문화를 접한 선교사들이 만든 학문이구나' 하는 생각이 강하게 든다.

오늘날의 유럽, 특히 북부 지방에서는 교회에 다니지 않는 사람이 늘어나고 있다. 확실히 그렇기는 하지만, 그들의 도덕이 기독교에 근거하고 있음에는 변함이 없다.

일본에서도 대학이 구상되었던 애초에는 유럽의 신학부에 상응할 만한 학부가 계획되었다. 거기에서 신도와 유학이 강의될 예정이었다. 그러나 1877년 도쿄대학이 발족하였을 때, 그것은 형태나 그림자조차도 찾아볼 수 없었다. 학부 구성은 법학, 이학, 문학, 의학의 네 학부에 1886년 공학부가 추가되어 제국대학으로 재편성되었다. 그리고 문학부의 철학과 안에 종교학을 두었다. 이를 통해 서구와 일본의 지식구조에 하나의 결정적인 차이가 생겼다. 일본의 인문학 전체에, 말하자면 종교에 대한 긴장감이 결여된 것이다.

또한 종합대학(university) 안에 공학부를 둔 것은 세계 최초의 일이었다. 유럽의 자연과학은 뉴턴의 역학이 아닌 에너지보존법칙을 최고 원리로 하는 열역학(thermodynamics)의 전성기였다. 그것은 증기기관을 통한 산업 발전을 지탱했다. 공학(engineering)과 기술(technology)이 이전보다 중시되면서 이학(natural science)과 접근해 가고 있었다. 그럼에도 지식의 체계에서 보자면 이학은 훌륭한 학문이지만, 공학은 이른바 직인(職人)의 세계에 속하는 것으로 단과

대학(college)밖에 없었다. 과학기술(science and technology)이 하나의 개념으로 묶이게 된 것은 미국에서도 1970년대에 들어서부터라고 말하는 사람이 있을 정도이다.

중국(청나라)에서는 아편전쟁에서 패배했다는 충격 이후에도 주자학 지배의 체제가 바뀌지 않았다. '학'(學)과 '예'(禮)에 비하면, '술'(術)은 하등한 것이라는 가치관은 흔들림이 없었다. 이에 비해 일본에서는 공학이 일찍이 중요시되어 과학과 기술이 바로 결부되었다. 막부에서도 번에서도 중국을 본뜬 관료기구가 구성되어 있었지만, 그 담당자가 무사의 성격에서 벗어나지는 않았기 때문에 군사기술에 민감하였던 것도 한 원인일 것이다.

그리고 자연의 법칙성을 연구하는 자연과학을 주자학의 '천리'(天理)라는 개념으로 받아들였기 때문에 자연과학 숭배가 생겨났다고 나는 생각한다. 이것도 메이지 시대 일본 문화의 큰 특징을 이루어서 이후 일본의 행보에 크게 관계하게 된다. 중국에서도 일본의 제도를 모방하여 얼마 지나지 않아 종합대학에 공학부가 설치되었다.

종교와 내셔널리즘

일본에서는 인문학 전체에 종교에 대한 긴장감이 결여되어 있다고 했지만, 그것에는 이유가 있다. '종교'라는 단어도 메이지 시대에 들어와 'religion'의 번역어로서 성립된 것이다. 이에 따라 그때까지 '유가 · 유학', '불도 · 불법', '도가' 등으로 불리던 성인들의 '가르침'이 각각 '유교', '불교', '도교'로 대체되었다. 도가 즉 노자,

장자를 제외한다면(그렇다고는 해도 노자는 민간종교로서의 '도교'에서 신으로 받들어지기 때문에 복잡하다), 이들에는 대체로 교조(教祖)와 교전(教典)이 있고, 교의(教義)와 의례(儀禮), 집회의 장소도 있어서 유럽인이 정의하는 '종교'라는 범주에 잘 맞아떨어지기 때문일 것이다. 그러나 오늘날 우리식으로 설명하자면, 이들은 종교(신앙)이자 윤리이고 동시에 학문이기도 했다.

메이지 시대 이전에도 '종교'라는 말이 전혀 사용되지 않았던 것은 아니다. 하지만 그것은 '종'(宗)과 '교'(教)의 의미였다. '종'은 하나의 종파(sect)를 의미하고, '교'도 마찬가지로 일정한 종파의 모임이라는 의미로 사용되고 있었다. 중국에서는 유학이나 불도, 도교도 근원은 모두 동일하다고 이야기할 때에만 예외적으로 '삼교일치'(三教一致)라는 단어가 사용되었다. 일본에서는 신 · 유 · 불의 '삼교일치'론이 된다.

기독교도 신앙이자 도덕이며, 결국에는 '가르침'인 것을 생각하면 동아시아의 '가르침'을 '종교'라고 부르지 못할 것도 없다. 하지만 유학의 신앙 대상은 '하늘'(天)로, 이를테면 자연이다. 현세의 '가르침'이 대부분을 차지하고, 사대부(관료)의 학문 및 의례라는 성격이 강하며, 전문적인 성직자는 없다. 구성요소가 전혀 다르다. 따라서 기독교를 기준으로 해서 유교가 종교인지 아닌지를 논의하더라도 결론이 날 수 없으며, 그다지 의미도 없다. 그러한 이유로 유교는 중국의 철학 또는 사상으로서 취급되었다.

양학자들의 대부분은 유교를 '봉건도덕'이라고 꺼려 했다. 유학(留學)의 경험을 가지고 서양화를 추진했던 학자 중에 적극적으로 유교의 가치를 인정한 이는 교회제도의 타락을 보고 '무교회주의'(無教會主義)를 주장했던 우치무라 간조[83] 정도가 아닐까? 우치무라 간조는 근대 문명이 불러일으킨 가치관의 혼란에 대하여 강한 저주의 말을 토로하면서 일본의 유학, 특히 양명학과 기독교에서 공통점을 찾았다. 그것은 *Japan and the Japanese*(1894, 이후에 『代表的日本人』으로 번역)에 잘 나타나 있다.

신도(神道)도 메이지 초기에는 '대교'(大教) 등으로 불렸다. 신화와 의례는 갖추고 있고 성직자도 있지만, 교조가 없고 다른 종교와 비교하자면 교의다운 교의도 갖추고 있지 않다. 교의는 불교나 유학과 습합(習合)되면서 갖춰진 것으로, 도쿠가와 시대에 신사에 큰 영향을 미친 요시다 신도[84]의 교의도 습합적인 것이 상당히 많다. 이런 의미로는 '종교'답지 않다.

당시의 서양 인류학(후에 문화인류학)의 성과에 비추어, 그들이 말하는 원시종교가 그대로 지속되어 온 것이 일본의 신도라고 논했던 사람이 있다. 제국대학에서 역사학을 강의하던 구메 구니타케(久米邦武)이다. 1891년에 논문 「신도는 제천의 고속」(神道ハ祭天の古俗)을 『사학회 잡지』(史學會雜誌)에 발표하였다. 이것을 이듬해

83) 内村鑑三, 1861~1930. 종교가, 평론가. 교회식의 기독교에 반대하여 무교회주의를 주장하였다. 교육칙어에 대한 경례를 거부해 이른바 불경사건(不敬事件)을 일으켰으며, 반전론을 전개하였다.

84) 吉田神道. 유교, 불교, 도교, 신도의 원천은 궁극적으로 모든 존재의 근원인 구니도코다치노미코토(國常立尊)에 있으며, 신도는 일본의 근본이고, 또한 존재하는 모든 것 안에 신이 내재되어 있다고 주장했다. 명칭은 집대성자 요시다 가네토모(吉田兼俱, 1435~1511)의 이름을 따른 것으로 일명 유일(唯一) 신도 혹은 원본종원(元本宗源) 신도라고도 한다.

사회진화론의 입장에서 다구치 우키치(田口卯吉)가 잡지 『사해』(四海)에 옮겨 싣고서 신도는 야만인의 종교라고 말하려는 듯한 도발적인 문장을 덧붙였다. 교육칙어가 나온 지 2년 뒤의 일이었다. 이것이 신도가(神道家)의 반감을 샀음은 두말할 나위도 없다. 『사해』에서 신도가들과의 응수가 행해졌으나, 구메 구니타케는 제국대학의 조교수직을 스스로 그만두었다.

또 한 명 있다. 제국대학 총장(綜理) 가토 히로유키(加藤弘之)가, 천황제를 고대의 '족장정치'가 전개된 것으로 보는 견해(「국가 생존의 최대 기초에 관한 동서양의 비교연구國家生存の最大基礎に就て東西兩洋の比較硏究」)를 제시한 것이 이 무렵 일이었다. 그는 이를 통해 '가족국가'론의 근거를 확립하여 충효일본(忠孝一本), 만방무비(萬邦無比)의 국체론을 설명하였다. 그러나 가토 히로유키의 경우는 문제가 되지 않았다. 이는 두 사람의 지위 차이 때문이 아니다. 구메 구니타케의 논문은 '신도는 종교가 아니다'라고 했던 정부 견해의 기만성을 폭로한 것이었지만, 가토 히로유키의 견해는 그 명분을 보강해 주는 것이었기 때문이다. 그리고 호즈미 야쓰카(穗積八束)가 말한 일본 민족 '혈통단체'론도 선조숭배라는 동일한 명분을 지키고 있었다.

'문학'의 의미

메이지 시대에 이르기까지 와카도 모노가타리(物語)도 '문학'이라 불린 적은 한 번도 없다. 왜냐하면 중국에서도 일본에서도 '문학'이라는 말은 고대부터 일관되게 유학을 중심으로 하는 훌륭한 문장을 의미하였기 때문이다.

중국어로 '문학'은 우선은 '문(文)의 학(學)', 글로 쓰인 문장의 학문을 가리킨다. '예문'(藝文)이라는 말도 같은 의미로 사용되었다. '문학'은 그것을 관리하는 직위의 이름이기도 했다. 그렇지만 문장 그 자체의 가치를 인정하려는 움직임이 활발해지면 '문학'은 '문(文)과 학(學)'을 의미하는 말로도 된다.

부연하자면, '예술'은 이 '예문'과 '방(법)술', 즉 의술 및 점술 등을 포함한 인간의 생활 전반을 가리키는 넓은 개념이었다. 막부 말기에 양학(洋學)을 배워 대포를 개발하고, 또 개국론을 주장한 것으로 알려진 사쿠마 쇼잔[85]은, '서양 예술, 동양 도덕'이라는 말을 남겼다. 이 말은 그의 묘비명으로 새겨져 있다. 서양은 기술 일반에 우수하지만, 동양은 도덕으로써 성립된다는 의미이다.

중국에서 '문학'의 내용은 경(經, 유학을 중심으로 하는 학문) · 사(史, 역사서) · 자(子, 제자백가 등 사상가의 저술) · 집(集, 詩文의 앤솔러지)의 네 부분으로 분류된다. 경험적 사실을 중시하는 유학에서는 패사(稗史) 소설류, 특히 '지괴'(志怪)나 '전기'(傳奇)로 불리는 괴담류가 오락의 대상이긴 하여도 훌륭한 문장으로서의 가치는 인정하지 않았다.

헤이안 중 · 후기에 일본어 문장인 모노가타리 스타일로써 『에

85) 佐久間象山, 1811~1864. 사토 잇사이(佐藤一斎)의 학문을 계승하면서 난학(蘭學) · 포술에 정통하였고, 해안방어가 시급함을 주장하였다. 1854년 문하의 요시다 쇼인(吉田松陰)의 밀항과 관련되어 유배당하였다. 1864년 막부의 명령에 따라 에도로 올라왔으나, 양이파(攘夷派)의 낭인에게 암살당한다.

이카모노가타리』(榮花物語) 이후의 일본 역사가 기록되었다. 이는 중국의 '문학'에 대항해서 '이야기'(物語)를 존중하는 일본의 '문학'에 해당하는 관념이 생기기 시작했다는 것을 말해 준다고 할 수 있다. 그렇다 하더라도 아직 일본의 '경'(經)에 해당하는 것은 없었다. 중세에 신도(神道)로 '경국'(經國)의 학문을 삼으려는 움직임이 일어났고, 거기에서부터 도쿠가와 시대에는 '국학'의 흐름이 생겨났다.

하지만 도쿠가와 시대에는 주자학을 중심으로 하는 중국식의 '문학'이 재확립된다. 학문이란 이를 의미했다. 그런 까닭으로 모토오리 노리나가는 이러한 풍조에 반발해서 '지'(知)를 중시하는 중국식에 반해 '정'(情)을 중시하는 순수한 일본의 정신이라는 것이 있으며, 이것이 고대부터 계속해서 이어져 왔다고 설명하면서 이를 '고학'(古學) 등의 이름으로 불렀던 것이다.

일본에는 유학이라는 표면상의 원칙과는 달리 『겐지모노가타리』(源氏物語)로 대표되는 '만들어진 이야기'(つくり物語)를 존중하는 정신이 있었다. 그런 까닭에 우리들은 근대적인 언어예술이라는 관념에 가까운 것이 이미 존재하였다고 흔히들 생각하기 쉽지만, '종교' 즉 신도(神道) · 유학 · 불교 등으로부터 독립된 인간의 생활로써 언어 작품을 고려하는 사상이 생성되어 있었던 것은 아니다.

기독교 신학에서 독립한 유럽의 인문학이나 상상력에 의한 창조성과 창의성을 존중하는 낭만주의의 정신에서 근대성을 찾는다면, 이러한 것에 해당되는 요소는 근대 이전의 일본 문학 여기저기에서 보인다. 그러나 그 같은 지적(知的)인 시스템이 생겨났던 것은 아니었다. 그것을 세트로 하는 것이야말로 국민문화라는 개념이었다. 다만 일본의 인문학이 동양이나 일본의 '종교'를 내부로 흡수해서 전개되어 온 것은 앞서 살펴본 대로이다.

'문학'은 인문학

근대 유럽에서 '국문학'(national literature)은 '국어'(national language)로 기술된 언어 작품을 의미한다. 그리고 '문학사'는 각각의 국민성을 명확히 하기 위한 목적으로 쓰였다. 그것을 모방해서 일본에서도 1890년 전후로 '일본문학사'가 편찬되기 시작하였다.

최초의 '일본문학사'를 칭한 것은 미카미 산지(三上参次)와 다카쓰 구와사부로(高津鍬三郎)가 공저한 『일본문학사』(日本文學史, 1890) 상 · 하이다. 이 해에는 이미 하가 야이치[86]와 다치바나 센자부로(立花銑三郎)가 편한 『국문학독본』(國文學讀本), 우에다 가즈토시(上田万年)가 편한 『국문학』(國文學) 1권도 나와 있었지만, 작품을 열거하는 것만 아니라 나름의 '문학'관을 갖고 그 역사를 서술하는 태도도 이 책에서 시작되었다고 할 수 있다. 또한 이후에 끼친 영향도 크다. 그리고 이 책들은 무엇보다 미래의 일본을 짊어질 중학생과, 중학교에는 다닐 수 없지만 동등한 학력을 습득하길 원하는 사람들의 교과서로 편집된 것이었다.

같은 해 『일본가학전서』(日本歌學全書) 전10권, 『일본문학전서』

86) 芳賀矢一, 1867~1927. 국문학자. 도쿄대학 교수, 국학원대학 학장을 역임하였다. 일본 문헌학을 제창하고, 국문학 연구의 기초를 만들었다. 사회교육, 국민수양 등에도 힘을 기울였다.

(日本文學全書) 전24권이 박문관(博文館)에서 간행되기 시작했다. 앞서도 언급했지만 『가학전서』는 와카의, 『문학전집』은 산문의 앤솔러지로 둘을 합치면 일본에서 최초의 '일본문학전집'이 된다. 이리하여 '일본문학(사)'라는 관념이 형성되고 정착되어 간다. 다만 박문관이 '가학'(歌學)과 '문학'(文學)으로 나누고 있는 것처럼 아직 '문학'의 의미가 분명하게 확립되어 있었던 것은 아니다.

그 무렵부터 오늘날에 이르기까지 '일본문학사'는 예외 없이 제일 앞부분에 8세기 전기에 편집되었다고 여겨지는 『고사기』(古事記), 『풍토기』(風土記), 『일본서기』(日本書紀)를 두고 있다. 우리들은 너무 익숙해져서 의심해 보려 하지 않지만, 이것은 어떤 의미에서 기묘한 것이다.

현존하는 가장 오래된 서적으로는 『삼경의소』(三經義疏)가 있다. 스이코 여제(推古女帝)가 즉위한 593년에 황태자가 된 쇼토쿠 태자가 여제를 위해서 『법화경』(法華經), 『유마경』(維摩經), 『승만경』(勝鬘經)이라는 3개의 불교 경전을 강의했을 때에 기록되었다고 전해진다. 진위의 여부는 확실하지 않다.

『고사기』 서문에는 다음과 같이 적혀 있다. 덴무(天武) 천황이 여러 가문에 전해져 오는 제기(帝紀) 및 구사(舊辭)를 바로잡기 위해서 이것들을 히에다노 아레(稗田阿礼)에게 암기하도록 하였지만, 그만 그가 죽었다. 그것을 문자로 기록해서 헌상하라고 겐메이(元明) 천황이 오노 야스마로(太安万侶, 安麻呂)에게 명령해서 만들어진 것이라고 한다. 이것도 의심하려고 생각하면 얼마든지 의심할 만하다.

만약 메이지 정부가 불교를 국교로 삼았다면, 『삼경의소』를 앞부분에 두는 '일본문학사'가 편찬되었을지도 모른다. 하지만 그렇지 않고 황실숭배와 일본적 유학에 의한 국민교화의 방침이 확립되었기에 『고사기』가 최초의 서적이 된 것이다.

게다가 『고사기』는 신화, 『일본서기』는 신화와 역사, 『풍토기』는 지지(地誌)의 책이다. 시, 소설, 희곡을 중심으로 하는 언어예술이야말로 '문학'이라고 한다면, 아무리 많은 가요가 포함되어 있다 해도 이것들은 '문학'이 아니다. 그러나 유럽 각국의 '문학사'도, 그 나라 '국어'의 옛 형태로 기록되어 남겨진 전승(傳承)의 파편에서부터 기술되어 있는 것이 많다. 오늘날의 '문학사' 교과서류에도 기독교의 신부나 목사의 웅변술, 철학, 사상, 여행기 등까지 포함된 것이 많다. 요컨대 그 나라의 '국어'로 쓰인 여러 의미에서 훌륭한 작품을 골라내어 국민의 교양으로 삼고 있는 셈이다.

영어 'literature'는 그 근본에 문자로 쓰인 것을 뜻하는 의미를 가지며, 가장 넓은 의미로는 저술 전반을 가리켜 쓰인다. 오늘날에도 정평 있는 간편한 영어 사전에는 가정용 컴퓨터의 용법을 쓴 팸플릿도 'literature'가 가진 하나의 의미의 용례로서 나온다.

고급 언어예술을 가리키는 것은 가장 좁은 용법이다. 이와 같은 의미의 확산 가운데 19세기 각국의 내셔널리즘의 고양 속에서 국민이 자랑스럽게 여기며 암송하고 습득하는 것이 바람직스러운 훌륭한 언어 작품, 'polite literature'(세련된 문장이라는 의미로 중의中義의 'literature')를 골라서 '문학사'로서 정리하였다. 그리고 이것은 대체로 '인문학'(humanities)의 범위와 겹쳐진다.

'literature'의 번역어로서 '문학'은 우선 중국어에서 훌륭한 문장을 가리키는 '문학'과, 영어에서 대체로 '인문학'의 범위와 겹치는 중의의 'literature'가 서로의 번역어가 됨으로써 성립되었다. 이것을 받아들인 일본에서도 메이지 전·중기에는 '문학'이라고 하면 우선 '인문학'의 범위를 지칭하는 데 사용되었다. 대학의 '문학부'라는 단어에 쓰이는 '문학'이다.

그 내용은 크게 '철학', '사학', '문학'으로 나뉜다. 이 마지막의 '문학'을 광의의 '문학'(인문학)과 구별하기 위해 '미문학'(美文學)이나 '순문학'(純文學)이라고 불렀다. 이것들은 19세기 중반의 유럽에서 성행하던 시, 소설, 희곡을 중심으로 하는 고급 언어예술을 중히 여기는 협의의 'literature'의 번역어였다.

중국에서는 이 협의의 'literature'의 개념이 좀처럼 수용되지 않았다. 시는 존중하더라도 소설이나 희곡은 훌륭한 문장으로 인정하지 않았기 때문이다. 경험적인 사실이야말로 중요하지, 허구 즉 거짓은 안 된다는 유학의 가치관이 가로막고 있었다. 주자는 특히나 엄격해서 시를 쓰는 것도 '완물상지'(玩物喪志)라며 멀리하였는데, 청조(淸朝)는 이러한 주자학을 존중하고 있었기 때문이다.

이에 반해 일본에서는 만들어진 이야기인 『겐지모노가타리』를 존중하는 '국학'의 흐름이 있었다. 또한 조루리(淨瑠璃)나 가부키(歌舞伎)의 대본작가인 지카마쓰 몬자에몬(近松門左衛門)은 민중들 사이에서 거의 신격화되어 있었고, 그가 인정(人情)의 실제를 제대로 표현하려면 허구가 필요하다고 한 '허실피막'(虛實皮膜)설도 널리 알려져 있었다. 도쿠가와 후기까지 민중들 사이에서는 소설류도 성행해서 이래저래 허구를 존중하는 유럽 근대의 '문학'관의 수용이 용이했다.

이중의 발명

그러면 『고사기』, 『풍토기』, 『일본서기』를 앞부분에 두는 '일본문학사'와 서구 각국의 국문학사 사이의 근본적인 차이는 무엇일까? 서구의 '국문학'은 '국어'로 기술된 것에 한정되어 있음에 반해, 『고사기』, 『풍토기』는 변형 내지는 일본화된 '한문'으로 『일본서기』는 정식 '한문'으로 쓰여 있다. 그리고 일본문학사는 『회풍조』(懷風藻, 751)를 비롯한 수많은 한시와 라이 산요의 『일본외사』(日本外史)에 이르는 다수의 '한문' 서적을 포함하면서 편찬되었다. 이것은 1872년의 학제에서 중학 교과로서의 '국어'에 '한문'이 편입된 것에 상응하는 사태이다.

일본의 '인문학사'(人文學史)로 편집되기 시작한 '일본문학사'는 '전통(역사)의 발명' 내지는 새로운 편찬이었다. 그러나 그것은 유럽 각국의 '국어'로 쓰인 '문학사'라는 원칙을 무시한 일본의 독자적인 것이었다. 마치 라틴어 저술을 포함한 영국문학사와 같은 것이 고안되었던 것이다. 말하자면 '전통(역사)의 발명'이 이중으로 이루어진 것이다.

메이지 시대의 양학자들이 서구의 사고방식을 몰랐기 때문은 아니다. '화어'(和語, 야마토 말)를 존중하는 태도로는 이미 '한문' 서적을 꺼리는 '국학'의 흐름이 있었다. 그럼에도 그들은 다양한 이유에서 이것을 받아들이지 않았다. 가장 큰 이유는 일본의 지적인 서적의 대부분이 '한문'으로 쓰여 있어서 이것을 무시하고는 고대부터의, 즉 서구의 여러 나라들보다도 오랜 전통을 자랑하는 일본의 '인문학사'를 쓸 수 없는, 혹은 쓰더라도 훨씬 빈약한 것이 되기 때문이리라. 일본의 지식층은 고대부터 도쿠가와 후기에 이르기까지 아니 메이지 시대에도, 대략적으로 말하자면, '지'(知)적인 서적은 '한문' 혹은 풀어 읽기체로 적고, 와카에 나타나는 화어(和語) 문장은 '정'(情)을 표현하기에 적합하다고 하는 선택이 이루어져 왔기 때문이다.

종종 중국은 '의'(意)나 '지'(知)를 중시하고, 일본은 '정'(情)을 중시한다고 한다. 이것은 리터러시에 관한 한 바이링걸이었던 일본의 지식인이 오랫동안 이렇게 구분하여 써왔다는 것을 잊고 유럽의 언어내셔널리즘의 관점에서, 또는 '화문'(和文)의 전통에야말로 순수한 일본의 마음이 있다고 말한 모토오리 노리나가(本居宣長)의 문화내셔널리즘에 말려들어 '화문' 작품에만 주목하기 때문이다. 고잔(五山)의 '한시문'(漢詩文)을 잊고서 전국시대에는 '문학' 작품이 좀처럼 만들어지지 않았다고 생각해 버리는 것과 같은 일이다.

서구 문명을 받아들여 서구의 지(知)와 대결을 펼친 메이지 지식인들은 그 때문에도 '한문'을 존중하지 않을 수 없었다. 그런 까닭에 그들은 일본에서의 '한문' 역사를 경시할 수 없었다. 그러기에 일본의 '문학사'는 바이링걸의 '문학사'로서 발명되었다.

오늘날 이른바 복합국가를 제외하면 이처럼 바이링걸의 '국문학사'를 가진 나라는 일본과 한반도에 있는 두 분단국가밖에 없다. 한반도에서는 1443년, 조선 제4대 국왕인 세종의 명에 의해 잘 정비된 법칙성을 가진 표음문자가 만들어졌다. 그러나 '한문'을 공용문

(公用文)으로 하던 시대에는 이것은 '언문'(諺文)이라고 오랫동안 낮추어 불렀다. 이것이 한글로 바뀌어 불리며 긍지로서 여겨지게 된 것은 조선시대 말에 민족주의가 고양되면서였다.

세계에서도 드문 이러한 현상은 일본 문화의 특수성과 역사적인 조건이 낳은 것이다. 서구 근대가 낳은 '국어에 의한 국문학'이라는 문화내셔널리즘이 그대로 적용되지 않는 지역은 다른 곳에도 있다. 예를 들어 아라비아어에는 흥미롭게도 '인문학'도 협소한 의미의 '문학'도 모두 'adab'이라고 말한다. 'literature'의 번역어로서 중국어나 일본어에서와 같은 일이 일어났던 것이다. 그러나 역시 서구보다 긴 '문학'의 역사를 가진 이집트에서는 영국의 식민지가 되어 근대화가 촉진되기 이전을 '아라비아 문학', 이후를 '이집트 문학'이라고 부르고 있다. 오스만투르크 제국의 지배하에 있었던 시대가 길어서 근대 이전은 '아라비아 문학'의 일부로 파악하는 편이 적절하기 때문이다.

'문학'의 광의와 협의

메이지 중기에 형성된 '문학'관은 '인문학'을 의미하는 것이었다. 그러나 19세기의 유럽에서는 'literature'를 협의, 즉 고급 언어예술의 의미로 사용하는 경우가 많아졌다. 문예비평에 결정론의 시대를 연 프랑스 철학자 이폴리트 텐(Hyppolyte Taine)은 '문학'을 결정하는 요인으로 '인종', '환경', '시대'를 그 서론에서 제기한 『영국문학사』 전5권(1864~1867)에서 시, 소설, 희곡을 중시하는 언어예술의 입장을 명확히 밝히고 있다. 이 책은 메이지 지식인들에게 많이 읽혀졌다.

또한 미국의 학교제도에서는 'literature'의 또 하나의 의미로서 'rhetoric'(작문작법)이 20세기 초까지 통용되고 있었지만, 일본에서는 그것을 1900년 무렵에 '수사학'(修辭學)이란 별개의 분야로서 확립시켰다. 그리고 '문학'의 광의(인문학)와 협의(언어예술)를 둘러싸고는 경합과 혼란이 상당히 지속되었는데, 전문가들 사이에서는 점차 협의가 우세해진다.

나쓰메 소세키[87]가 『문학론』(文學論, 1907)에서 "한자로 흔히 말하는 문학과 영어에서 이른바 문학이라는 것은 도저히 동일한 정의하에서 일괄할 수 없는 다른 종류의 것일 수밖에 없다"라고 기술했을 때, '영어에서 이른바 문학'이라는 것은 협의의 'literature', 다시 말해 언어예술을 가리키고 있다. 그것이 '한학'에서 말하는 '문학'과 서로 맞지 않는 것은 당연했다.

예술성을 중시하는 가치관은 소설의 평가에도 관여한다. 국민국가 건설기, 다시 말해 메이지 중기까지는 민주주의나 공화주의의 이념을 설명하는 영국이나 프랑스 소설의 번안과 그것을 일본에 옮긴 '정치소설'이 유행했다. 자유민권운동이 정부로부터 탄압을 받자 선전활동의 수단으로서 이것을 이용했다. 정치가이기도 했던 야노 류케[88]가 쓴 해양모험소설 『보지이문』〔報知異聞, 1890; 후에

87) 夏目漱石, 1867~1916. 영문학자, 소설가. 1900년, 영국 유학 이후에 도쿄대학 강사를 거쳐 아사히신문사에 입사하였다. 1905년 『나는 고양이로소이다』(吾輩は猫である)에 뒤이어 『런던탑』(倫敦塔)으로 문단의 지위를 확보하였다.

88) 矢野龍溪, 1850~1931. 정치가, 소설가. 오쿠마 시게노부(大隈重信)의 설득에 의해 개진당(改進黨) 결성에 참가하였다. 민권론을 주장하였고, 뒤에 『오사카 마이니치신문』(大阪每日新聞)의 사장에 취임했다.

『우키시로모노가타리』(浮城物語)] 등이 인기를 얻었다. 최신형의 군함에 근미래의 무기를 싣고서 네덜란드 식민지인 자바(인도네시아)를 해방시켜 일본의 영향하에 두기까지를 그린 소설로 남방으로의 진출이야말로 일본에게 상책이라는 남진론의 입장이 분명히 드러난 소설이다. '정치소설'은 이윽고 사회주의의 선전에도 이용되었던 것이다.

쓰보우치 쇼요의 『소설신수』(小說神髓)에 자극을 받아 예술적인 소설에 몰두하기 시작했던 오자키 고요나 고다 로한[89]은 연애에서 제재를 찾았지만, 이것은 국민을 계몽해서 건전한 진로를 제시하는 것이 아니라며 비난받았다. 알마 안 있어 '청일전쟁'에 의해 내셔널리즘이 고양되었던 때, 쓰보우치 쇼요도 국위를 선양하는 전쟁을 제재로 하는 '국민문학'을 창출해야 한다고 논하고 있다.

그런데 20세기로의 전환기에는 '국어'로 쓰인 언어예술에야말로 '국민정신'이 나타난다는 유럽 근대식의 '전통'적인 관념이 강해졌다. 하가 야이치의 『국민문학십강』(國民文學十講, 1899) 등 '화문' 본위의 일본문학사의 모습이 형성되어 갔다.

이때 유럽의 언어예술로서 '문학사'와 근본적으로 다른 현상이 생겨났다. 유럽에서 언어예술이라는 개념은 기독교로부터 독립된 것이라는 점을 전제로 한다. 그러기에 결정론에 따른 '문학사'는 각각의 국민성을 간파하려는 점을 과제로 삼았다. 이 점을 이해하

89) 幸田露伴, 1867~1947. 소설가. 1889년 『풍류불』(風流佛) 등을 발표하였다. 이상주의적 경향을 가진 의고전파(擬古典派)에 속하였다. 장편소설 『하늘을 두드리는 파도』(天うつ浪)의 중절(中絶) 이후 폭넓은 학식을 살려서 주로 사전(史傳) · 고증(考證)을 발표하였다.

기 어렵다면, 기독교의 입장에서 각국의 문학사를 쓸 경우를 생각해 보면 좋다. 그런 경우는 기독교 정신이 발현된 작품이 선택되어 기독교의 보편성이 논해질 것이다.

그것에 반해 '화문' 본위의 언어예술사는 종교로부터의 독립이 문제되지 않고 오히려 일본의 국민성을 신도(神道)로서 간파하고자 했다. 앞서 언급한 대로 일본의 '인문학'이 종교를 그 속에 포함하면서 편성되었기 때문이다. 그리고 이것은 내셔널리즘의 원리가 기독교와는 다른 방식으로 사람들의 결합을 의미한 영국 및 프랑스와, '국가신도'에 의해 통합된 근대 일본의 국민국가와의 차이이기도 했다.

여하튼 이같이 1910년경에는 문단에서 '문학'이란 예술로서의 '문학'을 의미하게 되었다. 단지 '문학'의 광의와 협의가 병존하는 상태는 쇼와 전쟁 전기까지 계속된다. 예술로서의 언어 작품을 존중하는 입장이라고 해도 메이지 시대에 광의의 '문학'의 용법을 익힌 사람들은 계속해서 광의의 의미로 사용하고 있었다.

3. 전통의 평가기준

국민문학의 대표는

와카의 세계에서는 메이지 중기까지 『고금화가집』(古今和歌集)이 계속해서 존중되었다. 앞서 언급한 것처럼 19세기 전기에 가가와 가게키가 그때까지 고전(古典)에 한정되어 오던 와카의 어구를 당대의 것으로 바꾸도록 제창하면서 와카의 세계를 쇄신했으나, 계원파(桂園派)가 『고금화가집』 존중의 정신을 바꾸었던 것은 아니다. 이런 흐름은 메이지 시대에는 황실 주변의 '오우타도코로파'(御歌所派, 舊派)에게 계승되어 와카 세계의 주류를 이루었다.

그러나 이 세계에서도 1890년경부터 점차 『만엽』(萬葉) 존중의 경향이 짙어져 갔다. 몇 가지 이유가 겹쳐서였다. 첫 번째는 이른바 '만요가나'(萬葉仮名)이다. 일본에는 고유의 문자가 없었기 때문에 『만엽집』 전체는 한자로 쓰여 있다. 그러나 후반부로 나아가면 점차로 '만요가나'의 사용이 늘어난다. 이미 도쿠가와 시대의 '국학' 계통은 여기에 '야마토 말' 즉 '순수한 일본어'가 드러나 있다고 논하였는데, 이것이 유럽의 자국어로 쓰인 '국문학'이라는 조건에 들어맞았다.

두 번째는 의례나 연문(戀文)의 대용으로 사용되는 등 귀족의 사교를 위한 노래가 많은 『고금화가집』에 비하면, 『만엽집』에는 개인 감정의 진솔한 표현이 보인다는 점이다. 이것에도 '국학' 계통은 정(情)을 소중히 하는 일본정신이 나타난다고 논하였는데, 그것을 근거로 해서 개인의 감정 표현을 중시한 서양 근대의 로맨티시즘의 가치관에 의해 예찬되었던 것이다. 그리고 감정의 성실한 표현은 메이지 시대에 부흥했던 경험적인 사실을 존중하는 '한시'의 이념에도 잘 맞았다. 이는 서구의 근대 시민사회가 길러 온 리얼리즘과도 일치한다고 여겨졌고, 로맨티시즘과 리얼리즘의 양쪽을 다 충족시키는 것으로서 평가받게 된 것이었다. 이렇게 하여 '실경'(實景)이나 '실감'(實感)을 존중하는 자세가 생겨났다. 물론 여기에는 본래의 로맨티시즘이나 리얼리즘과도 어긋나는 점이 존재한다.

세 번째로 『만엽』에는 장가(長歌)가 있다는 점이다. 서양의 '문학' 이념을 본떠 전통문예를 '개량'하고자 하는 움직임 속에서 일본의 시를 이 장가를 토대로 만들자고 제창되었다. 구파(舊派) 안에서도 천황이 지은 것이라고 여겨지는 나라 예찬의 장가로부터 국민국가의 정신을 보여 주는 새로운 서사시를 일으키려는 움직임이 생겨났고, 실제로 작품이 만들어지기도 하였다.

네 번째로 『만엽』에는 서민의 노래가 상당수 수록되어 있다는 점이다. 농촌의 민요나 도시의 속요가 활발하게 집대성되는 것과 병행해서 이것이 국민주의의 입장에서 평가되었다. 이처럼 『만엽집』은 서구 근대의 언어예술 이념을 기준으로 새롭게 재인식되어 '국민 모두의 문학'을 대표하는 작품이 되었던 것이다.

『겐지모노가타리』 평가의 변천

『겐지모노가타리』는 어땠을까? 화문의 언어예술로서 메이지 시대의 문화내셔널리즘 가운데에서 중시되었던 것은 틀림없다. 사랑에 관해 많이 쓰여 있는 것은 서구의 로맨티시즘에도 호응하며, 헤이안조 귀족의 생활을 리얼하게 묘사하고 있다고도 평가되었다. 그러나 이런 칭찬의 뒤에는 반드시 비판이 따라다녔다.

유학이나 불교에 비추어 보았을 때, 『겐지모노가타리』에 비도덕적인 연애가 수없이 전개되고 있다는 것은 누구의 눈에도 명백했다. 그러므로 헤이안 말기에는 『겐지모노가타리』의 작자와 독자를 타락으로부터 구하기 위한 불경이 만들어지고 법회가 열린 일도

있었다. 모토오리 노리나가의 『자문요령』(紫文要領, 1763)도 그 절절한 연정과 '그윽한 정취'(物のあはれ)를 묘사한 것은 훌륭하다고 기술하면서도, 단 색정은 좋지 않다는 조건을 붙이고 있었다. 한시 '십이원절구'(十二媛絕句)에서 무라사키 시키부[90]의 문필 재능을 일본 여성의 제일이라 노래한 라이 산요 또한 모든 일을 자기 뜻대로 주무른 좌대신(左大臣) 미치나가(道長)조차도 그녀에게 손대지 못했다는 전설에 따라 그녀의 정결함을 칭찬하였다.

이러한 근거를 갖고서도 메이지 시대에는 정사(色事)에만 빠져 있던 부패한 사회를 묘사한 점과 힘 없는 문장력이 『겐지모노가타리』의 결점으로 여겨졌다. 국가건설과 전쟁 시기에 지도자적 입장에 있던 사람들은 거리낌 없이 『겐지모노가타리』를 칭송할 수는 없었던 것이다.

거리낌 없이 칭송한 사람이 오직 한 사람 있었다. 영어로 쓰인 최초의 '일본문학사'인 *A History of Japanese Literature*(1898)의 저자, 아스톤(William George Aston)이다. 아스톤은 축사(祝詞)와 같이 보통은 문예로 취급하지 않는 것에서도 리듬의 아름다움을 높이 평가하는 등 예술적 요소를 뽑아 내어 논하는 태도로 일본어 문예의 다양한 매력을 소개하였다. 그리고 "일본이 창출한 최상의 문학 중 가장 대단하고 중요한 부분이 여성에 의해 쓰였다는 것은 유례가

90) 紫式部, 생몰년 미상. 헤이안 시대 중기의 일본 궁녀. 진짜 이름은 알려져 있지 않으며, 무라사키 시키부라는 이름은 『겐지모노가타리』의 여주인공 이름에서 딴 것으로 짐작된다. 저작은 『겐지모노가타리』 이외에 「무라사키 시키부 일기」(紫式部日記), 「무라사키 시키부집」(紫式部集)이 있다.

없다"고 서술하고, 게다가 "무라사키 시키부 이전에 그보다 길고 또 일상적인 현실을 벗어난 로맨틱한 성격을 바탕으로 한 스토리는 존재하지 않았다," "『겐지모노가타리』는 언어의 최고의 의미에서 사실적이며 드라마틱한 상황도 설정되어 있지 않으며, 오늘날의 독자에게 납득되지 않을 듯한 기적이나 초자연적인 것도 등장하지 않는다"라며 소설로서 세련되었음을 격찬하였다. 마치 『겐지모노가타리』야말로 세계 근대 소설의 원조라고 말하려는 듯하였다.

'오늘날의 독자에게 납득되지 않을 듯한 기적이나 초자연'이란 기독교에 전해 내려오는 기적 이야기를 염두에 둔 것이리라. 『겐지모노가타리』의 세계에 등장하는 원령도, 밀교의 가지기도[91]도 유령이 출몰하는 고딕로망스(Gothic romance)에 친숙한 영어권의 독자에게는 놀랄 만한 것이 아니었을지 모른다. 일본의 지식인이 일본 문예의 대표작으로 삼는 것을 주저하고 있을 때, 『겐지모노가타리』는 이렇게 하여 '세계문학'으로의 길을 걷기 시작했다.

그러나 궁정의 살롱에서 읊던 『겐지모노가타리』는 불특정다수의 독자를 향해 간행되는 특정 작가의 이름을 단 근대 소설과는 그 성립 과정이 다르다. 일본에서 그러한 의미의 근대 소설이 명확한 형체로 개시된 것은 도쿠가와 시대, 그것도 겐로쿠 시대 무렵일 것이다.

그리고 이러한 『겐지모노가타리』 평가를 정착시켜 한층 더 고양시키려는 움직임이 다이쇼 시대의 사상과 소설의 세계에서 일어났

---

90) 加持祈禱. 주문을 외며 부처의 도움과 보호를 빌려 병이나 재앙을 면하게 하는 것.

음을 덧붙여 두지 않으면 안 된다. 그 첫 번째는 여성해방 사상의 고양이며, 두 번째는 탐미주의 내지는 미적 · 도덕적 데카당스의 경향이다. 이러한 연장선상으로 요사노 아키코와 다니자키 준이치로[92]의 현대어로 옮기는 작업이 이루어져 『겐지모노가타리』 평가를 한층 더 부동(不動)의 것으로 만들어 갔다. 아니, 이는 이른바 '국문학'의 세계에서 일어난 일이었고, 제2차 세계대전기에는 일반적으로 『겐지모노가타리』를 읽는 것을 '비국민'(非國民)이라 비난하는 풍조가 있었음을 잊어서는 안 될 것이다.

또한 아스톤은 『신고금화가집』에 대해서는 한 마디도 언급하지 않았다. 마쓰오 바쇼의 하이카이는 높게 평가하였지만 가볍게 언급하였을 뿐이다. 이는 메이지 시대의 일본인이 고전을 평가하던 경향과 거의 일치했다. 하이카이 전체는 서민의 비천한 말장난의 세계였지만, 마쓰오 바쇼는 특별하여 도쿠가와 시대부터 '하이카이의 성인'(俳聖)으로 존경받았다. 기타무라 도코쿠[93] 등 『문학계』(文學界)의 동인들 사이에서는 그 종교성에 관심이 높아졌지만, 『신고금화가집』도 바쇼도 본격적인 평가가 이루어진 것은 20세기에 들어서면서였다. 이에 대해서는 제4장에서 서술하겠다.

---

92) 谷崎潤一郎, 1886~1965. 소설가, 극작가. 「문신」(刺靑), 「소년」(少年) 등 탐미적이고 배덕(背德)의 공상적인 세계를 화려하게 그려내었다. 다이쇼 후기부터 일본적인 전통미에 경도되어 왕조 문학의 숨결을 현대에 되살린 새로운 경지를 개척하였다.

93) 北村透谷, 1868~1894. 시인, 평론가. 시마자키 도손(島崎藤村) 등과 『문학계』(文學界)를 창간하였다. 근대 로맨티시즘의 선구자이다. 시극(詩劇) 「수인의 시」(楚囚之詩) 이외에 연애나 정신적인 가치의 의의를 설명한 평론 「내부생명론」(內部生命論) 등이 있다.

'일본 미술'의 발명

협의의 '문학', 언어예술은 '인문학'의 한 분야임과 동시에 '예술'의 한 분야이기도 하다. 일찍이 기술 전반을 의미했던 '예술'이라는 말은 메이지 시대가 되면서 대체로 프랑스어의 'beaus arts', 영어의 'fine art'의 의미로 바뀌어 종종 '미술'이라고도 번역되었다. 그러니까 협의의 '문학'도 '미술'의 한 분야였다. 그러나 결국은 회화나 조각 등에 한정되어 '미술'이라고 부르는 것이 확산되어 갔다.

그리고 일본에서 전개되어 온 '미술'을 '일본 미술'이라고 부르며, 음악을 '일본 음악'이라 부르게 되었다. 이것도 '일본 문학'과 동일하게 메이지 시대에 새롭게 만들어진 개념이다. 되풀이하지만, 그때까지 오로지 '미'(美)를 목적으로 하는 '예술'이라는 관념은 일본에도 중국에도 없었다.

물론 사람들에게 감동을 가져다주는 훌륭한 시와 문장, 그림, 조각, 그리고 음악도 있었다. 그렇지만 유럽에서 다양한 예술이 기독교와 깊은 관계를 가지면서 전개되어 온 것처럼 일본의 예술도 종교나 도덕과 결부되어 전개되어 왔다. 그것들로부터 독립된 근대적인 가치를 지닌 것은 아니었다.

유럽의 '미술'은 산업사회의 발전과 상상력에 근거한 창조성이 존중됨에 따라 그때까지 직인(職人)의 것이었던 공예 일반에서 회화와 조각을 중심으로 하는 영역이 독립된 것이다. 유화의 도구를 사용하는 회화나 소상[94]만들기 기술이 서구에서 수입되자 일본에

---

94) 塑像. 찰흙으로 만든 상. 조각 주물의 원형.

서도 공예 일반에서부터 '미술'을 분리하는 작업이 일어났다. 회화나 조각이 도코노마(床の間)[95]나 미닫이문(襖), 수공예로부터 분리되어 생활에서 독립된 높은 가치를 지닌 것이 되었다.

그리고 유화의 기술을 습득한 서양 화가들은 1890년대에는 왕성하게 일본의 신화나 역사에서 그림의 제재를 찾았다. 유럽의 내셔널리즘이 회화의 세계에 일으킨 움직임을 배웠기 때문이다. 유럽의 민족 신화의 고양은 기독교의 보편주의에 대항하는 의미를 가지고 있었지만, 일본의 경우에는 그러한 의미에서 대립되는 것을 가지지 못했다. 그리고 그러한 움직임은 상징주의에도 이어져 갔다. 상징주의는 프랑스의 거장 귀스타브 모로(Gustave Moreau)가 그런 것처럼 그리스 신화를 비롯해 동양의 종교까지 폭넓게 신비의 제재를 찾고 있었기 때문이다.

'일본 미술'이라는 개념을 만든 것은 초빙교수로서 도쿄대학에서 철학을 강의한 페놀로사(Ernest Francisco Fenollosa)였다. 그는 종교성으로 향하는 로맨티시즘을 중시한 헤겔의 『미학강의』에 기초하여 불상 등의 미적 가치를 열심히 발굴하였다. 그때까지 신앙의 대상으로서, 그리고 고귀함과 온화함으로 사람들을 매료시켜 왔던 불상을, 또는 오랫동안 창고 안에 보관되어 있던 것들을 사람들의 눈앞에 드러내어 "자, 여기에 당신들의 미(美)가 있다"라고 보여 주었던 것이다. 그것들은 그에게 일본의 미이자 동양의 미였다.

95) 일본 건축물의 객실 정면에 설치하여 미술품 등을 장식하는 중요한 장소. 간단히 도코[床]라고도 한다.

그런 페놀로사의 발굴 작업을 도왔던 것이 오카쿠라 덴신[96)]이었다. 두 사람을 중심으로 고미술의 연구는 물론 광물을 갈아서 만든 화구(畵具)를 사용한 새로운 '일본화'의 수립을 목표로 한 활동이 개시되었다. 오카쿠라 덴신은 관직에 있던 1889년에 동양 미술, 특히 일본 미술의 가치를 논한 미술전문지 『국화』(國華)를 창간, 1890년에는 도쿄미술학교의 교장 등으로 활약하였다. 그는 공예와 미술을 분리하는 것에는 평생토록 반대의 입장을 가지고 있었다. 그러다 스캔들로 인해 퇴직한 후 민간에서 젊은 일본 화가들의 육성에 노력을 기울였고, 또 해외에서 일본 미술 소개의 장을 찾았다.

아시아는 하나

오카쿠라 덴신의 최초의 영문 저서 *The Ideals of the East with Special Reference to the Art of Japan*(『東洋の理想—日本美術を中心として』, 1903)의 구상은 1901년 인도에서 시인 타고르를 만나 그의 민족독립을 기대하는 강한 신념에 감명받은 것에서 비롯되었다. 그는 이 책을 유럽과 미국의 지식인에게 아시아의, 그리고 일본의 높은 정신성을 호소해 그들의 인식을 제고하려는 목적으로 썼다.

잘 알려진 바와 같이 『동양의 이상』은 '아시아는 하나'라며 시작한다. '모든 아시아 민족에게 공통의 사상 유산'으로서 '궁극적인 것, 보편적인 것에 대한 넓은 애정'을 들어 그것이 "세계의 위대한 종교 일체를 만들어 냈다"고 서술하였다. 이 책에서 말한 아시아는

96) 岡倉覚三, 天心, 1862~1932. 메이지 시대, 미술계의 지도자. 도쿄미술학교 교장. 일본미술원을 창립하였다. 미국 보스턴 미술관 동양부장도 역임하였다.

유대교, 기독교, 이슬람교를 낳은 중동을 포함했다. 유럽인이 중근동에서부터 동쪽 지역을 아시아라고 부르던 것을 따라 아시아 문화권이라는 것을 상정하고, 그 정수(精髓)로서 일본 문화를 말한다. 이 책은 영국에서 간행된 후 판을 거듭하며 그들의 동양 취미(오리엔탈리즘)나 일본 취미(저패니즘)에 자극을 주었다. 일본에서도 곧 『태양』 등에서 비판의 소리와 더불어 소개되어 주목받았다.

오카쿠라 텐신은, 여기에서 "일본 예술은 아시카가(足利)[97]의 거장들 이래 도요토미 시대, 도쿠가와 시대에 다소 타락의 조짐을 보이기는 했으나 대체적으로 동양적 낭만주의의 이상, 즉 정신의 표현을 예술 최고의 노력으로 간주하는 태도를 끝까지 지켜 왔다"고 서술하였다. '아기카가의 거장들'이란 중국의 수묵화, 즉 만물의 근원으로서의 '기'(氣)의 길(道)을 하늘에서부터 심산(深山)을 거쳐 촌락으로 통하게 하는 양식의 산수화를 일본식으로 소화한 고잔(五山)의 화승(畵僧) 슈몬(周文)과, 그의 제자로 중국으로 건너가 기술을 연마했던 셋슈(雪舟) 등을 가리킨다. '정신의 표현'은 원문에서는 'expression of the Spirit'로 '기'의 표현인 듯하다. 덴신은 말한다.

미(美)라는 것은 우주에 편재하는 생명의 원리이며, 별빛 속에서, 또 꽃의 선명한 색채, 지나가는 구름의 움직임, 흘러가는 물의 운동 속에서 반짝이는 것이다. 우주의 크나큰 영(大靈)은 인간 모두에게 동등하게 침투하여 우주의 생명을 명상(瞑想)하며 관조하는 우리들 앞에 펼

97) 아시카가 막부의 무로마치 시대(1338~1573)를 가리킨다.

쳐진다. 생명 존재의 여러 가지 경이로운 현상 속에 예술가의 정신이 스스로를 비춰 볼 수 있는 거울이 나타나리라.

덴신이 페놀로사를 통해서 헤겔의 『미학강의』를 배운 흔적은 이 책의 여기저기에서 보인다. 그러나 여기서 나오는 '우주의 크나큰 영'(the great World-soul)은 미국의 시인이자 사상가인 에머슨(Ralph Waldo Emerson)이 말한 '대령'(大靈, Over soul)을 연상시킨다. 그것들과 중국 전통의 '기'의 관념을 하나로 합하여 '우주에 편재하는 생명의 원리'(the vital principle that pervaded the universe)나 우주의 활동과 활력을 의미하는 '우주의 생명'(world-life)이라는 관념이 만들어졌다고 생각하면 된다. 이것이야말로 덴신이 생각한 미의 '궁극적인 것', '보편적인 것'이며, '일본 미술'의 '전통'의 근간에 있어야 할 것이었다. 역으로 말하면, 헤겔 미학을 간접적인 매개체로 하여 그때까지 어떤 부류의 사람들에게 '기운'[98] 등의 이념을 구현해서 느끼게 만드는 것으로 존중되던 것이 '일본의 미'로서 새롭게 정리되어 선보인 것이었다. 그리고 이런 생각은 문예에도 점차 영향을 미쳤다.

산수화에 '기'의 길을 그리는 골법(骨法)은 가노파[99]의 입문서 『화전』(畵詮, 1721?)에도 명기되어 있지만, 이케노 다이가(池大雅)나 요사 부손(与謝蕪村) 등은 지키지 않았다. 도쿠가와 시대에는 현세

98) 氣韻. 글이나 글씨, 그림 따위에서 느껴지는 생동감과 아담한 멋.

99) 狩野派. 15~19세기에 일본에서 발전한 회화 유파. 7대 200여 년간 일본 미술계를 풍미한 화가들을 배출했으며, 그 뒤에도 몇 세기 동안 일본 화단을 주도했다. 줄곧 쇼군들을 섬겼는데, 이 파의 전통인 고상하고 도덕적인 상징주의는 정치적 이상이기도 했다.

주의가 만연하여 가이바라 에키켄[100]의 『양생훈』(養生訓)이 도교의 '기'의 의미를 벗어나 방귀를 '분기'(糞氣)라고 부르는 등 무엇이든 '기'로 말하거나, 반대로 오규 소라이의 『변명』(弁明)이 하늘의 '기'와 인간의 신체를 분리시켜 경험주의적인 의료의 길을 개척해 가는 등 우주 근원인 '기', '원기'의 관념은 확산되거나 또는 희석되었다. 그런 까닭으로 덴신은 "도요토미 시대, 도쿠가와 시대에 약간 타락의 조짐을 보이기는 하였다"라며 유보를 붙이지 않을 수 없었다. 즉, '일본 예술은 아시카가의 거장들 이래…동양적 낭만주의의 이상…을 끝까지 지켜왔다'라는 것은 지나친 강변이었다.

『동양의 이상』에서는 상당히 용감한 면이 있었지만, 그다음 해 뉴욕에서 간행된 *The Awakening of Japan*(『日本の覺醒』)에서 덴신은 "일본이 시종 평화유지를 희구하고도 전쟁이라는 최후의 수단에 호소한 것은 국가 존립의 안전을 지키기 위한 필요상 어쩔 수 없이 나온 것이다"라고 말했다. 청일전쟁, 러일전쟁 등 잇달아 해외에서 전쟁을 행한 '호전국 일본'의 이미지를 완화시키려 한 것이다. 그리고 세 번째 책인 *The Book of Tea*(『茶の本』, 1906)는 시적인 문체로 센 리큐[101]의 와비차[102]를 중심으로 도교와 선(Taoism and Zennism)

---

100) 貝原益軒, 1630~1714. 에도 전기의 유학자, 교육가, 본초학자. 마쓰나가 세키고(松永尺五), 기노시타 준안(木下順庵), 야마자키 안사이(山崎闇斎) 등을 스승으로 두고 주자학을 신봉하였다.

101) 千利休, 1522~1591. 아쓰지 · 모모야마 시대의 다인(茶人). 일본 다도의 집대성을 이루었다. 오다 노부나가(織田信長), 도요토미 히데요시(豊臣秀吉) 등을 섬겼으며, 총애가 두터웠으나 히데요시의 노여움을 사게 되어 자결했다.

102) ワビ茶. 차 도구 등에서 호사스러움을 물리치고 간소하고 한적(閑寂)한 경지를 중히 여기는 다도(茶道).

을 온화한 전통문화의 정수로 말하는 것이었다.

이러한 오카쿠라 덴신의 영문 저작들이 나왔던 시기, 즉 청일전쟁에서 러일전쟁 후에 걸쳐서는 일본의 문화내셔널리즘에 거대한 재편성이 또 한차례 일어났던 시기였다. 이것은 지금까지 확실히 인식되지 않았다. 그 움직임을 다음에서 보도록 하자.

무사도의 탄생

한반도의 이권을 둘러싸고 노대국(老大國) 중국에 도전하여 승리한 청일전쟁 이후 남들보다 먼저 인문지리학의 방법을 도입한 지리학자 시가 시게타카(志賀重昻)는, 일본인이 "평소에는 내분만 벌이고 있어도 때가 되면 단결한다"(『地理學』, 1897)라고 말하고 있다.

메이지 유신부터 세이난(西南) 전쟁,[103] 자유민권운동의 고양 등 메이지 전기는 쟁란(爭亂)의 연속이었다. 제국의회가 개최되어 헌법이 발포된 후에도 외교 자세를 둘러싸고 정부의 소극적인 태도를 공격하는 언론이 들끓었다. 그러나 청일전쟁이 시작되자마자 중국 군대를 격파하는 위세에 국내는 열광하였다.

이 전쟁에 반대하는 목소리는 좀처럼 없었다. 도중에 우치무라 간조가 비전론(非戰論)을 제창한 정도일 것이다. 그는 삿포로 농업

103) 1877년 사이고 다카모리(西鄕隆盛) 등 가고시마(鹿兒島)의 사족(士族)들의 반란. 메이지 정부에 대해 불만을 가지고 있던 사족들의 최대 · 최후의 반란으로, 다카모리가 정한론(征韓論)에서 패배하여 관직에서 물러나 가고시마에 설립한 사립학교의 학생들이 중심이 되어 2월에 거병, 구마모토성(熊本城)을 공략하지 못하고 있는 사이에 정부군의 반격으로 패배하였다. 9월에 다카모리가 자결하면서 막을 내렸다.

학교에 입학하여 창설자 클라크(William Smith Clark) 박사가 남긴 '예수를 믿는 자의 계약'에 서명하고, 감리교 교회에서 세례를 받아 졸업할 무렵에 동기인 니토베 이나조[104] 등과 일생을 '두 개의 J'(Jesus 와 Japan)에 바칠 것을 맹세하였다. 1891년 1월, 촉탁교원으로 근무하던 제1고등중학교의 교육칙어 봉독식에서 절을 하지 않아서 황실에 대한 '불경'(不敬)으로 지목되어 사직하였지만, 그가 반(反)내셔널리스트였던 것은 아니었다. 그는 '무교회주의'를 제창하게 되지만 거기에도 내셔널리즘이 작용하고 있었다.

청일전쟁의 강화조약(1895년 4월)에서는 대만, 펑후(澎湖) 제도[105]와 함께 요동반도를 중국으로부터 할양받았다. 이에 대해 러시아, 독일, 프랑스가 요동반도를 '포기하라'고 압박하였다. 이 삼국 간섭을 계기로 자유, 평등, 평화를 기치로 '평민주의'의 내셔널리즘을 이끌어온 도쿠토미 소호[106]는 민권주의에서 국권주의로 전환했다고 한다. '건전한 내셔널리즘'도 국가 간의 대립이 노골화하면 국가 권력에 동조하기 쉬워진다는 예이다.

요동반도는 돈으로 상환받는 대신에 중국에 돌려줄 수밖에 없었

104) 新渡戸稲造, 1862~1933. 사상가, 교육가. 삿포로농학교 졸업 후 미국 · 독일에 유학하였다. 교토대학교 교수, 일고(一高) 교장 등을 역임하였다. 국제평화주의를 주장하여 국제연맹 사무국 차장, 태평양문제조사회 이사장으로서 활약하였다. 캐나다에서 병사하였다.

105) 타이완 서해안에서 약 50㎞ 떨어진 곳에 있는 군도. 페스카도리스 섬이라고도 한다. 64개의 작은 섬으로 이루어져 있다.

106) 徳富蘇峰, 1863~1957. 저널리스트, 저술가. 1887년 민우사를 창립하고, 『국민의 벗』(國民の友), 『국민신문』(國民新聞)을 발행하면서 평민주의를 제창하였으나, 청일전쟁을 계기로 제국주의를 고취하게 되었다.

다. '와신상담'(臥薪嘗膽)을 표어로 러시아와의 전쟁에 대비하는 내셔널리즘이 점차 강해졌다. 할양되었던 대만에서는 한(漢)민족에 의한 항일무장투쟁이 끊이지 않다가 겨우 평정된 후 무단정치가 취해졌다.

청일전쟁의 문명론적인 총괄은 간단했다. 사민평등이나 분업시스템 등 서구 근대 문명을 재빨리 자신의 것으로 만든 일본이 동양의 노대국에 이겼다는 것이다. 동시에 상무(尙武) 정신이 고양되어 '무사도'라는 또 다른 '전통의 발명'이 진행되었다.

미카미 레이지(三神礼次)의 『일본 무사도』(日本武士道, 1899), 이노우에 데쓰지로[107]의 『무사도』(武士道, 1900)가 간행된 무렵부터 차츰 목소리가 높아지더니 니토베 이나조의 *Bushido, the Soul of Japan*(『武士道』, 櫻井鷗村 역, 1908)과 역사학자인 시게노 야스쓰구(重野安繹)의 『일본무사도』(日本武士道, 1909)가 쌍벽으로 불리며 무사도와 선(禪)의 관계를 설명하는 서적들이 속속 간행되었다.

메이지 중기 무렵부터 사리사욕을 추구하는 풍조를 경계하며 공(公)을 위하여 진력하는 정신을 논할 때, 무사로서 삶의 방식이 제시되었다. 무사로서 삶의 방식을 '무사도'라고 부르는 경우는 도쿠가와 시대부터 있기는 하였다. 그러나 그것이 널리 퍼진 것은 아니었다. 니토베 이나조는 자신이 창시한 것이라고 생각했을 정도였다.

니토베 이나조의 『무사도』에는 '무사도'라는 것은 불교, 그중에

107) 井上哲次郎, 1855~1944. 철학자. 도쿄대학 교수. 구미 철학의 유입 · 소개에 힘을 기울였으나, 후년에는 국가주의를 제창하였다. 또한 신체시운동의 선구이기도 하였다.

서도 선(禪)과 함께 '민족의 신앙'(national faith)으로서의 신도를 그 기원으로 삼으며, '충군애국'의 정신에 '지행합일'(知行合一) 등 양명학의 논리가 부여된 것이라고 설명하였다. 이것은 완전히 창조된 '전통'이었다.

도쿠가와 시대 무사의 '충'(忠)은 주자학의 충, 군주라는 것은 번주(藩主), 국가는 번(藩)을 의미했다. 센다이의 다테 마사무네(伊達政宗, 1567~1636) 등 하늘의 신(お天道さま) 즉 태양을 숭배하는 번주도 있었고, 아마테라스 오미카미(天照大御神)를 일본 민족신앙의 대상으로 설명하는 이른바 신도 사상도 있었지만, 이러한 것들이 무사들의 공통된 종교는 아니었다. 민중은 신사에 참배하고 수많은 신들에게 현세의 이익을 부탁하기도 하였지만, 불교의 단가(檀家)제도하에서의 일이었다. 메이지 시대가 되면서 신사가 국가관리 아래에 놓이고, '국가신도'가 만들어지자 수많은 신들은 '음사사교'(淫祀邪敎)라 하여 배격되었다. 그리고 번주와 번에 대한 무사의 '충군애국'은 천황과 일본 국가에 대한 전 국민의 것으로 재편성되었다. 게다가 '국가신도'는 황실의, 그리고 국민 각각의 집안의 조상숭배이지 종교가 아닌 것으로 되었다.

니토베 이나조가 신도를 '민족종교'라고 했던 것은 특별히 그가 '국학'에 물들어 있었기 때문이 아니다. 이것은 그가 독일에 유학했을 무렵, 프로테스탄트 신학의 제1인자인 슐라이어마허(Friedrich Daniel Ernst Schleiermacher)의 민족종교론을 배워 메이지 시대의 가족국가론에 적용한 것이었을 뿐이다.

슐라이어마허는, 신앙의 근본은 개인이 한순간 '신과 합일하는 체험'에 있다고 설명하면서 이것이 역사적으로는 공동체의 형태를 통해 나타난다고 했다. 독일의 종교개혁자 루터가 신성한 정신세계를 세속의 권력과 결부시킨 가톨릭 교회를 공격한 것은 잘 알려져 있다. 『신약성서』의 예수의 말에 '카이사르의 것은 카이사르에게'라고 이른 것처럼 기독교는 본래 권력과는 다른 차원의 것이라는 태도를 지닌다. 그러나 독일어의 읽고 쓰기는 루터의 『성서』 번역에 의해 널리 퍼진 것이며, 독일어권에서는 루터 교회 등 프로테스탄티즘을 국교로 하는 군주제 국가가 분립되어 통일국가를 만들려는 모색이 계속되고 있었다. 그리고 19세기에는 신학이 더욱 더 쇠퇴해 갔다. 이런 상황 속에서 슐라이어마허는 개인의 신앙을 근본으로 하며, 동시에 공동체의 원리를 이루는 민족종교로서 프로테스탄티즘을 자리매김한 것이다. 이렇게 종교와 내셔널리즘을 결부시킨 사상은 이 무렵에 독일 문화에 관심을 가진 일본의 지식인에게는 상식과도 같은 것이었다고 생각된다.

이 시기의 '무사도'의 유행은 청일전쟁에 의해 야기된 상무의 기풍이 옛것을 부활시킨 것이 아니다. 그것은 서로 격렬히 맞서던 열강 제국의 대열에 함께하기에 걸맞은 문명국 일본의 남자로서 심신에 갖추어야만 할 자세를 설명하는 것이었다. 니토베의 경우에는 영국의 신사도에 상응하는 것으로 설명했던 것이다. 그것이 새로운 국면을 맞이한 일본의 문화내셔널리즘을 향한 그의 해답이었다.

수양의 사상

청일전쟁 전후의 일본은 다양한 사회문제를 안고 있었다. 흉작으로 인해 빈민의 폭동이 잇달았고, 아시오 동산(足尾銅山)의 광독(鑛毒) 때문에 주변의 산림과 와타라세 강(渡良瀨川) 유역이 황폐해진 사건에서도 부근의 현의회 의원들이 들고 일어나 도쿄에서 대규모의 시위를 전개했다. 청일전쟁, 러일전쟁에 의한 무거운 과세는 국민의 거의 반수를 소작농으로 만들었다. 자본주의 경제가 침투하면서 농촌에서도 현금이 필요하게 되자 남녀 모두 육체노동을 통한 외지벌이에 내몰려 이윽고 도시의 공장지대에 노동자로 흘러들게 되었다. 그런 식으로 만들어진 슬럼가는 사회불안의 원인이 되었다. 사회주의운동도 일어났다.

이런 모순의 한가운데에 놓인 지식청년들은 어떻게 살아갈 것인지에 관해 고민하기 시작한다. 자신을 위해서인가, 사회를 위해서인가, 아니면 국가를 위해서 혹은 인류를 위해서인가라고. 1903년 5월, 후지무라 미사오(藤村操)라는 제1고등학교의 문과 1학년생이 닛코(日光)의 화엄폭포(華嚴瀑)에서 투신자살했다. 유서에는 이렇게 쓰여 있었다.

> 만물(萬有)의 진상(眞相)은 단 한 마디로 충분하다. 그러므로 불가해(不可解). 나 이 마음속 응어리를 품고 번민. 마침내 죽음을 결심하게 이르렀다.

이 사건은 '철학적 자살'로 사람들의 이목을 모았고, 지식청년의

회의와 번민이 화제가 되었다. 머지않아 연인과의 실연이 계기가 되었다는 것이 알려졌지만, 그런데도 러일전쟁 이후 4년여 동안 백수십 명의 청년이 그의 뒤를 따랐다. 이 정도면 심각한 사회문제였다.

이것은 '근대적 자아'의 자각처럼 논의되어 왔지만 실제로는 국가가 위에서부터 억누른 교육칙어로도, 열강 제국을 따라잡기 위해서 취해진 부국강병의 정책으로도 채워지지 않는 마음이 생겨났다는 증거였다. 국제사회의 삐걱거림과 국내 모순의 격화에 갈피를 못 잡고, 이 지상의 현실적 구제와 영혼의 구원이 동시에 요청되는 시대에 직면하고서 '충군애국'과 '입신출세'의 모토만으로는 살아갈 수 없는 점을 통감하였다. 충족되지 못한 마음은 돌연히 세계의 원리에 대해 묻고서 '인생, 어떻게 살아 갈까'를 좇아 고민을 거듭한 끝에 세계의 근본원리가 파악되지 않는다고 죽음을 택한 것이었다. 결국은 학력의 계단을 오르는 것을 통해 세습의 신분에서 자유로워지는 것을 제도적으로 보장받게 된 청년들의 마음을 감싸줄 윤리적 규범이 성립되지 않았던 것을 의미한다.

많은 지식인이 이런 회의와 번민에 답하고자 하였다. 그 해답의 하나가 '수양'(修養)이었다. '수양'은 단적으로 말하자면 자신의 심신을 스스로 단련하는 것, 강한 몸과 선한 마음을 갖추는 것이다. 일찍 일어나서 차가운 물과 마른 수건으로 몸을 마찰하고 정좌하여 마음을 가라앉히는 것을 습관으로 하며, 고금의 도덕서를 읽고 마음을 기르는 것이 장려되었다. 니토베 이나조도 수양서를 썼다. 양명학의 수양 잡지도 나왔다. 좌선도 유행하였다. '무사도'의 고취도 청년의 번민에 대한 하나의 대답이라는 측면을 다분히 가지고 있었다.

지상의 현실과 자신의 영혼 구제를 찾아 종교가 관심의 초점이 되어 간다. 종교 신시대가 이렇게 하여 막을 올린다. 오카쿠라 텐신이 영어권의 독자를 향하여 동양의 높은 정신성을 부르짖은 것은 마침 그러한 시기였다.

메이지에 대한 이해

많은 독자들이 지금까지 메이지 시대의 문화의 움직임을 근대화 즉 서양화로 생각해 온 것은 아닐까? 혹은 그것에 대한 반작용을 반'근대'의 전통주의로 생각해 온 것은 아닐까? 이것은 제2차 세계대전 후에 퍼진 메이지에 대한 견해에 지나지 않는다. 메이지 시대의 사람들이 그런 식으로 생각했던 것은 아니다.

국민국가의 건설과 국민문화의 형성을 서둘렀던 메이지 시대의 문화는 기독교 사상과 계몽주의, 실증주의와 근대 과학, 로맨티시즘 등 다양한 서양 사상을 받아들이면서 진전했다. 그러나 이러한 서양 사상의 내부에는 대립이 내포되어 있었다. 이와쿠라(岩倉) 사절단이 파리의 국립도서관에서 어마어마한 도서의 축적을 보고서 '전통'의 소중함을 깨달았던 것을 생각한다면, 서양을 배운다는 것이 근대화의 방향만을 의미하지는 않았음을 알 수 있다. 그렇다면 메이지 시대의 문화를 어떻게 생각하는 것이 유효할 것인가? 간단히 정리해 보자.

먼저 내셔널리즘도 포함하여 유럽 근대 사상은 기본적으로 기독교의 지배로부터 벗어나려는 방향을 취하고 있었다. 그리고 그 속에는 근대 문명의 진전에 대해 반발하는 입장도 있었다. 부르주아가 지배하는 도시를 벗어나 전원생활을 한다거나, 고대 로마를 동경하는 로맨티시즘이 그 전형이다. 기독교에 대항해 그리스 신화나 게르만 신화를 무기로 삼는 입장도 있었다. 일본에서 그것을 받아들여 동조하는 경우에는 근대 문명에 반대하는 서양 사상에 찬동하는 것이 된다.

그리고 메이지 시대는 '전통의 형성'에도 분주했다. 그러자면 그간 중국 문명의 은혜를 무시할 수 없다. 또한 서양 열강에 동양이

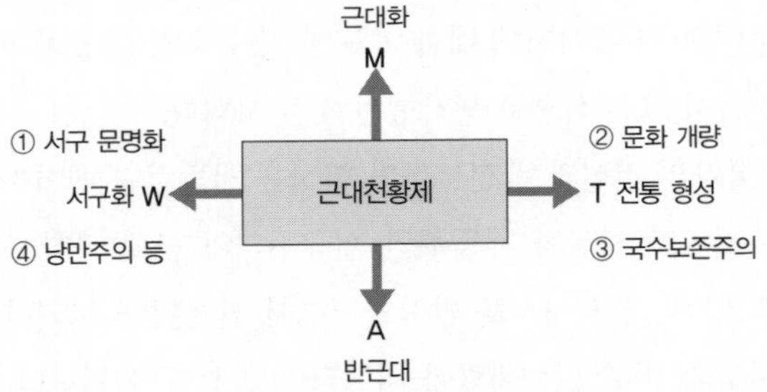

M : 독립한 국민국가의 형성, 자유민권운동
A : 신들린 국체론(神がかった國體論)
W : 기독교 윤리의 보급, 로쿠메이칸(鹿鳴館) 정책
T : 일본문학사, 무사도 이념의 형성

①~④에 위치하는 대표적 인물
① 후쿠자와 유키치(福沢諭吉) ② 쓰보우치 쇼요(坪内逍遥)
③ 미야케 세쓰레이(三宅雪嶺) ④ 우치무라 간조(内村鑑三)

[그림 3] 메이지 시대 문화 분석도

침탈당하고 있다고 하는 문명 대립의 구도도 마음속에 새겨져 있었다. 그러므로 일본에서 전통의 형성은 서구 근대의 '국민문화주의'(cultural nationalism)와, 거기에 '동양의 전통'이 포개진 아시아주의(Asianism)라는 두 가지 경향을 품지 않을 수 없었다.

정리하자면 메이지 시대의 문화 속에는 근대 문명화하려는 움직임과 근대 문명화에 반대하는 움직임이라는 두 가지 방향, 또한 서양화를 향한 움직임과 일본 및 동양의 전통을 형성하고자 하는 움직임이라는 두 가지 방향, 도합 네 가지 방향의 움직임이 있었던 것이다([그림 3]). 그리고 이들 사이에서 ① 서양화와 근대화를 동시에 목표로 하는 것, ② 전통문화를 개량하여 근대화하고자 하는 것, ③ 근대 문명화에 대항하여 '일본이나 동양의 전통'을 만들고자 하는 것, ④ 서양의 반(反)'근대 문명'의 입장을 모방하고자 하는 것 등 4개의 입장이 생겨난다. 이들의 중앙에 신들린 국체론과 민권 사상을 타협시킨 제국헌법, 번주에 대한 '충'을 첫 번째로 한 도쿠가와 시대의 일본적 유학을 황실숭배로 바꿔 국민교화를 꾀한 교육칙어의 설정, 즉 근대 천황제가 자리잡고 있다.

한 가지 양해를 구하자면 이것은 어디까지나 메이지 시대의 문화의 움직임을 이해하기 쉽게 한 도식에 지나지 않는다. 이것 이외에도 로맨티시즘의 입장에서 와카의 개량에 힘쓴 ② ④에 걸친 움직임도 있다. 그리고 러일전쟁 후에는 이 도식으로는 잘 분석되지 않는 현상이 많이 생겨난다. 그것에 대해서는 다음 장에서 서술하겠다.

제4장

'제국'의 사상

1. 대중내셔널리즘의 시대

20세기의 내셔널리즘

제1차 세계대전 후 국제적으로 내셔널리즘이 격심하게 고양되었다. 이것은 유럽의 역사가와 정치학자가 처음으로 직면한 큰 수수께끼였다. 이 문제에 대해서 영국왕립국제문제연구소는 공동연구를 조직하고서 1939년에 보고서를 정리하였는데, 그 좌장(座長)을 맡았던 에드워드 카(Edward H. Carr)는 제2차 세계대전 종결 후에 『내셔널리즘과 그 이후』(1945)를 저술하여 새로운 인터내셔널리즘 시대의 도래를 전망하였다.

이 책에서 카는 내셔널리즘의 역사를 3기로 나누고 있다. 제1기는 16세기 종교개혁으로부터 나폴레옹 시대, 제2기는 나폴레옹 시대로부터 유럽에 내셔널리즘이 퍼져 제1차 세계대전에 이르는 시대, 제3기는 1871년의 독일 통일에서 시작하여 1914년에 본격화되는 대중내셔널리즘의 시대. 제2기와 제3기는 크게 겹친다.

우리가 이제부터 살펴볼 것은 20세기 일본의 문화내셔널리즘이다. 우선 『내셔널리즘과 그 이후』를 참조하면서 20세기의 내셔널리즘의 특징을 살펴보자. 카는 제3기의 특징으로 ① '국가에 영향을 줄 수 있는 사람들의 일군(一群)이 새로운 사회계층으로 등장한 점', ② '경제의 힘과 국가의 힘의 새로운 결합이 두드러지게 나타난 점', ③ '네이션의 수가 늘어난 점' 등 3가지를 들고 있다.

①의 '새로운 사회계층'이란 '대중'(mass)을 일컫는다. 유럽에서는 1870년대 이후 인구의 증대, 도시화의 진행, 보통교육의 보급, 산업화에 따른 생활수준의 향상, 민중의 정치의식 고양 등에 따라 사회구성이 크게 변화하여 '대중사회'가 출현하였다고 한다. 그런 대중의 정치의식이 열광적인 내셔널리즘을 탄생시킨다. 이것이 사회주의와 세력을 다투면서 국가전체주의로 향해 가며 배외주의(排外主義)와 독재에 의한 강력한 통제를 특징으로 하는 이탈리아의 파시즘(fascismo)과 독일의 나치즘(Nazismus) 등이 된다. 1920년대부터 1930년대에 걸쳐 헝가리, 폴란드, 포르투갈, 오스트리아, 스페인에서, 1940년대에는 루마니아, 칠레, 브라질, 아르헨티나 등에서 파시스트 정권이 탄생했다.

②는 제1차 세계대전에 임하게 된 유럽 열강들이 국가 전체를 기계처럼 움직이는 '총력전 체제'를 취한 것에 크게 기인한다. 사

실상의 독재이다. 제1차 세계대전 후 나라에 따라 양상은 달랐지만 경제위기를 극복하기 위해 자본이 집중되고(독점, 과점) 국가와의 연계가 강화되어 갔다. 1917년의 소비에트혁명을 성공시킨 레닌은 이런 현상을 '국가독점자본주의'라고 불렀지만, 어느 정도로 결합이 강해야 그렇게 부를지는 명확히 밝히지 않았다. 그리고 실제로 국가와 자본의 관계가 가장 밀접한 것은 소비에트 연방으로, 1928년에 계획경제(5개년 계획)의 길을 선택했다. 이로써 국가 주도로 사회주의 실현을 목표로 하는 '일국사회주의'(一國社會主義) 또는 국가가 사회주의적 정책을 실시하는 '국가사회주의'의 성격이 명확해졌다.

그리고 1933년에 히틀러가 정권을 장악한 독일도 계획경제(4개년 계획)를 실시했다. 대중내셔널리즘의 고양에 힘입은 정권은 그것에 보답하기 위해서라도, 또한 사회주의운동을 억제하기 위해서라도 국가사회주의적인 정책을 취한다. 미국에서도 1933년부터 경제 활성화를 위한 '뉴딜'(New Deal, 신규 경기부양)정책이 취해졌다.

문화상대주의와 문명권의 사상

③은 제1차 세계대전 후 러시아로부터 핀란드와 에스토니아 등이, 그리고 오스트리아-헝가리 제국으로부터 체코슬로바키아와 유고슬라비아가 독립한 것 등을 가리킨다. 제1차 세계대전에 참전을 결정한 미국 제28대 대통령 우드로 윌슨은 전쟁의 종결책으로 국제연맹의 설립과 민족자결권 등을 강조하는 「평화를 위한 14개조」를 제안했다. 이는 상당한 실현을 보았지만, 미국은 전통적인 고

립정책(먼로주의)을 택하고서 국제연맹에는 참가하지 않았다.

윌슨의 「14개조」는 소련에 대항하여 자유주의 진영의 질서를 회복시키려던 구상이었지만 레닌의 강화 제안을 참고하고 있다. 레닌은 20세기 초 볼셰비키당의 강령으로 민족자결권을 채택하였다. 이 채택에 대해 폴란드와 독일의 사회주의운동을 지도하던 여성혁명가 로자 룩셈부르크는 『공산당선언』(1848)이 강조하던 "만국의 노동자여! 단결하라!"는 슬로건에 대한 배반이라고 규탄했다. 여기서 그 후 사회주의운동의 갈림길이 있었다. 소련은 주변 국가들과 아시아의 민족독립운동을 지원하면서 그 영향력을 강화해 갔다.

이러한 민족독립운동의 고양은 제1차 세계대전 후 국제평화의 분위기 속에서, 각각의 민족은 저마다 특징 있는 문화를 가지고 그것을 서로 존중하면서 우호관계를 맺어야 한다는 풍조를 만들어 냈다. (민족)문화상대주의(cultural relativism)이다. 하나의 민족, 하나의 국가라는 전제에 서서 어떤 (민족)문화의 특징, 독자성을 중시하기 때문에 문화다원주의나 다문화주의보다도 한층 더 역사적 변화와 계층성을 무시하기 쉽고, 또한 소수파를 간과하는 경향을 보인다.

이 무렵 국가나 민족문화를 넘어서 보다 넓은 문화권이나 문명권을 상정하고서 비교하려는 사고방식이 유럽에 등장한다. 독일의 슈펭글러(Oswald Spengler)의 『서구의 몰락』(1918~1922)은 제1차 세계대전으로 치닫는 유럽의 위기 속에서 쓰인 것으로 세계사를 고대 이집트, 바빌로니아로부터 서구에 이르는 8개의 고도의 문화권의 역사로 그려낸다. 국가나 민족문화를 생명체에 비유하는 독일의 전통적인 발상을 문화권에도 적용하여 각각의 독자성과 생성에서 노화에 이르는 과정을 고찰한 것이었다. 제1차 세계대전에서 패하여 가혹한 강화조약을 삼켜야 했던 독일에서 서구 문명의 몰락을 예언한 이 책은 반향을 불러일으켰다. 일본에서도 많이 읽혀져서 국제 세계에 아시아가 등장해야만 한다는 구호에 힘을 실었다.

이런 발상에 착안하여 영국의 토인비는『역사의 연구』(1934~1961)에 착수했다. 세계 역사상 21개의 문명을 상정하고 각각의 발생·성장·쇠퇴·해체의 과정을 비교·고찰한 것이었다. 이 책에서 일본은 '반문명'(半文明)으로 기술되었다. 중국 문명권에 반쯤 속한다는 의미이다. 이 책은 제2차 세계대전 후의 일본에서 폭넓게 읽혔다.

기독교문명권이나 거기에 대항하는 오카쿠라 덴신(岡倉天心)의 '아시아는 하나'라는 사고방식처럼 문명권이나 문화권에 대한 사유는 그 이전부터 있었지만, 대부분이 자신이 속한 문명권을 중심으로 한 것으로 다수의 문명권을 동등하게 여겼던 것은 아니다. 슈펭글러 등의 생각은 (민족)문화상대주의가 문화권, 문명권의 사유에 다다른 것이라고 말할 수 있겠다. 그리고 어떤 국가와 민족이 어떤 문화권에 속해 있다는 의식은 사람들의 귀속의식(아이덴티티)을 이중화(二重化)시킨다. 양 대전 간 지식인들에게 '유럽공동체'와 같은 발상이 생겨났고, 작가인 로맹 롤랑[108] 등은 이것을 반전운동과 결합시켜 주장하였다. 이것은 유럽중심주의와는 달리 그 밑바닥에

108) Romain Rolland, 1866~1944. 프랑스의 소설가, 평론가, 극작가. 인도주의자로서 국제평화운동의 선두에 섰으며,『장 크리스토프Jean Christophe』(10권, 1904~1912), 프랑스혁명극을 집필하였다.

보다 넓은 '우리 인류'의 구제라는 사상이 깔려 있었다. 휴머니즘, 인류보편주의이다.

대중의 등장

일본의 경우 언제부터 '대중내셔널리즘'이 등장했을까? 확실히 밝히기가 쉽지 않다. 유럽에서는 제1차 세계대전에서 '총력전 체제'를 취한 것이 큰 계기가 되었다. '총력전'을 군사력만이 아니라 국가 전체의 인원, 물질, 이데올로기를 동원하여 수행하는 전쟁으로 생각한다면, 그러한 요소는 러일전쟁에서 상당히 발견된다. 군의 요청에 응해 민간의 수송업 등도 모두 가동되었다. 저널리즘도 전의(戰意) 고양과 전쟁 체제 구축에 큰 역할을 담당하였다.

그러나 영국과 미국에서 외국채(外國債)를 구입해 주었기에 전쟁 비용이 마련되었고, 군함도 아직 자력으로 만들지 못하여 영국 등으로부터 사왔다. 대량동원도 당초부터 준비되었던 것은 아니다. 오히려 유럽의 '총력전 체제'론이 러일전쟁의 일본, 러시아의 모습을 참고로 하여 만들어진 부분이 다분히 있었던 것은 아닐까?

청일전쟁의 개전시에는 반대론이 나오지 않았지만 러일전쟁에서는 개전 전부터 기대론과 반대론이 소용돌이쳤다. 기대론은 청일전쟁 후에 경공업이 약진했던 것처럼 중화학공업의 발전을 기대하는 재계(財界)에 강했다. 『오사카 아사히신문』(大阪朝日新聞) 등이 개전을 부채질했다.

반대론도 여러 가지였다. 민우사(民友社)의 도쿠토미 소호(德富蘇峰)는 질 것이 뻔하기 때문에 그만두는 편이 낫다고 하는 '애국적

비전론(非戰論)'의 논진을 펼쳤다. 고토쿠 슈스이,[109] 사카이 도시히코[110] 등은 1903년 가을, 평민주의 · 사회주의 · 평화주의를 주창하는 평민사(平民社)를 결성하고서 주간 『평민신문』(平民新聞)에 러시아의 문호 톨스토이가 인도주의적인 입장에서 반전을 호소한 논설을 게재하기도 했다. 이것과 연계되는 움직임도 어느 정도 일어났지만 내셔널리즘의 고조에 의해 완전히 묻혀 버렸다. 요사노 아키코(与謝野晶子)가 종군 중인 동생에게 「그대여 죽지 말지어다」(君死にたまふことなかれ, 1904)라고 호소한 시는 잘 알려져 있다. 그녀의 동생은 오래된 상인 집안의 대를 이을 아들이었는데, 아키코의 시는 한 집안의 경제적 지주까지 전쟁에 보내게 된 서민의 탄식을 대변하고 있다. 그 때문에 '비국민'(非國民)이라는 욕설을 듣기까지 하였다. 국가의 목적이 무엇보다도 우선시되어 국민의 고통이나 불만은 기껏해야 신음소리밖에는 낼 수 없는 상태에 놓인 것이었다.

실제 곤란한 전국(戰局)이 계속되었다. 몇 차례나 징병과 증세가 행해졌다. 중화기의 발달과 무리한 작전으로 시체가 산처럼 쌓일 정도의 격렬한 전투가 계속되었다. 중상을 입고서 귀환하는 병사

---

109) 幸德秋水, 1871~1911. 사회주의자. 나카에 조민(中江兆民)에게 사사받았으며, 『요로즈초보』(萬朝報)의 기자로 러일전쟁에 반대하다가 평민사를 설립해서 『평민신문』을 발행하였다. 평민사 해산 이후에 미국으로 건너가서 다음 해에 귀국한 후 무정부주의로 전향하였으나 대역사건으로 처형되었다.

110) 堺利彦, 1870~1933. 정치가. 고토쿠 슈스이 등과 함께 『평민신문』을 창간하였다. 사회주의를 신봉하고 반전론을 전개했다. 일본 공산당 초대위원장을 역임하였으나, 이후에 노농파(勞農派)에 속하면서 일본 대중당 전국노농대중당에 참가하였다.

들, '폐병'(廢兵)을 위한 시설이 온천장 등에 차례차례 만들어졌다. 전사자는 5만 명, 전병사상자(戰病死傷者)를 합치면 23만 명에 달했다. 일손을 잃어 곤궁에 처한 가족도 많았고, 전후에는 남성의 노동력 부족이 문제가 될 정도였다.

러일전쟁에서 이기기는 하였지만 사할린의 남쪽 절반 정도를 할양받았을 뿐, 배상금 없는 강화에 민중의 분노가 폭발했다. 희생에 비해 돌아오는 몫이 없었기 때문이다. 미국의 포츠머스에서 조인(調印)이 이루어진 1905년 9월 1일부터 각지에서 강화반대집회가 열렸다. 특히 도쿄에서는 히비야 회장(日比谷會場)으로부터 거리로 몰려나온 폭도들이 여기저기서 폭동사건을 일으켰다. 민중내셔널리즘의 격앙이었다.

실제로 강화의 찬반을 둘러싸고 국내 여론은 반반으로 나뉘었다. 그러나 미국이 흥미를 보여 온 남만주철도(滿鐵)의 경영권을 단독으로 손에 넣은 것이나, 강화와 병행하여 영일동맹의 강화가 이루어졌고 일본이 한반도를 세력 아래에 두는 것이 받아들여졌다는 사실이 알려짐에 따라 소동은 수습되었다.

그렇지만 다음 해에는 도쿄시 전철 운임의 가격인상에 반대하는 폭동이 일어났다. 1910년대에는 소작쟁의와 노동자들의 파업이 잇따랐으며, 1918년의 쌀소동(米騷動)은 사상 최대 규모의 민중폭동이 되었다. 이미 청일전쟁 전후의 쌀소동이나 아시오 동산(足尾銅山) 광독(鑛毒)사건의 반대운동에서 그 조짐이 보이기는 했지만, 러일전쟁 후부터 '국가에 영향을 미치는 사회계층'이 출현했다고 할 수 있다.

이렇듯 민중폭동의 계절이 찾아온 것이 1908년의 적기사건,[111] 1910년의 대역사건(大逆事件)[112] 등과 같이 사회주의를 철저하게 억압하는 정책을 취하게 만들었다고도 볼 수 있다. 그러므로 사회 모순에 대한 민중의 분노는 농촌의 소작쟁의나 임금과 노동조건을 둘러싼 투쟁, 생활투쟁으로 나타났다. 이 시기에 향토의식이 중앙 권력과 충돌하는 국면도 많이 나타났다. 니가타현(新潟縣)에서 1년 반이나 심상소학교(尋常小學校)를 자주 관리했던 마을이나, 나가노현(長野縣)에서 촌장이 마을 경영 전등사업의 선두에 서서 중앙과 대립하다가 결국에는 소요죄의 적용을 받게 된 마을도 있었다.

이러한 것과 밀접하게 결부되어 있었던 것이 민중의 문화적 요구였다. 생활의 윤택함을 찾고 문화적 향상을 바라는 목소리에 부응하는 민중예술운동 등이 문부성을 움직여서 일상의 노동력을 배양하는 오락에 적극적인 의미가 인정되도록 만들어 갔다. 이러한 것들이 국가 정치에 직접적인 영향을 주었다고는 보기 어렵지만, 본격적인 정당정치와 보통선거의 실현으로 향하던 움직임을 축전시키는 역할을 담당하였다.

---

111) 赤旗事件. 1908년 6월 오스기 사카에(大杉栄)·아라하타 간손(荒畑寒村) 등이 간다(神田)의 금휘관(錦輝館)에서 출옥한 동지 야마구치 고켄(山口孤劍)의 환영회를 한 후 '무정부공산'(無政府共産)이라고 쓴 깃발을 들고 간다 거리를 행진했다는 이유로 사카이, 오스기, 아라하타 등 수십 명이 검거되어 이중 10명이 금고형을 받고 투옥된 사건이다.

112) 大逆事件. 1910년 무정부주의자가 메이지 천황을 암살하려고 계획했다는 이유로 고토쿠 슈스이(幸徳秋水), 간노(菅野スガ), 미야시타(宮下太吉) 등의 사회주의자 26명이 기소되었다. 이들은 다음 해에 모두 유죄 판정을 받고 고토쿠 슈스이, 간노 등 12명이 사형되었다.

한일병합과 민족독립운동

러일전쟁을 틈타서 일본은 조선 정부를 무력으로 위협하여 의정서를 교환한 후 외교권을 박탈하고 보호국으로 만들었다. 청일전쟁 이후에는 조선독립옹호론이 주류였지만, 여론은 일거에 조선병탄론(朝鮮併呑論)으로 기울었다. 한반도의 이권은 말하자면 러일전쟁의 전리품이었다.

그러나 한반도에서 반일운동이 소용돌이치자 이토 히로부미는 조선과 러시아의 외교에 신경을 쓰면서 학교에서는 조선 황제의 사진을 걸게 하였다. 또한 조선어의 식자율을 높이려는 정책 등을 추진하면서 통감부(이후 조선총독부)가 서서히 정권을 장악해 가려는 책략을 세웠다. 결국 이토 히로부미는 하얼빈에서 저격당하지만(1909), 일선동조론(日鮮同祖論)에 따라 황실들 간에 인척관계를 맺으며 표면상으로는 대등한 '병합'이라는 형식으로 결말지어졌다. 1910년 8월 22일의 일이다.

'병합'은 'annexation'의 번역어이다. 미국의 텍사스 병합(1845) 등에서 사용되었던 외교용어로, 대만이나 사할린과 마찬가지로 한반도를 영토의 일부로 편입하여 주민에게 일본 국적을 부여하는 방식을 취했다. 열강들의 감시 아래에서 식민지 획득을 치밀하게 꾀한 정책이라고 할 수 있겠다. 동일한 일본 국민으로 만들기는 했지만, 헌법과 내지법(內地法)을 적용했던 것이 아니라 조선총독부의 권력 아래에서 헌병과 경찰을 이용하여 무력으로 지배하면서 서서히 법 정비를 진척시켰다. 항일운동을 억압했던 대만에서와 같은 '무단정치'(武斷政治)였다.

다만 토착민을 경찰관으로 활용했던 대만과 비교하면 현지의 일본인을 채용하는 등 갑작스럽게 짜맞추어서 엉망이었다. 경관은 허리에 찬 군도(軍刀)를 덜그럭대면서 위협적으로 여기저기에 으스대고 다녔다. 미움을 받는 게 당연했다.

홋카이도의 아이누에게는 본토(本土)의 호적법을 적용했지만, 대만과 한반도에는 적용하지 않았다. 그러므로 호적상의 차별을 뛰어넘기 위해서는 혼인이나 양자에 의할 수밖에 없었다. '내지'(內地)인과 '외지'(外地)인 사이의 연애에는 호적을 둘러싼 미묘한 그림자가 늘 따라다녔다.

이렇게 일본은 영일동맹의 강화를 꾀하면서 대만, 사할린, 한반도를 영토로 편입하여 열강의 대열에 끼는 것을 이루었다. 한편 인도나 태국 등에는 독립지원의 자세를 보이는 이중전략을 취하였다. 러일전쟁에 승리한 일본은 러시아에게 핍박받던 나라들에서는 아랍어 시로 '아시아 희망의 별'이라고 노래될 정도였다. 그러나 영토 내부나 근린(近隣)의 민족독립운동은 '반일' 양상을 띠었다.

1919년 한반도에서 3 · 1독립운동이, 중국에서는 독립국가로서의 존엄을 지키려 하지 않는 중화민국 정부에 대항하여 5 · 4운동이 일어났다. 그리고 일본 제품에 대한 보이콧 운동도 일어났다. 이 운동은 대만에도 퍼졌다.

그렇지만 파리평화회의와 국제연맹은 이러한 움직임을 무시했다. 일본이 영국, 프랑스, 이탈리아와 함께 국제연맹의 상임이사국의 하나가 된 것도 이유의 하나였겠지만, 민족독립의 원리는 기본적으로 유럽 문명권 안에서의 일이라고 여겨지고 있었기 때문이다.

그 이외 지역의 민족독립을 인정한다면 열강은 자신들의 식민지를 잃게 된다. 민족독립운동을 지원한 것은 소련 공산당뿐이었다.

이러한 민족독립운동의 고양으로 일본은 영토의 내외에서 정책 전환을 할 수밖에 없었다. 대만에 이어 조선에서도 '무단정치'에서 '문치정치'(文治政治)로 전환하였다. 친일파를 적극적으로 키우려는 정책이었다. 그리고 국내에서는 문화상대주의가 성행하였다. 한편 중국의 독립지원을 해왔던 세력은 반일운동의 고조로 물러설 수밖에 없었다.

대중문화의 개막

세계경제를 지배해 온 영국만큼은 아니더라도 일본에서도 메이지 시대부터 국가와 자본의 결합은 강했다. 그렇지만 러일전쟁 무렵에 관영 야하타 제철소[113)]가 조업을 개시하고 전후에는 국가가 철도를 사들여 국유화하는 등 국가가 중화학공업의 발전을 이끄는 정책을 취하게 된다. 제1차 세계대전 때의 호황이 지난 다음 불황이 시작되자 기업의 도태가 일어났으며, 간토대지진에 의해 간토의 자본이 타격을 받자 자본집중이 진행되었다. 각 지방의 신문이 전국지(全國誌)로 바뀌는 경향이 강해졌고, 출판계에서도 대중용 잡지와 염가의 문학전집이 다투어 간행되었다. 대량의 관객이 단기간에 동일 작품을 보는 영화도 성행하였다.

---

113) 八幡製鐵所. 군수산업의 중심으로서 일본 철강업의 발달을 주도한 국영제철소. 1901년에 조업을 개시한 일본 최초의 철강일관제철소이다. 1934년에는 민간철강기업의 일부와 합동해서 반관반민의 일본제철주식회사가 된다.

1920년대에는 여러 나라에서 라디오 방송이 시작되었다. 동일한 뉴스와 프로그램을 어떤 지방의 어떤 계층의 사람들이라도 듣게 되었다. 대량생산, 대량선전, 대량소비의 장치가 움직이기 시작하자 계급과 신분을 넘어서 많은 사람들이 동일한 신문기사를 읽고 동일한 라디오 프로그램을 듣고 동일한 상품을 소비하게 되었다. 그에 따라 문화의 지방 간 차이나 계급 간 차이가 엷어져 획일화가 진행되었다. 이러한 '대중문화'(mass culture)의 향유층이 '대중'이며, 이와 같은 사회를 '대중사회'라고 생각하는 편이 에드워드 카가 제시한 지표보다 정확할 것이다.

그리고 매스 미디어(mass media)는 국가의 통제를 받기 쉽다. 당시 대중내셔널리즘의 고양과 매스 미디어의 발달은 깊이 관계하였다. 19세기의 부르주아지의 자유로운 경제활동을 바람직하게 여기던 세계는 이렇게 하여 큰 변용을 이루었다.

국제정세도 변화했다. 제1차 세계대전으로 힘이 소진된 유럽 여러 나라들에 비해 독립된 지위를 유지해 온 미국의 힘이 강해졌다. 자동차 생산의 오토메이션(automation) 시스템은 미국에서 시작되었다. 시계와 기계에 인간이 휘둘리는 장치이다. 희극 영화배우 채플린은 『모던 타임즈』(1936)에서 이것을 풍자하였다.

일본에서도 특히 간토대지진(1923) 이후의 자본집중에 따라 대량생산, 대량선전, 대량소비의 시대가 막을 열면서 신문이 전국지화, 라디오 방송의 개시 등 대중문화 현상이 나타났다. 1925년경에 그때까지 불교에서 '많은 수의 승려'라는 의미로 사용되었던 '대중'이 'mass'라는 의미의 '대중'으로 바뀌어 퍼져 나갔다. 처음에는 사회주의운동에서 사용되었던 '대중'이라는 용어가 한 권에 1엔(円)이란 가격에 많은 활자를 넣은 호화로운 장정의 명작전집(円本) 중의 하나인 평범사(平凡社)의 『대중문학전집』(大衆文學全集)의 발매로 순식간에 정착되었다.

다만 도시와 농촌의 문화 차이가 너무 컸다. 단발(short cut)한 젊은 여성은 마을에 돌아오지 말라고 명하였다. 풍기문란을 두려워했던 것이다. 이것을 나는 도시대중문화라고 부른다.

국제적으로 봐도 이상할 정도로 식자율이 높고 신문, 잡지, 책의 발행부수도 많은 것이 일본의 특징이다. 중일전쟁으로부터 대 미영전쟁에 걸쳐 신문도 잡지도 라디오도 국책에 큰 역할을 담당했지만, 라디오와 영화를 능란하게 이용한 나치 독일과 비교하자면 일본에서는 민간의 활자 미디어가 해낸 역할이 컸다.

2. 보편주의와 문화상대주의

메이지의 총괄

러일전쟁 후에는 조선 경영의 방식과 함께 이에 대한 문명론적 총괄이 논의되었다. 청일전쟁에 이긴 것은 서양의 근대 문명을 재빨리 받아들였기 때문이라는 굵은 선에서 일치를 보였지만, 러일전쟁에 관해서는 결말짓지 못하였다. 승리하기는 하였지만 가까스로 서양 대국에게 이겼기 때문이다. 무사도 예찬의 소리는 더욱 더 높아졌지만 아무리 그렇더라도 무사도 때문에 전쟁에 이겼다고 할 수는 없었다. 그런 논의가 분명한 결말을 보게 된 것은 메이지 천황이 죽은 1912년에 메이지 시대를 회고하는 논의가 이루어졌을 때였다.

메이지 천황의 대상(大喪) 당일, 육군대장인 노기 마레스케[114)]가 그의 아내 시즈코와 자살했다. 이를 두고 시대착오적이라며 비난하는 소리도 있었지만 확대되지는 않았다. 고대에는 그랬다 해도 도쿠가와 막부는 번주에 대한 순사(殉死)를 금지했다. 노기 마레스케의 순사는 메이지 시대에 만들어진 무사도의 극한 형태였다. 모리 오가이[115)]와 나쓰메 소세키를 비롯하여 그의 순사에 감개하는 지식인은 적지 않았다.

특히 지도자들에게 메이지는 실로 위대한 시대였다. 열강의 침략을 막고 내란의 위기를 극복하고서 동양 유일의 입헌군주국을 실현하였다. 문명국으로서 독립을 지켰을 뿐만 아니라 영토를 확장하고(홋카이도를 포함하면 2배) 남만주도 세력에 넣어 아시아의 선두로서 열강과 어깨를 나란히 할 만한 세력을 쌓은 시대였다. 그것을 이끈 메이지 천황은 일본을 건국하였다고 하는 진무 천황에 버금가는 천황으로 평가되었다. 그리고 일본의 약진이 가능했던 것은 처음에는 서양화가 지나쳤지만 교육칙어를 통해 전통에 따르는 국가만들기로 돌아서서 서양 문명의 좋은 점은 취하고 나쁜 점은 버린 후 잘 소화해서 일본에 '동화'시키는 데 성공했기 때문이라고

---

114) 乃木希典, 1849~1912. 육군대장. 러일전쟁에서 제3군사령관으로 여순 공격을 지휘했다. 이후에 학습원장을 역임하고 메이지 천황의 장례식날 부인과 자살하였다.

115) 森鷗外, 1862~1922. 육군군의총감이자 소설가. 독일에서 위생학을 전공했다. 문예에 조예가 깊어 서구 문학의 소개 및 번역과 창작 비평 활동을 펼친 메이지 문단의 중진이다.

논해졌다.

이것은 메이지 후반에 각계의 리더들이 가졌던 인식이다. 『태양』 임시증간 「메이지성천자」(明治聖天子)를 살펴보면, 권두(卷頭)에 미카미 산지(三上參次)의 「메이지 태평성대의 역사상 지위」(明治昭代の歷史上の地位)를 비롯하여 이구동성으로 이 같은 인식을 보이고 있다.

그리고 다음에 올 전쟁은 미국이 상대라는 인식도 나타났지만, 지식인들의 대다수는 동양과 서양의 매듭이 되는 것, 또는 이 둘의 조화야말로 '일본의 사명'이라고 이야기하기 시작했다. 일본의 독자성을 둘러싼 논의도 활발해졌다.

그렇다면 일본의 국민성은 어떻게 논해졌던 것일까? 일본문학사로 눈을 돌려 보자. 왜냐하면 19세기 서구의 문학사는 저마다 국민성의 출현이라고 하는 관점에서 쓰였고, 일본에서도 국문학자가 이 같은 과제와 씨름했기 때문이다.

두 개의 국민성

후지오카 사쿠타로[116]의 『국문학사강화』(國文學史講話, 1908)는 각 시대 사조와 사회의 움직임, 미술 등까지 폭넓게 일본 문화를 종합적으로 바라보면서 그 시대와 환경으로부터 각각의 작품을 분석하려는 자세를 철저히 하였다. 또한 여성과 서민의 문예를 높이 평가하는 입장을 취한 점에서도 놀라운 면이 있다. 그런 까닭에 제2차

116) 藤岡作太郎, 1870~1910. 국문학자. 도쿄대학 조교수. 국문학사 연구에 새로운 방법을 도입하였다.

세계대전 후에도 복각되어 계속해서 읽혀졌다.

「총론」 제1장 「단결심과 가족제」는 일본인의 단결심이 강함을 서술하면서 '만세불멸(萬世不滅)의 황통(皇統)'을 토대로 '일본 사회는 하나의 커다란 가족이다'라고 강조하였다. 메이지 후기의 아카데미즘(academism)의 주류를 이룬 가족국가론에 서서 일본인의 단결이 강한 점을 강조한 것이었다.

이것은 어렵게 이겼지만 러일전쟁에 이겼기 때문에 만들어진 일본인의 자화상(self-image)이었다. 그것만이 아니었다. 러일전쟁 후 일본은 드디어 세계 대국의 대열에 올라섰다는 강한 자부심이 소용돌이치기도 하였다. 그렇지만 다른 한편 사회적 위기에도 직면하였다. 그 때문에 여러 가지 질서회복에 대한 사상이 난무했다. 『태양』 임시증간 「메이지성천자」가 메이지라는 시대의 위대함을 회고하며 강조하였던 이면에도 세상의 혼란스러움을 탄식하고 질서를 회복시키고자 하는 의지가 작용하였을 것이다.

실제로 개인의 자유를 존중하는 사조의 고조와 정당정치의 실현으로 향해 가는 움직임 속에서 신들린 천황상은 말할 것도 없고 '가족국가론'도 벌써 낡은 것이 되어 있었다. 그렇다고 해서 민중의 권리의식을 조장하는 사회계약론으로는 질서의 혼란을 잠재울 수 없었다. 그런 까닭에 독일식의 국가유기체론을 따라 통치권은 법인인 국가에 속하며 천황은 국가의 머리 부분에 해당하는 기관이라고 설명한 도쿄대학 교수인 이치키 기토쿠로[117]의 학설이 특

117) 一木喜德郎, 1867~1944. 헌법학자. 천황기관설의 창시자로 교육부 장관(文相)과 내무부 장관(内相) 궁내성 장관(宮相) 추밀원 의장을 역임했다.

히 관료들에게 존중받게 되었다. 그 문하의 미노베 다쓰키치[118]는 거기에다 영국의 의회제를 가미시켜 국민대표기관인 의회는 내각을 통해 천황의 의사를 구속할 수 있다고 설명하며 정당정치의 추진을 후원하였다.

조금 후인 1911년에는 구체제 측으로부터 반격이 일어났다. 남북조정윤논쟁[119]이 그 하나이다. 여기서는 보수파가 이겨서 남조정통론으로 결말이 났다. 다른 하나가 천황기관설 문제로, 호즈미 야쓰카(穗積八束)계의 우에스기 신키치[120]가 미노베 다쓰키치에게 덤벼들었다. 여기서는 보수파가 졌다. 이후 1935년 무렵까지 학계에서는 천황기관설이 주류를 점했다. 그렇지만 수신(修身) 교과서에서는 오히려 가족국가론이 설명되었던 것은 앞서 살펴본 대로이다.

그리고 후지오카 사쿠타로가 설명한 일본 문화의 또 다른 특징은 시대의 모토처럼 되어 갔다. 『국문학사강화』 「총론」 제2장 「자연의 사랑」에서는 다음과 같이 말한다. "양 대륙을 비교하니 서양인이 보는 바는 인생을 중심으로 하고, 동양인은 자연을 중요시한다. 제반의 문예가 다름을 잘 보여 준다." '인생'은 개인의 처지가

---

118) 美濃部達吉, 1873~1948. 법학자. 도쿄대학 교수. 1935년 국체명징운동이 발생하여 기관설을 우익에게 공격받자 귀족원 의원직을 사임하였다.

119) 南北朝正閏論爭. 남조(南朝)와 북조(北朝)의 어느 쪽이 정통인가에 관한 논쟁. 에도(江戸) 시대부터 남조정통론은 대일본사 등에 의해서 주장되었다. 메이지 시대에 들어서자 남조 · 북조정통론, 양조 대립론 등이 생겨나 국정교과서도 남북조 대립으로 서술하였다. 그것이 1911년 국회에서 문제화되어 이듬해 문부성은 남조정통론을 따라 교과서를 개정한다.

120) 上杉愼吉, 1878~1929. 법학자. 도쿄대학 교수. 극단적인 군권(君權) 우위의 헌법론을 주장하였다. 만년에 국수주의적인 사회운동을 일으켰다.

아니라 당시의 용법으로는 인간의 생명 또는 본질을 의미한다. 또한 이 경우 '문예'는 당시의 용법으로 '문학'과 '미술'을 합쳐 놓은 것이다. 그리고 후지오카 사쿠타로는 "전반적으로 동양인의 자연에 대한 태도는 그 위력에 굴종하는 것이다"라고 서술하고서 일본인은 다르다고 적고 있다.

> 그렇지만 우리는 다른 동양인처럼 자연을 두려워하지 않고 이것에 친숙하다. 어디까지나 자연을 존중함은 그 자애를 생각하기 때문이지, 한촌(寒村)의 백성이 수렴(收斂)의 군주(君)를 대하는 듯한 것은 우리들과 무관하다. 오히려 우리 국민은 적극적이고 낙천적이며 생기발랄하게 활동하여 인생의 힘을 무한으로 발전시키려고 한다.

자연을 두려워하지 않고 친숙하며, 군주 앞에서 위축되지 않으며 활발하게 살아가는 일본인의 모습이 그려졌다. 이것은 후지오카 사쿠타로가 그렇게 되었으면 하고 바라던 일본 국민성의 이상형이었다. 그리고 그는 이것을 일본 문예의 독자성으로도 설명했다.

> 만엽집의 생기 있는 와카를 보자. 또 외국의 영향을 벗어나 스스로의 힘을 자각한 헤이안조와 겐로쿠 시대를 보자. 하나는 귀족적이고 하나는 평민적이라는 다름은 있지만, 둘 다 감정을 중시하여 연애를 묘사하면서 적나라하게 인생을 그려 내려고 했던 것이 아닌가.

자연 지향과 종교 신시대

'예부터 자연을 깊이 사랑해 온 일본인'이라는 말을 여러분은 분명히 어딘가에서 듣거나 보았을 것이다. 그것은 이 무렵에 주장되었던 것이 기초가 되었다. 그 배경에는 근대 문명의 위력에 두려움과 전율을 느낀 사람들의 심정이 있었다. 러일전쟁에서 대포나 기관총 등이 활용되면서 근대 기계문명이 인간의 육체를 심각하게 손상시킬 수 있음을 보여 주었다. 장시간 노동 등 과혹한 조건 아래 놓인 육체노동의 현장에서도 그것은 마찬가지였다. 팽창된 도시도 사람들에게 정신적인 고통을 주었다. 근대 문명의 발전에 대한 회의와 반발이 커졌다. 그런 까닭으로 '자연에 대한 사랑'이 모토가 되어 갔던 것이다.

내무성 지방국은 도시의 슬럼화나 스프롤화[121] 문제와 씨름하고 있었다. 런던 교외에 새로 건설된 '전원도시'(garden city)를 조사하면서 목초지로 둘러싸여, 공장과 상점가가 있고, 직장과 주택을 근접시킨 위성도시를 시찰하였다. 하지만 내세워진 제안은 전통적인 전원 정취를 살릴 것, 산야에 둘러싸여 전통적인 산업과 상업으로 생계를 꾸리는 마을이 모델로서 제시된 것이었다. 근대 문명의 폐해에 대항해서 생활문화의 전통을 존중하려는 자세가 분명했다.

그것을 받아들여 실제로 전철회사 등이 전원도시의 개발에 적극 나섰다. 의사들이 그것을 후원했다. 도시의 물과 공기는 오염되었

121) 무계획적인 택지조성에 의해서 우량한 산림이나 농지 등이 잠식되어 택지화되어 가는 현상을 말한다.

으므로 맑고 아름답고 풍요로운 자연에 둘러싸여 생활하는 것이 '건강'을 회복하는 가장 좋은 방법이라고 설명했다. 비타민이 발견되는 등 질병의 원인을 병원균에 두고서 소독, 살균, 백신 등 병원균 대책을 제일로 하는 근대 의학에도 전환이 일어나고 있었다. 이 같이 하여 도쿄의 덴엔초후(田園調布)와 한신(阪神) 간의 아시야(芦屋)가 조성되었다.

> 하늘에 지저귀는 새소리 / 봉우리에서 떨어지는 폭포소리 / 큰 물결 작은 물결 당당하게 / 끊임없이 울려 퍼지는 바다의 소리 / 들어보라 사람들이여 재미난 / 이 천연의 음악을 / 가락 자유로이 연주하시는 / 신의 솜씨의 위대함이여.

1901년에 만들어진 다케시마 하고로모(武島羽衣) 작사, 다나카 호즈미(田中穂積) 작곡의 「아름다운 자연」(美しき天然)은 러일전쟁 후에 여학생들이 악보를 다투어 사서 노래하는 등 사람들의 화제가 되었다고 전해진다. 왈츠 가락에 맞춘 자연미 예찬이 사람들의 마음을 붙잡았던 것이다.

그 가사의 4절까지 마지막 행에 '신의 정교함의 존엄함이여' '신의 힘의 존엄함이여' '신의 조화의 존엄함이여'라며 '조화의 신'을 찬양하면서 끝난다. 다케시마 하고로모는 시인으로 니혼여자대학(日本女子大學)에서 국문학을 강의하고 있었다. 그러면 이것은 신도의 신일까? 하지만 신도에 자연의 '설계자'라는 사고방식은 없었다. 그리고 그 무렵의 여학생들은 찬미가도 잘 불렀다. 자연 지향과 함께 어느 종교의 것인지도 알 수 없는 막연하면서 신성한 것에 대한 그리움이 젊은이들의 가슴에 소용돌이쳤다.

19세기 후기의 유럽에서는 인간은 환경과 유전이나 체질 등에 따라 결정된다는 사고에 입각한 자연주의(naturalism)가 퇴조된 후 신비적인 상징주의가 꽃피고 있었다. 벨기에의 시인이자 극작가인 마테를링크[122]의 작품이 연이어 번역되었다. 1911년에 그가 노벨 문학상을 받기 이전의 일이다. 그의 에세이 「심원한 생활」(*Lavie Profonde*, 1896)에는 '만유로부터 신에 이르기까지 선량하면서도 성스러운 모든 것의 근원은 저기 너무나 멀리 별들로 가득한 밤의 뒤편에 숨어 있다'라는 한 구절이 있다. 이것이 실린 『빈자(貧者)의 보물』(1896)은 일본의 지적 청년의 필독서가 되었다.

오모토교(大本敎)나 천리교(天理敎) 등 신도 계열의 신흥종교도 지식인을 끌어들여 큰 세력으로 발전했다. 불교계에서는 박해에 견디며 적극적으로 민중의 곤궁과 씨름했던 니치렌[123]의 인기가 높아졌다. 니치렌을 숭배하는 다나카 지가쿠(田中智學)가 단가제도가 아니라 개인의 신앙에 입각한 입정안국회(立正安國會)를 성행시켰다. 수양단체도 많이 만들어졌다. 니시다 덴코(西田天香)가 1905년 교토의 시시가타니(鹿ヶ谷)에 탁발(托鉢) · 봉사 · 참회의 공동생활

122) Maurice Maeterlinck, 1862~1949. 신비적인 상징극으로 근대극에 새로운 분야를 개척하였다. 『펠레아스와 멜리상드』, 『파랑새』가 세계적으로 유명하다. 1911년에 노벨 문학상을 수상하였다.

123) 日蓮, 1222~1282. 니치렌종(日蓮宗, 법화종)의 개조(開祖). 처음에는 천대종(天臺宗)을 배우러 고야산(高野山) 등지에서 수행한 후 불법의 정수를 법화경에서 발견하고, 1253년에 니치렌종을 열었다.

의 도량(道場)으로서 연 잇토엔(一燈園)에도 청년들이 모였다. 이윽고 신란(親鸞)의 제자가 겪는 사랑의 고뇌를 그린 구라타 햐쿠조[124]의 희곡 『출가와 그 제자』(出家とその弟子, 1917), 기독교도로서 사회복지사업(settlement)과 노동쟁의에도 활약한 가가와 도요히코[125]의 반생(半生)의 자서전 『사선을 넘어서』(死線を越えて, 1920)가 함께 베스트셀러에 올랐다. 이 두 작품은 쇼와 초기에도 여성잡지의 앙케트에서 애독서로 첫손에 꼽혔다. 이처럼 자연 지향과 종교 감정이 넘쳐흐르는 시대가 도래하였다.

민중문화의 창조

후지오카 사쿠타로는 민중의 생생한 문화를 강조하였다. 민중내셔널리즘의 폭발로 막을 연 러일전쟁 이후는 확실히 민중의 활기가 넘치는 시대였다. 그리고 실제로 1905년 가을 무렵부터 '겐로쿠풍'(元祿風)의 유행이 나타난다. 꽃무늬 등 에도코몬[126]이 아르누보(Art Nouveau)와 함께 유행을 선보였다. 민중은 도쿠가와 시대를 '태평락'(太平樂)의 세상으로 상상하며 그리워했다.

미국에 건너간 다음 프랑스를 둘러보고 돌아온 나가이 가후[127]의

---

124) 倉田百三, 1891~1943. 극작가 평론가. 니시다철학(西田哲學)에 경도되어 종교문학에 독자적인 경지를 개척하였다.

125) 賀川豊彦, 1888~1960. 기독교 사회운동가. 고베(神戸) 빈민가에서 전도를 시작하여 간사이(關西)의 노동운동 지도자가 되었다. 농민조합, 소비조합운동에도 관계하였다.

126) 江戸小紋. 종이본을 사용하여 면밀한 문양으로 염색한 천.

127) 永井荷風, 1879~1959. 소설가. 구미에서 귀국한 후 『미국이야기』로 탐미파를 대표하는 유행작가가 되었다. 대역사건을 계기로 희작자(戱作者) 선언을 하고, 제2차 세계대전 후에도 그 태도를 유지하였다.

「귀국자의 일기」(歸朝者の日記, 1909)는 서구에서 음악 공부를 하고 돌아온 작곡가를 주인공으로 삼았다. 그는 "일본의 지식 계층에는 서구화의 물결이 침투했지만 공리주의 외곬이 되고 말았다. 이래서는 참된 국민문화의 창성(創成)과는 거리가 멀다"며 탄식했다. 그리고 국민음악의 근본을 샤미센의 음률에서 찾아 에도의 향기가 남아 있는 화류계에 틀어박히게 된다.

'국민음악'은 19세기 후반에서 20세기에 걸쳐 유럽 음악의 주변 지역에서 융성했던 '국민악파'(國民樂派, nationalist school)를 생각하면 된다. 보로딘(Aleksandr Borodin), 무소르크스키(Modest Musorgsky) 등 러시아 '5인조'와 체코슬로바키아의 스메타나(Bedrich Smetana), 드보르자크(Antonin Dvorak), 헝가리의 바르토크(Bela Bartok), 스칸디나비아의 그리그(Edvard Grieg), 시벨리우스(Jean Sibelius)를 말한다. 그들이 주로 농민 사이에 숨쉬던 민요의 가락을 취하려고 한 것과 대조적으로 「귀국자의 일기」에서 주인공인 작곡가는 도시의 민중음악에서 활로를 찾으려고 한다. 일본에서는 유럽의 국가들보다도 일찍 17세기부터 도시의 민중문화가 풍부하며 다양한 전개를 보이고 있었기 때문이다.

동일한 경향은 젊은이들에게도 보인다. 러일전쟁 후 미술에서는 '국화옥성회'(國畵玉成會, 1908)가 만들어졌고, 1916년에는 교토의 신예화가들인 쓰치다 바쿠센(土田麦僊), 무라카미 가가구(村上華岳) 등에 의해 '국화창작협회'(國畵創作協會)가 시작되었다. 민중의 애환이 곧잘 그림의 주제로 택해졌다. 2대째 이치가와 사단지(市川左団次) 등의 '신가부키'(新歌舞伎)는 가부키의 전통을 살리면서 근대적 사상과 인간상을 무대에 올린 신작 상연운동이었다. 사와다 쇼지로(沢田正二郎)는 '신국극'(新國劇)을 창시하였다(1917).

그 후 가후는 어떻게 되었을까? 『히요리게타』(日和下駄, 1915)에는 급격한 물질문명으로 에도의 지세(地勢)와 풍경이 파괴에 직면한 것에 대한 규탄이 담겨 있었다. 실제로 이 무렵 '에도'의 정취를 간직한 풍경들이 점차 사라지자 일본 화가가 한탄하게 되었다. 그리고 가후는 하층민의 '생활의 비애'에서야말로 '예술적 조화'를 찾아내었다. 거기에는 물질문명의 전개로 민중의 숨결이 짓밟히고, 또한 국가 권력이 사회주의를 짓누른 대역사건의 검은 그림자가 내비치고 있었다. 더욱이 가후는 「유형의 낙원」(流竄の樂土, 1910)에서 '사회에서 추방되었기 때문에 오히려 사회도덕에 구속되거나 방해받는 일 없이 자유분방하게 독특한 발달을 이룰 수 있었'던 것으로 '에도 예술'을 예찬하며 우키요에[128]에 깊이 빠져들어 간다. 그리하여 가후는 도덕으로부터의 자유를 찾아 사회의 밖에서 아웃사이더로 살았던 것이다.

동요와 민예운동

다이쇼 시대에는 여성과 아이들을 위한 문화도 활발해졌다. 기타하라 하쿠슈[129]는 메이지 시대부터 만들어진 문부성의 소학창가

128) 浮世繪. 에도 시대에 성행한 풍속화로 주로 화류계 여성이나 연극 등을 소재로 하였다.

129) 北原白秋, 1885~1942. 시인. 잡지 『명성』(明星) 등에 참가하고, 단가(短歌) 잡지 『다마』(多摩)를 주재하였다. 상징적 혹은 인상적 수법으로 신선한 감각 · 서정을 노래하였으며, 많은 동요를 남겼다.

(小學唱歌)를 비판하고 새로운 동요를 만들어 보급했다. 「동요부흥」(童謠復興, 1921)은 '어린이의 마음은 동서양의 구별이 없다'라고 하지만 메이지 유신 후의 개혁이 '서구 문명의 외형만을 모방하는 것에 급급'했다고 비판했다.

덕분에 일본의 아이는 자유를 잃고, 활기를 잃고, 시정(詩情)을 잃고 그 태어난 향토의 냄새조차도 잃어버렸다. 되바라져 갔다. 위선적인 어른 냄새를 풍기는 아이가 되고 말았다. 공리적이 되었다. 무척 물질적이 되었다. 불순하고 범속하며 평범한 사람으로 만들어졌다. 5～6세까지는 아직 그렇지 않다. 그들이 소학교에 다니게 되면서 대부분이 똑같은 틀에 넣어져 모두들 어른 냄새 풍기는 주름살투성이의 곰팡이 핀 머리가 되어 버린다. 전적으로 교육이 나쁜 것이다.

또한 「동요사관」(童謠私觀, 1923)은 "새로운 일본의 동요는 근본을 재래의 일본 동요에 둔다. 일본의 풍토, 전통, 동심을 잃어버린 소학창가와의 차이는 여기에 있다"고 했다.

'동심'(童心)이란 중국 명말(明末)의 사상가 이탁오가 순수무구한 인간의 욕망을 가리켜 부르는 말이었다. 하쿠슈가 깊은 관능의 기쁨과 신비적인 도취를 읊은 것도 '만상(萬象)의 생명', 근원적인 생명을 언어로 표현하고자 한 것이었다. 「동요사관」의 문예관은 다음과 같았다.

시인의 예지는 그 맑게 닦인 감각을 통해서 만상의 생명, 그 개개의 참된 본질을 하나로 직관한다. 진실로 그 생명의 광염(光焰)을 직관할 수 있는 시인이 아니라면 참으로 훌륭한 시인이라고 말할 수 없을 것이다.

그것은 사람들의 자연지향과 종교 감정이 뒤섞인 듯한 정신의 소용돌이에 잘 동조하는 것이었다. 그리고 그때 향토가, 일본이, 그리고 동양의 마음이 찬미되었다.

동요운동은 소학교 선생들의 찬동을 얻어서 이윽고 문부성 창가를 압도할 정도가 되어 간다. 그리고 기타하라 하쿠슈는 조선 출신의 시인 김소운(金素雲)을 발견하여 1929년 『조선민요집』(朝鮮民謠集)의 간행을 후원한다. 재야의 사상가 쓰치다 교손(土田杏村)은 1933년에 김소운이 편한 『언문조선구전민요집』(諺文朝鮮口傳民謠集)을 간행한다. 이것들은 1933년에 초역 『조선동요선』, 『조선민요선』으로 이와나미문고(岩波文庫)에 더해졌다.

자본에 의한 착취, 민중의 빈곤에 대해 영국의 공예가인 윌리엄 모리스(William Morris)는 '생활의 예술화, 예술의 생활화'를 주장했다. 중세 직인의 세계에서 창조의 기쁨과 함께 어떤 노동의 이상을 발견하고서 직인의 결속(길드)으로써 자본의 힘에 대항하며 공예미 등으로 민중의 생활을 풍부하게 하고자 제안한 것이었다. 이것을 받아들인 야나기 무네요시[130]는 민중의 생활 속에 살아 있는 미를

130) 柳宗悅, 1889~1961. 민예연구가 종교철학자. 민예운동을 제창하고 일본민예관(日本民藝館)을 설립하였다.

발견하려는 민예운동을 일으켜 조선, 오키나와를 비롯하여 일본 각지의 일용잡기(日用雜器)에서 각각의 향토색이 지닌 미를 설명해 간다.

야나기 무네요시도 참여했던 동인잡지 『시라카바』(白樺)를 이끌며 1918년에 '새마을'(新しき村)운동을 일으킨 무샤노코지 사네아쓰[131]는 이 시기 인도주의의 대표 격으로 불렸다. 국가, 아니 온갖 집단 사이의 투쟁이나 차별을 없애고자 하는 인류보편주의였다. 그러므로 계급성을 중시하는 사상으로부터는 지나치게 관념적이고 낙천적이라고 비판받았다. 무샤노코지 사네아쓰에게는 향토색에 대한 찬미는 없지만, 기타하라 하쿠슈나 야나기 무네요시 등과 마찬가지로 근원적인 '생명'을 믿고 그 구현인 본능적인 욕망을 긍정하면서도 짐승으로 타락하는 것을 경계하여 종교적인 신비의 높은 곳을 목표로 삼도록 설명하였다.

니시다 기타로의 『선의 연구』

1909년 프랑스로부터 귀국한 문예비평가 우에다 빈(上田敏)은 「신도덕설」(新道德說, 1910)에서 개인주의를 개선하여 '정의와 사랑'으로 살자고 호소하였다. 본능에서 일어난 이기심으로부터 인류애로 '도덕'이 발전할 수 있는 것은 '개인의 생명보다도 훨씬 힘찬 마음속의 종(種)으로서의 생명'이 있기 때문이라고 논하였다. 인간

131) 武者小路実篤, 1885~1976. 작가. 시라카바파(白樺派)의 이론적 지도자. 톨스토이에게 경도되어 인생 긍정, 인간 신뢰를 주장하였다.

이 자기 희생을 치르더라도 '정의와 사랑'으로 살 수 있는 것은 각자의 마음 밑바닥에 생물의 '종'(種)으로서 인간의 보존 본능, 즉 인류를 존속시키고자 하는 본능적인 의지가 숨어 있기 때문이라고 말하였다.

그리고 니시다 기타로(西田幾多郎)의 『선의 연구』(善の研究, 1911)는 개개인이 인류를 위해 산다는 것, '인류와의 일체화' 욕구야말로 '선'(善)이며, 개개인의 마음에 본래 그 같은 욕망을 가지고 있다고 말했다. 게다가 니시다 기타로는 그보다 깊은 욕구로서 종교로 향하는 마음이 있다고 했다. 그것은 신(神), 즉 저마다 마음속의 가장 깊은 곳에 흐르고 있는 '영원의 참생명'과의 일체화를 바라는 마음이라고 했다. 자신의 의식을 지우고 마음의 가장 깊은 곳으로 내려가는 것, 선(禪)의 깨달음이라는 경지를 그 같은 이론으로써 설명한 것이다. 이 '참생명'은 후에 『자각에서 직관과 반성』(自覺に於ける直觀と反省, 1914~1918)을 통해 '무한한 대생명'이라고도 불린다.

세계의 진리를 알 수 없다고 자살하는 청년이 속출하는 시대, 인간의 지(知), 정(情), 의(意)가 따로따로 발달해 버린 시대에 '인생, 어떻게 살 것인가'에 관해서 내린 니시다 기타로의 해답이었다. 자신은 무엇을 위해 사는 것일까. 자신을 위해서일까, 가족을 위해서일까, 사회를 위해서일까 하며 따로따로 생각하는 것이 아니라 개인에서부터 출발하여 의식이 일체화되는 대상을 가족, 향토, 사회, 민족, 아시아, 인류, 자연, 우주로 높여 가는 구도를 생각하면 된다. 의식이 그것들과 일체화되고자 바라는 것은 '만상(萬象)의 생명' 즉 '생명'이라는 보편적인 것에 이끌려 다가가기 때문이며, 그 세계의 근원에 있는 '생명'의 흐름이 '나'의 마음 밑바닥에도 흐르고 있기 때문에 일체화가 가능하다는 생각이다. '생명중심주의'(Life-centrism)의 세계상이었다.

민족을 위해 살아가는 내셔널리즘도 이러한 하나의 단계이다. 그렇지만 『선의 연구』에서 국가는 서로 무장하고서 겨우 평화를 유지하는 상태에 있다고 말했다. 칸트의 『영구 평화를 위하여』(1795)에서 국가는 본래 없는 편이 낫다고 하면서도 무장평화의 상태를 어쩔 수 없는 것이라고 보던 것과 같다. 니시다 기타로에게 국가란 '생명'의 자유로운 발현을 방해하는 것, 추악한 권력투쟁이라는 현실을 만들어 내는 것일 뿐이었다.

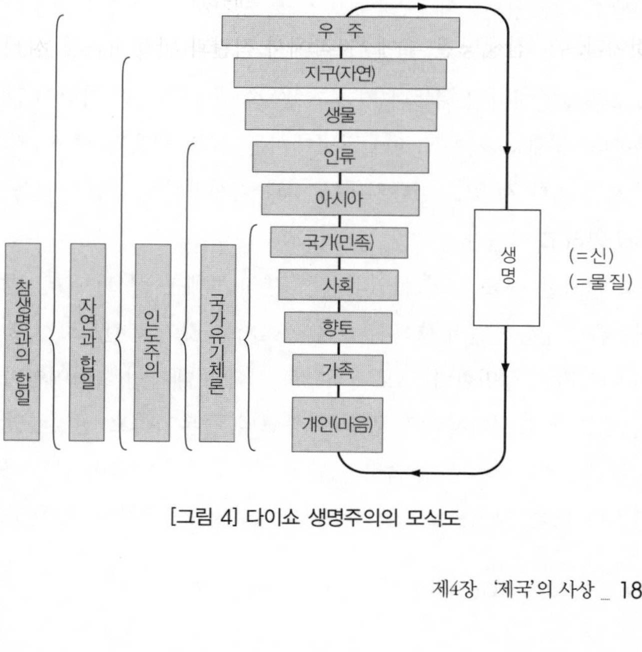

[그림 4] 다이쇼 생명주의의 모식도

인간의 의식 근저에 리듬을 타면서 흐르는 '생명'이라는 것을 생각했던 프랑스의 철학자 베르그송(Henri Bergson)은 『창조적 진화』(1907)에서 생물이 돌연변이에 의해 진화하는 것처럼 세계 근원의 '생명의 흐름'에 마그마가 폭발하는 듯한 변화(생명의 도약 élan vital)가 일어나 세계에 진화가 일어난다고 설명하고 있다. 이렇듯 세계의 근원과 인간의 의식 밑바닥을 '생명'이라고 하는 말로 연결하는 생각과 니시다 기타로의 생각은 아주 흡사하다. 그렇지만 『선의 연구』를 완성할 때까지 그는 『창조적 진화』를 읽은 적이 없었다.

생명중심주의

세계의 근원으로서 '우주대생명'을 생각하고, 그것과 일체화해서 살아가는 것이 인간 마음의 본능이며, 그러한 가장 높은 단계로 종교를 생각하다니 너무나 지나친 생각이라고 여기는 사람이 많을 듯하다. 유대교, 기독교, 이슬람교에서는 신은 세계의 창조주이자 이 세계 밖에 서 있는 절대자이다. 신과 일체화하는 경험은 보통 신비주의라고 여긴다.

그렇지만 예를 들어 독일의 철학자 피히테는 신으로부터 받은 '생명'에 순종하면서 행복한 삶을 살아가는 것이 인간으로서 행복의 길이라고 설명한다. 프로테스탄트 신학의 대가인 슐라이어마허는 한순간의 절대자와의 합일이 종교의 근본이라고 설명하였다. 독일 '생철학'의 흐름에 속하며 현실 생활로부터 마음속 깊은 곳에 간직된 다른 차원으로 초월할 것('內在超越')을 주창한 지멜(Georg

Simmel)은 『칸트와 괴테』(1906)에서 인간의 주관을 문제 삼은 칸트에 비해 괴테는 주관과 객관의 대립을 처음부터 초월하고 있었다고 서술하고, 그 사상의 핵심으로 신에 의해 부여받은 자연의 '생명'이라는 개념이 있다고 설명하였다. 그가 말하는 내재초월도 이러한 보편적인 '생명'으로의 초월이다.

그들과는 달리 독일의 생물학계에 군림하고 있던 헤켈(Ernst Haeckel)은 일반인을 대상으로 한 『세계의 수수께끼』(1899)에서 스스로 무신론자임을 표명하였지만, 『생명의 경이』(1904)에서는 무기물과 유기물을 가로질러 흐르는 '생명'이 있다고 설명하였다('萬物有生論'). 광물이 결정(結晶)되는 것은 분자가 규칙적으로 배열되어 있기 때문이지만, 이러한 현상이 일어나는 것은 분자가 '감각'을 지니고 있기 때문이라는 것이다. 이 책도 일본에서는 여러 번 번역되어 널리 읽혔다.

이처럼 유럽에서도 기독교에서의 '신', 유물론에서의 '물질'이 아니라 혹은 그것들과 동등한 것으로서 만물의 근원으로 '생명'이라는 개념을 두는 다양한 사조가 일어나고 있었다. 아마도 가장 최초에 '신은 생명이다'라고 명언한 이는 러시아의 문호 톨스토이였을 것이다. 스웨덴의 엘렌 케이(Ellen Key)는 생물학과 사회과학의 지식을 '생명에 대한 신앙'으로 통일시키고서 여성해방의 입장에서 연애, 결혼, 육아 등을 논하여 국제적으로 지지를 얻었다. 히라쓰카 라이초(平塚らいてう)의 여성해방 사상과 구리야가와 하쿠손(廚川白村)의 『근대의 연애관』(近代の戀愛觀, 1921)도 엘렌 케이의 사상에서 크게 영향을 받고 있었다.

그리고 니시다 기타로의 『선의 연구』는 베르그송의 사상이 유행한 것도 한 원인이 되어 마침내 고등학생이라면 허세로라도 사서 읽는 책이 되었다.

1910년대부터 1920년대에 걸쳐 일본에서는 실로 다양한 생명주의가 꽃피었다. 러시아로 톨스토이를 방문하고서 귀국한 후, 도쿄의 세타가야(世田谷)에 밭을 가지고 청경우독(晴耕雨讀)의 생활을 한 도쿠토미 로카(德富蘆花)는 『지렁이의 잠꼬대』(みみずのたはこと, 1912)에서 이렇게 말하였다.

> 우주는 살아 있다. 인간은 살아 있다. 뱀이 허물을 벗는 것처럼 사람은 어제의 자기 시체를 뒤로 차고서 나아가지 않으면 안 된다. 개인도 국민도 영구히 살아가기 위해 나날이 죽어서 새롭게 태어나지 않으면 안 된다. 〔「고인에게 부치다」(故人に寄す)〕

> 우승열패는 하늘의 뜻이다. 약육강식은 자연이다. 우주는 생명의 교환이다. …필경 우주 이것은 둥근 고리, 생명은 공통, 강한 자도 약하고 약한 자도 강하다. 죽은 자가 태어나고 태어난 자가 죽으며, 이긴 자가 지고 진 자가 이기며, 먹는 자가 먹히고 먹히는 자가 오히려 먹는다. 반야심경(般若心經)에 이른바 부증불감(不增不減), 불생불멸(不生不滅), 불구부정(不垢不淨), 우주의 본체는 참으로 이것이다. 〔「먹히는 자」(食はれるもの)〕

이것은 생물진화론과 불교 사상이 뒤섞인 생명주의이다. 시라카

바파(白樺派)[132]에서 형뻘이었던 아리시마 다케오[133]는 대자연 속에서 사람들 몰래 그림을 그리는 젊은이를 그린 소설 『다시 태어나는 고통』(生まれ出づる悩み, 1918)의 1절에 이렇게 쓰고 있다.

진짜로 지구는 살아 있다. 살아서 호흡하고 있다. 이 지구의 가슴속에 숨어서 태어나려고 하는 것들의 번민—그것을 나는 뼛속 깊이 당신에 의해 느낄 수 있다. 그것은 솟아나서 뛰어오르는 강한 힘의 느낌으로 나를 눈물 짓게 한다.

또한 일본의 근대 단가(短歌) 역사상 가장 돋보이는 존재로 평가받는 사이토 모키치[134]는 「단가에서의 사생의 설」(短歌に於ける寫生の說, 1920)에서 이렇게 말하고 있다.

실상에 관입(觀入)하여 자연 · 자기 일원(一元)의 생을 그린다. 이것이 단가에서의 사생(寫生)이다.

대상의 깊은 곳에서 자연과 자신이 일체인 듯한 '생명'을 붙잡아

132) 메이지 말기부터 다이쇼 시대에 걸쳐서 활동한 근대 문학 그룹이다. 잡지 『시라카바』(白樺)를 통해 인도주의, 이상주의를 표방하였다. 미술에도 관심을 가지고 인상파의 소개 등에도 기여하였다.

133) 有島武郎, 1878~1923. 소설가. 사회주의적 인도주의 경향이 강하여 상층계급 출신으로서의 모순 때문에 고뇌한 인물로 알려져 있다.

134) 斎藤茂吉, 1882~1953. 가인, 정신과의사. 이토 사치오(伊藤左千夫)에게 사사받고 잡지 『아라라기』(アララギ)를 편집하였다.

그것을 그려내는 것이 단가의 진수(眞髓)라는 것이다. 또한 하기와라 사쿠타로[135]의 시집 『청묘』(靑猫, 1923)의 「화려한 정서」 1절.

흘러가는 애상(哀傷)의 꿈 깊은 곳에서 나는 풀기 어려운 신비를 생각한다 / 만유의 생명 본능의 고독한 / 영원히 영원히 고독한 정서가 사무쳐 화사해진다.

이렇듯 다양한 생명주의의 소용돌이 속에서 새로운 신도론(神道論)이 등장한다.

가케히 가쓰히코의 『고신도대의』

도쿄제국대학의 헌법학 교수 가케히 가쓰히코는 메이지 천황이 죽은 후 『고신도대의』(古神道大義, 1912)를 썼다. 거기에는 우선 천황과 일본 인민은 서로 그 존재를 떠받치는 관계라는 것이 나타나 있다. '만인(萬人) 없이는 천황도 있을 수 없다'로 시작해서, 동시에 '일본 인민은 그 누구도 천황 없이 존재할 수 없는 것이다. 송구스럽게도 모두 천황으로부터 그 생명을 얻고 있으므로 천황이 없다면 현재에 태어나지도 못하였고, 또 일본 인민이라는 것이 없어지는 것이다'라고 하였다. 도대체 어떠한 '논리'에서 비롯된 것일까?

'고신도'(古神道)란 "일본국의 성립 초부터 존재하며 이것과 함께 발달해야 하는, 또 현재 발달해 가고 있는 '신의 길'(かみのみち)"

135) 萩原朔太郎, 1886~1942. 시인. 국어자유시를 예술적으로 완성시켜 신풍을 불어넣었다.

을 말하는 것으로 '일본 민족, 일본 국가라는 일심동체(一心同體)'를 성립시킨 '살아 있는 종교', 생활의 근본 규범, 국가의 근본 종교라고 한다. 헌법과 교육칙어란 이런 정신을 제도로서 정한 것으로 이것을 '마음 근저에서 가꾸'지 않으면 안 된다고 주장하고 있다. 호즈미 야쓰카와 우에스기 신키치의 천황주권론도 이만큼 신들린 것은 아니었다.

가케히 가쓰히코는 러일전쟁 후 국민의 정신적 기반이 붕괴되고 있다고 여기고서 이를 바로잡아 보고자 했겠지만, 국가신도는 '종교가 아니다'라고 한 제국헌법의 정신에 어긋난 듯이 보인다. 그러나 아무래도 이러한 '고신도'도 '종교를 초월한 종교'인 듯하다.

신도를 예부터 연면히 이어져 온 일본의 민족종교라고 보는 것은, 구메 구니타케가 「신도는 옛 풍속의 제전」에서 논했을 때에는 비난을 받았지만, 이것을 충군애국의 정신으로 논한 니토베 이나조의 『무사도』는 널리 읽혔다. 니토베와 마찬가지로 가케히 가쓰히코는 절대자로 귀의하는 감정이야말로 종교의 본질이며, 이를 보장하는 것은 정신공동체라고 하는 슐라이어마허의 이론을 빌려 그것을 '천황'에 '귀일'(歸一)하는 일본 민족의 마음으로 해석한 것이다. 천황을 일본 신화의 신들이 '구현'됨으로 기술하고 있는 것도 예수를 신이 인간으로서 '구현'된 것으로 보는 슐라이어마허의 설을 끼워 맞춘 것에 틀림없다. 또 천황을 '현인신'(現人神)으로 여기는 사상은 『일본서기』「게이코 천황 40년」(景行天皇四十年)과 『속일본후기』(續日本後記) 19권 「가쇼 2년 3월」(嘉祥二年三月)에 등장한다. 그리고 이러한 '일본 민족의 보편적 이상'은 동시에 '세계의 보편적 이상'이라고 여겨졌다. 이것은 아마테라스를 우주의 최고신으로 보는 중세 이래의 신도 사상에 의한 것이었다.

결국 가케히 가쓰히코의 『속고신도대의』(續古神道大義, 1915)에는 '고신도에서 신이라는 개념으로 정의되는 것은 유일 절대적인 대생명 및 그 표현자 바로 그것이다'라는 명제가 나타난다. 이 신이라는 개념을 '우주의 대생명' '세계의 대생명'이라고도 달리 표현되며, 이것이 일본 민족의 '생명'을 관통한다고 보았다. 이러한 '대생명'은 모토오리 노리나가와 히라타 아쓰타네가 설명하던 신이나 만물의 산출 내지는 생성의 능력을 신격화한 '산령'(産靈)의 관념을 빌리고 있지만, 만물을 '생명'이 관통한다는 생각은 노리나가에게도 아쓰타네에게도 없다. 이 시대의 사조 속에서야말로 설명될 수 있는 생각이었다.

여기서 가케히 가쓰히코는 '고신도'의 본성으로서 '관용', '평화주의'를 역설하였다. 이는 '침략'이나 '퇴축'(退縮)을 의미하지 않으면서 적대하지 않는 한 포용한다는 뜻이었다. 사실 '고신도'는 유교나 불교를 배척하지 않았으며, 일본 불교는 불교를 '고신도'화했던 것이라고 기술하고서 기독교에 대해서도 결국 같은 길을 가게 될 것이라고 보았다. '고신도'는 일체를 동화시키는 힘을 지닌 보편이념이라고 했다. 여기서 독일의 프로테스탄트 신학을 차용하고서 기독교의 초월적 절대신을 넘어선, 말하자면 울트라 보편주의라고 불리는 신도론이 발명되었다.

신도와 에로스의 해방

당시 이런 이야기를 들더라도 그대로 믿은 사람은 일부에 불과했을 것이다. 천황기관설이 침투해 있던 지식층에서는 문제로 삼지 않았다고 보인다. 반대로 이것에 강하게 반발한 사람이 있었다. 일찍부터 살아 있는 것의 비통함, 그 찰나의 감정만이 전부라고 보는 독자적인 생명주의 사상을 전개하던 이와노 호메이[136]가 가케히의 주장을 '국가주의'라고 비판하였다.

이와노 호메이의 「가케히 박사의 고신도대의」(「筧博士の古神道大義, 1915 이후 『古神道大義』) 제2절 「국가인생론」은 이자나기(イザナギ), 이자나미(イザナミ)의 교합으로 태어난 자손이라는 일본 민족관을 서술하고서 이러한 조상숭배의 사상을 '일본주의'라고 칭했다. 성욕을 중심으로 한 '생욕'(生慾) 내지는 '생생욕'(生生慾)이야말로 일본 문화의 근저를 이루는 것이라 생각하고, 이러한 입장에서 가케히 가쓰히코를 국가 권력의 입장에 서 있다고 비판했던 것이다.

신도를 에로스의 해방 사상처럼 여기는 이 황당한 주장에도 계보가 있다. 무로마치 시대의 렌가시[137]인 소기(宗祇)의 『고금화가집초』(古今和歌集抄)의 어떤 판본에서 "야마토 노래(大和歌)라는 것은 대단히 부드럽게 만드는 의(義)가 있다. …두 신(이자나기 · 이자나미)이 음양의 화합에 달하게 한 의(義)이다. 모두 다 건곤(乾坤) 일체 만물에 다다른 화(和)이다. 와카란 이것이다"라는 내용이 있다. 와

136) 岩野泡鳴, 1873~1920. 평론가, 소설가. 낭만시인으로 출발하여 소설가로 전향. 일원묘사론(一元描寫論)을 주장하였다.

137) 連歌師. 렌가(連歌)를 잘하는 사람. 전문적인 렌가 작가.

카에 우주 만물을 화합시키는 힘이 있다고 하는 것이다. 중세에는 『고금화가집』(古今和歌集) 가나서문을 둘러싸고 여러 가지 억지가 행해졌지만 이것도 그중 하나였다.

그리고 도쿠가와 시대에는 마스호 잔고(增穗殘口)의 『염도통감』(艶道痛鑑, 1716)이 등장했다. '예'(禮)를 중시하여 '화'(和)를 잊은 유학이 융성하고 있음을 싫어하면서 불교도 강하게 규탄하였다. 그 대신에 일본 즉 화국(和國)의 근본의(根本義)를 '화'(和) 즉 남녀친화(男女親和), 부부화락(夫婦和樂)에 두고 그 기원을 이자나기 · 이자나미의 교합에서 찾고서 고금의 다양한 남녀간의 사랑이야기를 재미있고 우스꽝스럽게 펼치고 있다. 이렇게 함으로써 신도의 융흥을 꾀하였던 것이었다. 덧붙이자면 모토오리 노리나가는 도리에 어긋난 사랑의 애절함을 그린 『겐지모노가타리』를 극찬하였는데, 그것은 어디까지나 이야기로서의 훌륭함을 말하는 것이지 실제 남녀간의 색정에 관해서는 경계하였다.

이와노 호메이의 비판을 받기는 했지만 가케히 가쓰히코는 다이쇼 천황의 황후인 데이메이 황후(貞明皇后)의 신임을 깊이 얻어, 1921년부터 병약한 천황을 대신하여 섭정을 맡고 있던 황태자 히로히토(裕仁)에게 1926년 11월에 강의를 행하였다. 이것이 『신의 뜻 그대로의 길』(神ながらの道, 1926)이라는 제목으로 내무성 신사국(神社局)으로부터 간행되었고, 그다음 달 쇼와 천황 즉위의 조칙에도 '신의 뜻 그대로의 길'(신도)이 포함되었다.

이 사상은 1920년대에 세력을 회복시켜 오던 신사관계자 사이에 순식간에 퍼져 갔다고 여겨진다. 보편종교라는 의미를 부여받은 국가신도는 '내지'(內地)뿐 아니라 '외지'(外地)에서도 신사 활동을 활발히 전개시켰다. 일본 기독교의 지도자이면서도 조선에서의 신사건설을 정당한 것이라고 논한 에비나 단조[138]의 논법도 이것과 매우 유사했다. 이윽고 이 사상은 전시에 대활약을 보이게 된다. 그것에 대해서는 이후에 살펴보도록 하자.

바쇼의 재평가

이렇게 다이쇼 시대에 유행하게 된 생명중심주의(다이쇼 생명주의)는 이윽고 '와비 · 사비'(ワビ · サビ)와 '유현'(幽玄)의 중세 미학이야말로 일본 문화의 진수, '일본적인 것'이라는 사고를 형성해 간다. 이에는 마쓰오 바쇼(松尾芭蕉)의 하이카이(俳諧)의 재평가와 일본의 하이쿠에 대한 유럽의 주목이 깊게 관여했다.

마쓰오 바쇼는 겐로쿠기에 와카의 세계를 혁신한 사람으로 상가(商家)의 점원들에게까지 알려져 하이쿠의 성인(俳聖)이라고 칭송받고 있었다. 메이지 시대에는 기타무라 도코쿠 등 『문학계』(文學界)의 동인들이 종교적 심원함이라는 견지에서 주목하였으나, 그 평가의 내용에 큰 변동이 없었다. 하이카이 전반에 대해서는 메이지 시대에도 저급한 언어 유희에 지나지 않는다고 생각하였다. 그것을 근대적인 언어예술로 단련시킨 것은 마사오카 시키(正岡子規)의 개혁운동으로, 하이카이라는 통칭을 '하이쿠'(俳句)로 바꿀 정도로 힘이 있었다. 그럼에도 불구하고 시키는 하이카이 렌가(連歌)의

138) 海老名彈正, 1856~1938. 종교가, 교육자. 조합교회파(組合教會派)에 속한 기독교 목사. 만년에는 도시샤(同志社)대학의 총장이 된다.

홋쿠[139]에만 주목하면서 인상의 선명함과 취향의 다양한 점을 좋아하였기 때문에 요사 부손[140]을 중시하였지만, 바쇼는 그다지 평가하지 않았다.

근대적인 시 정신에 비추어 바쇼의 세계가 얼마나 훌륭한 것인지를 역설한 이는 미국에서 방랑시인 같은 생활을 보내며 포(Edgar Allan Poe)와 휘트먼(Walter Whitman)을 숭배하였던 노구치 요네지로[141]였다. 그는 일본에 돌아온 후인 1914년에 런던에 초청되어서 옥스퍼드 대학 등에서 행한 강연을 *The Spirit of Japanese Poetry*(1914, 일본어판『日本詩歌論』, 1915)로 정리하였다. 유럽에서 언어적 유희의 흥미로서 주목받고 있던 하이쿠의 이미지를 일신하고, 짧고 쉬운 말을 사용하면서 암시적으로 정신의 높은 경지를 보여 주는 시로서 바쇼를 소개하였다. 말의 '암시'에 관한 노구치의 강연에 대해서 수다스럽게 이야기한다며 야유를 보내던 사람들도 있었다. 하지만 때마침 영국 시단에서는 상징시 붐이 일어나 다음과 같은 윌리엄 블레이크(William Blake)의 시가 발굴되어 절찬을 받고 있었다.

한 알의 모래에서도 하나의 세계가 / 한 송이 들꽃에서도 하나의 천

139) 發句. 렌가(連歌) · 렌쿠(連句)의 첫 구. 5 · 7 · 5의 17개 글자로 된 구.

140) 与謝蕪村, 1716~1783. 에도 시대 중기의 하이진(俳人) 화가. 어린 시절부터 그림에 뛰어났고, 문인화로 크게 성공하는 한편, 하야노 하진(早野巴人)에게 하이카이를 배웠다. 사실성, 낭만성, 서정성에 풍부한 하이풍(俳風)으로 바쇼(芭蕉)와 대등하다고 평가받았다.

141) 野口米次郎, 1875~1947. 시인. 미국으로 건너가 에드거 포에게 경도되었다. 1903년 영국에서 「동해에서」(東海より)를 간행하였다. 귀국 후 전통예술에 심취하여 많은 시작(詩作) 외에도 호쿠사이(北斎) 부손(蕪村) 등의 평전을 남겼다. 시인으로서의 필명은 Yone Noguchi였다.

국이 보여 / 손바닥에 무한을 / 한순간 속에 영겁을 쥔다. 〔「순수의 전조(前兆)」, *Auguries of Innocence* 서두〕

그 이전인 1910년에 창간된 동인잡지 『시라카바』는 프랑스의 조각가 로댕의 70세 탄생일을 기념하여 11월호를 로댕 특집으로 꾸몄다. 그 권두에는 로댕이 보낸 문장이 게재되어 있었다. "넓은 바다에서부터 곤충에 이르기까지 자연 속에 『정령』(精靈, l' ame)을 발견해 온 일본의 예술과 동일한 길을 나는 걷는다." 일본 예술이라고 하면 이러한 세계를 기대하는 것이 해외의 예술가들 사이에 널리 퍼져 있었다. 그 한복판에서 바쇼의 시구(句)가 가진 정신성의 뛰어남을 호소한 노구치 요네지로의 강연은 상당한 파문을 일으켰다고 보인다.

20세기 전반에 국제적으로 활약한 귀재 에즈라 파운드(Ezra Loomis Pound)에 의한 이미지즘(imagism)이라는 시운동과 소련의 영화감독 에이젠슈테인(Sergei Mikhailovich Eisenstein)이 개발한 기록의 단편과 상징적 장면을 조합시킨 몽타주는 그 수법을 하이쿠에서 참조하였다. 프랑스와 독일의 전위시인들이 짧은 말 속에 지적인 유머를 담아 내는 것에도 하이쿠는 중요한 역할을 하였다.

일본에서도 상징파 시인들 사이에 바쇼 예찬이 일어났다. 그리고 단가(短歌) 잡지 『시오네』(潮音)를 주재하던 가인(歌人) 오타 미즈호[142)]에 의해 바쇼 하이카이의 전체상을 해명하려는 분위기가 형

142) 太田水穗, 1876~1955. 가인, 국문학자. 바쇼(芭蕉)의 하이카이의 이념을 노래에 옮겨 상징주의를 주장하였다.

성되었다. 그는 "자연계의 현상은 단지 단순한 사물의 덩어리가 아니다. 나무 한 그루, 풀 한 포기, 돌멩이 하나, 꽃 한 송이 모두 우주의 생명과 소식을 주고받고 있다" 고 말하면서 사이교[143]의 정신을 이어받아 보다 더 예술적으로 완성시킨 사람으로 바쇼를 논하였다. 특히 '사비'(寂び)에 대해서 '꾹 참은 비애, 인내하는 비애, 깊이 마음의 밑바닥에 가득 채워진 비애'(「萬象の生意と詩人芭蕉の心」, 1916)라고 절찬하였다. 그리고 1920년에 불교에도 정통한 작가 고다 로한과 하이쿠 작가 누나미 게이온(沼波瓊音)을 초대하여 아베 지로,[144] 아베 요시시게,[145] 와쓰지 데쓰로,[146] 고미야 도요타카[147] 등과 함께 바쇼 하이쿠 학습회를 시작하고서 『시오네』에 좌담회를 연재하였다. 오타 미즈호와 이와나미쇼텐의 초창기에 활약한 젊은 학자들은 보편적인 '생명'관에서 일치하고 있었다.

이 연구는 담화 형식의 『바쇼 하이쿠 연구』 3권(芭蕉俳句研究,

143) 西行, 1118~1190. 일본의 불교 승려시인. 단가의 으뜸가는 대가 중 한 사람으로 『신고금집』(新古今集)에는 96수로 가장 많은 노래가 수록되어 있다. 그의 생애와 작품은 많은 이야기, 희곡, 인형극의 주제가 되었다.

144) 阿部次郎, 1883~1959. 철학자, 평론가. 도호쿠대학 교수. 나쓰메 소세키에게 사사받았다. 「산타로의 일기」(三太郎の日記), 「인격주의」(人格主義)에서 개인주의적 이상주의 감정 전입을 설명하였다.

145) 安倍能成, 1883~1966. 철학자, 교육가. 나쓰메 소세키 문하였다. 경성대학 교수, 일고(一高) 교장을 거쳐 제2차 세계대전 후에 문부성 장관, 학습원장을 역임하였다.

146) 和辻哲郎, 1889~1960. 윤리학자. 나쓰메 소세키 문하였다. 도요대학, 교토대학, 도쿄대학 교수. 인간 존재를 관계로 파악하고 도덕론을 전개하였다. 문화사에도 많은 업적을 남겼다.

147) 小宮豊隆, 1884~1966. 독일문학자, 평론가. 도호쿠대학 교수, 도쿄음악학교 교장을 거쳐 가쿠슈인대학 교수. 나쓰메 소세키 문학, 소세키 전집의 편집을 담당하였다.

1922, 1924, 1926)과 오타 미즈호가 쓴 『바쇼 하이카이의 근본문제』(芭蕉俳諧の根本問題, 1926), 『바쇼 렌쿠의 근본해설』(芭蕉連句の根本解說, 1926)로 정리되어 이와나미쇼텐에서 간행되었다. 『바쇼 하이카이의 근본문제』에서는 말년의 바쇼 사상을 우주의 근본이자 모든 현상을 통해 일체를 통일하는 '생명'의 관념이라고 보고, 이를 천태종의 현상 즉 본질론(現像卽本質論)과 『화엄경』에서 말하는 일체가 왕래한다는 '원융'(圓融)의 관념을 빌려서 설명하고 있다. 물론 생명주의는 오타 미즈호와 그 시대의 것으로 중세의 사이교나 근세의 바쇼 사상은 아니다.

'일본적인 것'의 탄생

이러한 바쇼 평가의 분위기는 소설가들에게도 자극을 주었다. 이미 『전원의 우울』(田園の憂鬱, 정본 1919) 속에 바쇼의 시구를 도입하였던 사토 하루오[148)]의 『'풍류'론』(『'風流'論』, 1924)은 자연과 자신이 일체가 되는 순간의 미를 '풍류'라고 부르며, 바쇼가 그려낸 하이쿠의 세계가 이를 가장 잘 드러내고 있다고 평했다. 그리고 이것을 가지고 인간의지의 분규를 그리는 근대 소설을 넘어서자고 호소했다. 우노 고지[149)]는 「'사소설' 사견」(「私小說私見」, 1925)에서

148) 佐藤春夫, 1892~1964. 시인 · 소설가. 요사노 히로시(与謝野寬), 나가이 가후(永井荷風)에게 사사받았다. 「순정시집」(殉情詩集) 등 고전적인 격조의 서정시로 알려진 후 소설가로 변신하여 환상적, 탐미적인 작풍을 개척했다.

149) 宇野浩二, 1891~1961. 소설가. 『곳간 속』(藏の中) 『고뇌의 세계』(苦の世界)를 통해 독특한 화법으로 해학의 문학을 수립하였다. 뒤에는 현실적인 작풍으로 변신하여 『고목이 있는 풍경』(枯木のある風景) 등을 발표하였다.

일본 작가가 프랑스의 발자크 같은 대단한 소설은 쓸 수 없지만, 바쇼의 세계는 서양 작가에게는 실현될 수 없다고 했다. 그러면서 이전에, 예를 들어 시가 나오야[150]의 「기노사키에서」(城崎にて, 1919)와 같은 수필 형식의 글은 소설이라고는 좀처럼 인정할 수 없다고 하던 의견을 번복하면서 작가가 자신의 심경을 수필 형식으로 말한 '심경소설'(心境小說)의 가치를 인정하였다.

하기와라 사쿠타로는 에세이 「상징의 본질」(象徵の本質, 1926)에서 19세기 프랑스의 말라르메(Stephane Mallarme) 등의 상징시에서는 '신비성, 암시성, 유령성(幽靈性)과 동양적 숙명성'이 두드러졌지만, 오늘날 유럽의 모더니즘 표현은 점차로 대상의 본질을 직관에 따라 파악하여 제시하는 동양의 상징주의에 가까워지고 있다고 했다. 무척이나 제멋대로의 해석이지만, 이것은 알자스 출신으로 프랑스 전위시운동에도 참여한 독일표현주의 시인 이반 골(Yvan Goll)이 "표현파는 일본의 하이쿠(HAIKU)를 본보기로 한다"고 말한 것에서 힌트를 얻었다. 「상징의 본질」에서는 바쇼의 하이카이를 예로 들었지만, 이어지는 「일본 시가의 상징주의」(日本詩歌の象徵主義)에서는 『신고금화가집』이 일본의 상징주의의 궁극이라 논하며 '세계에서 으뜸가는 일본의 상징주의'를 주장한다.

중세에는 불교에 의해 내면의 깊이를 추구하는 정신적인 경향이 강해지면서, 고대에 사랑이 결실을 맺지 못하는 고통을 가리켰던

150) 志賀直哉, 1883~1971. 소설가. 무샤노코지 사네아쓰 등과 잡지 『시라카바』를 창간하였다. 강인한 개성에 의한 간결한 문체는 산문 표현에서 하나의 도달점으로 제시되었다.

'와비'(ワビ)가 후지와라 사다이에[151]의 '멀리 바라보면 꽃도 붉은 단풍도 없구나 바닷가 뜸집의 가을 해질녘'이란 시가에서 나타나듯이 아무것도 가진 것 없는 '무일물'(無一物)의 경지를 즐기는 마음으로 바뀌었다. 또한 적막함을 의미하던 '사비'(サビ)도 한적하고 담담함 속에 담겨 있는 깊고 풍부한 정취라는 의미로 바뀌었다. 이전에는 감추어진 것을 의미하였던 '유현'(幽玄)은 감추어진 여성의 아름다움이나 전아함으로 변하기도 하고, 또한 선(禪)의 심오한 경지를 나타내는 것으로 의미가 바뀌어 존중되었다. 이러한 것들이 새삼스럽게 일본적 미의식으로 받아들여져 주목받게 되었던 것이다. 프랑스에서는 기독교회에 반발하여 '사교'(邪教)의 정신성에서 미를 추구하던 종전의 상징주의 사조와는 달리 가톨릭 정신의 높은 곳을 지향하는 폴 클로델(Paul Claudel) 등이 활약하고 있었다.

그리고 문예 외에도 와비차(ワビ茶), 노가쿠(能樂), 선사(禪寺)의 정원이 상징미학의 관점에서 '일본적인 것'으로 칭송받기 시작했다. 중세에 성행하던 투차,[152] 다이묘차(大名茶)는 잊혀지고 노(能)와 세트를 이루고 있던 교겐[153]이 분리되었고, 뱃놀이를 동반하는 지천회유식[154]의 정원보다 임천[155]이 유행하였다. 해외의 전위예술에서 차지한 '하이쿠'의 역할에 일본인들이 주목하였다. 그리하

---

151) 藤原定家, 1162~1241. 일본 중세의 와카 시인. 신고금집, 신칙찬집(新勅撰集)을 편찬하였다. 시풍은 현란하고 치밀하여 신고금조(新古今調)를 대표한다.

152) 鬪茶. 남북조 무로마치 시대에 차를 마시며 그 산지(産地)나 품종을 알아맞히는 유희.

153) 狂言. 일본의 전통 예능의 하나로 노가쿠(能樂)의 막간에 상연하는 대사 중심의 희극.

154) 池泉回遊式. 일본 정원에서 연못을 중심으로 꾸민 정원.

155) 林泉. 나무와 연못 도랑 등을 배치해서 꾸민 정원.

여 제1차 세계대전 후의 문화상대주의의 고양과 국제연맹의 상임 이사국이 된 대국의식에 힘입어 중세의 다양한 가치 중에서 '와비 · 사비'와 '유현'이 '미'로 뽑혀 1930년대 후반에 걸쳐 일본 문화의 정수로서 이야기되었던 것이다.

진재(震災)라는 전환기

1918년의 쌀소동에 이어 1920년에는 보통선거운동의 고양과 더불어 야하타제철소(八幡製鐵所)의 대파업이 일어났고, 1921년에는 고베에 있는 두 곳의 조선소에서 쟁의와 노사대립이 격화되었다. 그러나 1923년 9월 1일 간토대지진을 계기로 이른바 다이쇼데모크라시와 경제투쟁의 물결은 잦아들었다.

지진 발생 직후인 오후 3시경부터 '사회주의자 및 조선인의 방화 다수' '불령선인(不逞鮮人) 폭동' 등의 유언비어가 퍼졌다. 또 경찰이 부채질하기도 하여 급하게 조직된 자경단이 거리에서 검문을 하면서 수상하다고 여겨지면 폭력을 휘둘렀다. 이로 인해 약 6천 명의 조선인이 학살되었다. 격심한 차별의식과 배외주의를 동반한 민중내셔널리즘의 폭발이었다. 한반도에서의 압정에 반발하여 고조되던 민족독립운동이 일본인들 마음의 밑바닥에 언제 역습을 당할지도 모른다는 공포를 유발시켰음에 틀림없다.

이튿날인 2일부터 11월 중반에 이르기까지 내각은 구조, 재건 활동에 나섬과 동시에 도쿄 주변에 계엄령을 발포하고서 불온한 움직임을 진압했다. 육군과 경찰은 혼란을 틈타 가메이도(龜戶)에서 10명의 전투적 노동자를 학살하고, 16일에는 노동운동에 영향력이

켰던 무정부주의자 오스기 사카에[156]· 이토 노에[157] 부부를 살해한 다. '대지진은 최근 사치와 방종에 길들여지고 위험 사상에 물들어 가고 있는 국민에 대한 천벌이다'라는 '천벌론'이 재계에서 주장되었다. 10월에 들어서자 『오사카 아사히신문』(大阪朝日新聞) 등이 관서천도론(關西遷都論)을 내세웠다. 이에 대해 11월 10일 「국민정신 작흥에 관한 조서」(國民精神作興ニ關スル詔書)가 나왔다. 도쿄는 정치 · 경제 · 문화의 중심임을 메이지 유신 이래 처음으로 명확하게 자리매김하고서 진실하고 강건한 국민정신을 일으키라고 호소하였다. 학생을 대상으로 사회주의와 풍기의 단속을 도모하는 '사상 선도'가 개시된다.

그리고 제1차 세계대전의 호경기에 뒤이은 불경기의 물결과 간토대지진으로 세상의 무상(無常)을 통감하게 된 대중의 마음에는 달랠 길 없이 울적한 마음이 자리 잡게 되었다. 이것을 잘 보여 주는 것이 기타하라 하쿠슈와 함께 동요와 민요운동에서 활약하던 노구치 우조[158]의 「뱃사공 노래」(船頭小唄)이다.

> 이 몸은 냇가의 마른 참억새 / 같은 그대도 마른 참억새 / 어차피 둘은 / 이 세상에서는 / 꽃 피울 수 없는 마른 참억새

---

156) 大杉栄, 1885~1923. 무정부주의자. 도쿄외국어학교 졸업 후 사회주의운동에 참가하여 몇 번에 걸쳐 투옥된다. 간토대지진 계엄령하에 군부에 의해 살해당했다.

157) 伊藤野枝, 1895~1923. 여성해방운동가. 청탑사(青鞜社), 적란회(赤瀾會)에 참가. 무정부주의자로 간토대지진 이후에 오스기 사카에와 함께 학살당했다.

158) 野口雨情, 1882~1945. 시인. 다이쇼 중기의 민요 동요 작가로서 유명하다.

고급예술 세계에서 '와비 · 사비'와 '유현'이 극구 찬양될 즈음, 대중의 '와비 · 사비'는 될 대로 되라는 식으로 리듬을 달리해 간다.

에로 · 그로 난센스

그리고 이즈음 인기를 모으기 시작한 에도가와 란포[159]의 탐정소설 「붉은 방」(赤い部屋, 1925)의 주인공은 법률에 걸리지 않는 완전범죄 방법을 잇달아 생각해 내고서 실행에 옮기는 동기를 이렇게 말했다. "나라는 인간은 이제 인생이 지루하고 지루해서 어쩔 수 없었던 것입니다."

권태는 러일전쟁 이후 지식인의 마음속에 자리 잡고 있었는데, 간토대지진 이후에는 대중의 마음에도 스며들게 되었다고나 할까? 권태에서 유래되는 호기심은 제아무리 국민도덕을 내세웠을지라도 강한 자극을 끝없이 추구하였다. 다이쇼 시대의 예술이 개척해 놓은 관능의 도취를 찾아 에로스의 반란이 그치지 않았다. 기이하고 이상한 것을 즐기고 추구한다는 의미의 '엽기'(獵奇)라는 말이 잡지나 신문을 장식하고 성범죄 따위의 사건들이 즐겨 다루어졌다.

또 하나 대중의 마음을 매혹시킨 것은 난센스였다. 처음에는 유머와 파토스(pathos)라고 불리며 겉은 우스꽝스러우면서도 약간 씁쓸함을 남기는 작품이 인기를 모았지만, 차차 자포자기한 웃음, 한순간이라도 이 세상 전부를 웃어넘기려는 듯한 웃음이 유행하였다.

---

159) 江戸川乱歩, 1894~1965. 소설가. 「이전동화」(二錢銅貨), 「인간의자」(人間椅子) 등을 발표하여 일본의 탐정소설의 기초를 이루었다. 이외에 「음수」(陰獸), 「거미남자」(蜘蛛男) 등이 있다.

채플린의 영화에 이어서 버스트 키튼(Buster Keaton)이 아크로바틱 스턴트를 구사했던 슬랩스틱코미디가 관객을 매료시켰다. 영국과 미국의 잡지에 게재된 파티 조크(party joke)가 도시 청년을 대상으로 하는 종합잡지 『신청년』(新青年)에 번역되었고, 신문에서도 가벼운 콩트가 넘쳐나게 되었다.

산업구조가 크게 전환하여 상사에 근무하는 사람과 서비스 산업에 종사하는 봉급생활자가 증가하였다. 중학교, 여학교의 졸업자도 현저히 늘어난다. 새로운 중간층이 형성되어 밤의 번화가가 네온사인으로 번쩍이며 흥청거렸다. 타이피스트나 전화교환수, 백화점의 여점원 등 여학교를 졸업하고 일하는 여성들이 도회를 물들였다. 짧은 머리에 짧은 소매의 양복으로 거리를 활보하면서 도시에서 독신생활을 하거나 스포츠를 즐기는 모던 걸은 '선머슴 같은 여자'라는 험담을 들었다. 살을 드러내고 활발하게 활동하는 것은 남자가 하는 일이라는 규칙을 그녀들이 깨뜨렸기 때문이다. 도쿄 부흥을 기해 이런 광경이 점차 지방도시에서도 보이게 된다. 이러한 지적(知的) 중간층에게서 난센스가 인기를 얻었다.

모던 댄스 등과 함께 슬랩스틱코미디는 영화감독 마키노 마사히로(マキノ雅広) 등의 오락시대 극영화나 시대소설에 도입되었다. 1927년 10월부터 『도쿄 니치니치신문』(東京日日新聞)에 연재되던 하야시 후보(林不忘)[160]의 『신판 오오카정담』(新版 大岡政談)은 난

160) 林不忘, 1900~1935. 소설가. 하세가와 시로(長谷川四郎)의 형으로, 하야시 후보 외에도 다니 조지(谷譲次), 마키 이쓰마(牧逸馬) 등의 필명을 사용하면서 대중문학의 각 분야에 재능을 발휘하였다.

센스의 재미가 넘치는 파란만장한 모험활극으로 인기를 독차지하였고, 여기에 조연으로 등장한 염세적인 외눈외팔 칼잡이 단게 사젠(丹下左膳)이 그 강렬한 개성으로 인해 속편부터 주연이 되었다. 이 시리즈는 각 영화사에 의해서 영화화되었다. 특히 1933년의 닛카쓰 영화(日活映畵) 이토 다이스케(伊藤大輔) 감독하고 오코우치 덴지로(大河內伝次郎)가 주연인 『단게 사젠』은 압도적인 지지를 얻었다.

에로 · 그로와 난센스가 판치던 쇼와 초년기에 대중내셔널리즘의 고양은 보이지 않는다.

천황제 타도의 슬로건

쇼와 초년기의 또 다른 특징을 들자면 비합법의 일본 공산당이 지도하던 '프롤레타리아 문화운동'과 거기에 동조하는 지식인들이 저널리즘을 석권할 정도의 세력을 이루었다는 점이다. 마르크스주의가 유행하면서 지식계급은 몰락할 숙명에 처했다는 생각이 국제적으로 널리 퍼졌지만, 헝가리의 사상가 루카치는 『역사와 계급의식』(1923)에서 이를 타파하였다. 사회주의로 향해 가는 역사의 필연성을 인식한다면 지식계급도 이러한 운동에 합류할 수 있다는 이론이었다. 후쿠모토 가즈오[161]는 이 이론을 받아들여서 지식인을 포함하는 강력한 당을 건설해서 노동자들의 계급의식을 각성

---

161) 福本和夫, 1894~1983. 사회운동가. 1924년 이후 '후쿠모토이즘'이라고 불렸던 이론으로 일본 공산당 재건을 지도하였다. 1927년 테제에 의해 비판받아 실각되었다. 1928년부터 14년간 투옥되었다.

시키는 것이 필요하다고 호소하면서 공산당의 실권을 장악하였다. 그런 후에 아나키스트와의 당파 투쟁을 강화하면서 당세를 확대하였다.

그러나 이것은 노동운동을 분열시키는 사상이라고, 국제공산주의 운동의 사령부인 코민테른이 1927년에 발표한 일본혁명운동 지침에서 비판을 받았다. 이 1927년 테제는 군주제 폐지 등 민주주의 혁명을 제창하였고, 또한 중국의 민족독립운동을 돕는 것이었다. 공산당은 '내지'의 조선인 노동운동과의 연계도 만들어 가기 시작했다.

이런 기세를 두려워한 관헌은 1928년 3월 15일 공산주의 활동가를 대량으로 검거하여 철저하게 봉쇄하는 작전을 펼쳤다. 많은 젊은 지식인들이 가담해 있었기 때문에 자연히 합법 활동인 문화운동에 힘이 기울어졌다. 이리하여 언론계나 예술계에서 사회주의 쪽의 사상이 압도적인 세력을 얻었다. 정점은 1930년 전후일 것이다. 이때를 지나면서 잇따르는 탄압과 대중운동의 진행방식 등을 둘러싼 노선 대립으로 점차 지치기 시작한다.

1929년 미국이 생산과잉으로 인한 경제위기에 빠지면서 소련을 제외한 국제경제가 대공황을 맞이했다. 일본도 그 물결에 휩쓸려 1930~1931년에 걸쳐 전에 없던 경제위기에 접어들었다(쇼와 공황). 이것이 역사의 큰 전환점을 준비하였다.

1930년 봄과 가을, 군부독재에 의한 국가 개조와 만주 침략을 노린 쿠데타 계획이 발각되었다. 육군성 참모본부의 중견 장교가 중심이 되었던 것으로 국가사회주의와 아시아주의에 입각한 오카와 슈메이[162]와 기타 잇키[163]가 동조했다. 또한 니치렌종(日蓮宗)과 국가주의로 농촌 청년들에게 영향을 주었던 이노우에 닛쇼[164] 등이 테러를 계획, 1932년 2월과 3월에 정 · 재계 인사를 암살하였다(혈맹단사건). 파시즘 혁명운동의 등장이었다. 게다가 오카와 슈메이는 가케히 가쓰히코를 존경하였다고 한다.

1931년 일본 공산당은 앞선 1927년 테제로부터 전환하여 자본주의가 고도로 발달한 국가에서의 혁명으로서 프롤레타리아 독재를 내건 초안을 발표하였다. 하지만 다음 해인 1932년, 코민테른은 이것을 철저하게 비판하면서 우선 천황제를 타도하고 지주제를 폐지하는 부르주아 민주주의혁명을 수행하고, 이어서 사회주의로 이행하는 2단계 혁명 전략을 내세웠다(1932년 테제).

이것은 차르(절대전제군주)와 지주계급을 타도하고 민주주의와 사회주의의 과제를 묶어서 실현시킨 1917년 러시아혁명을 본뜬 전략이었다. 귀족(지주)에 의해 지탱되던 러시아 제정(帝政)은 중화학공업을 발전시켜 대외팽창정책을 취했다. 이것과 천황제하에서 중화학공업화를 추진하고 만주 진출을 꾀하는 일본 제국주의의 모습을 겹쳐서 본 것이다. 쇼와 공황에 의한 파업과 소작쟁의의 증가,

---

162) 大川周明, 1886~1957. 국가주의자. 만철(滿鐵) 입사 후 유존사(猶存社), 행지사(行地社), 신무회(神武會)를 결성하였다. 군부에 접근하여 3월사건 5 · 15사건 등에 관여하였다. 제2차 세계대전 후 A급 전범 용의자로 체포되었다.

163) 北一輝, 1883~1937. 국가사회주의자. 「일본개조법안대강」(日本改造法案大綱)에서 국가 개조를 제창, 2 · 26사건에 연좌되어 사형되었다.

164) 井上日召, 1886~1967. 국가주의자. 혈맹단의 수령. 국가 개조를 기획하고, 우익 테러를 계획 실행하였다.

지주의 힘이 강해져 지방의 사업이나 정치를 좌지우지했던 점, 군부와 우익의 암약 등도 혁명 전야의 러시아와 비슷하였다.

그렇지만 일본에서는 이미 노동자의 수가 소작농을 넘어섰으며, 중화학공업의 생산고가 경공업의 생산고를 상회하고 있었다. 군부와 함께 관료가 대두하면서 정당정치가 압박받고 있었지만, 제국헌법하에서 의회가 운영되고 있었다. 이를 절대주의 전제정치의 위기에 견주는 것은 애초부터 무리였다. 무산계급의 합법 정당도 노동농민당과 사회민중당이 병립하고 있었다. 이 해에 양당은 내부에 국가사회주의에 동조하는 사람들이 늘어났기 때문에 분열을 우려하고서 '반자본주의, 반공주의, 반파시즘'이라는 기치를 내걸고 합동해서 사회대중당(아베 이소오〔安部磯雄〕 위원장)을 결성한다.

일본 공산당은 천황제 타도를 정면에 내걸었기에 서민으로부터는 두려운 존재로 여겨졌으며, 관헌의 격렬한 탄압도 불러일으켰다. 다음 해인 1933년 옥중의 간부가 천황제하에서 사회주의의 실현이 목표였어야 했다며 '전향'을 표명, 대량의 전향자가 나오면서 당은 와해되었다. 민족독립을 지원하는 코민테른의 방침은 계급보다 민족의 입장을 우선하는 좌익내셔널리즘을 기르고 있었다. 그리고 소련의 일국사회주의건설 노선은 사람들의 관심을 국가사회주의에 모았다.

3. '대동아공영권' 사상

'만주' 건국

1932년은 확실히 역사의 전환점이었다. 공황으로 만철(남만주철도)과 탄광 경영이 위기에 빠졌다. '만몽(滿蒙)은 일본의 생명선'이라고 생각하던 군 수뇌부와 관동군은 1931년 9월 18일 봉천(奉天, 현재는 瀋陽) 교외의 유조호(柳條湖)에서 만철의 선로를 폭파하고 이것을 군벌인 장쉐량(張學良)의 소행이라고 칭하고서 일대를 군사 지배하였다(만주사변). 중국은 국제연맹에 제소하였지만, 일본은 조사단의 파견을 제안하고서 그 사이에 만주군벌을 부추겨서 1932년 3월에 '만주국' 건국선언까지 하기에 이르렀다.

정부의 요직에 중국인을 앉히고 독립국가 체재를 갖추면서도 중추를 일본인이 장악하고서 관동군이 배후에서 조정하는 방식은 20세기의 국제정세 속에서 새로운 식민지 형태를 궁리한 결과이다. 청조 마지막 황제 부의(溥儀)를 추대하여 집정(執政, 1934년부터 황제)으로 삼고서 황실과 친척 관계를 맺은 것은 한국병합 때 사용된 황실 외교를 응용한 것으로, 이것에 의해 로마 교황의 승인을 얻어냈다. 이로써 추축국 이외에 가톨릭을 신봉하는 몇몇 나라들이 '만주국'을 승인했다. 그리고 '만주국'은 관동군이 일본 정부로부터 독립된 권력인 양 행동하는 현실적인 기초가 되었다.

영국인 리튼(Lytton) 경을 단장으로 하는 조사단의 보고에 따라 중국 주권의 범위 내에서 만철의 권익을 인정하는 것이 국제연맹 총회에서 압도적 다수로 채택되자 일본은 이것에 불복하여 1933년

3월 국제연맹을 탈퇴하였다. 이로써 대국의 이해가 충돌하여 제대로 운영되지 않던 국제연맹을 무력화시키는 데 한몫을 하였다. 그 후 역시 상임이사국이었던 독일, 이탈리아가 탈퇴, 1937년에 독·이·일 3국 방공협정(防共協定), 1940년에는 군사동맹을 맺었다.

'만주국건국선언'은 '민족협화'(民族協和)에 의한 '왕도락토'(王道樂土) 건설을 주창하였다. 청조를 쓰러뜨린 신해혁명(1911)은 '오족공화'(五族共和)를 내세웠다. 그 지도자인 쑨원(孫文)은 서구 열강의 무력에 의한 '패도주의'(覇道主義)에 대항해 맹자가 말한 인의도덕에 의해 민심을 귀속시키는 '왕도주의'에 기초한 '대아시아주의'를 주장하였다. 오족은 한(漢), 만(滿), 몽(蒙), 장(藏, 티베트), 회(回, 이슬람)였다.

'만주국'의 일본인도 '오족협화'를 입에 담았지만, 이 경우에는 '일(日), 만(滿), 한(漢), 몽(蒙), 선(鮮)'일 것이다. 그 외 소련으로부터 도망쳐 온 '백계'(白系) 러시아인도 각 도시에 상당수 살고 있었다. 북방의 퉁구스계 오로촌족[165]에는 총기를 소유하는 것을 허가하고 소련에 대한 군사 스파이 등의 역할을 맡겼다. 대만에서 반일 활동으로 치닫기 쉬운 한민족을 억제하기 위해 고사족[166] 등 소수민족을 우대하고 있던 것을 응용한 것이라고 할 수 있다. 또한 '만주국'

---

165) Orochon. 시베리아의 바이칼 아무르 강 유역 중국의 내몽골 자치구와 헤이룽 장성의 북부에 거주하는 퉁구스계의 민족.

166) 高砂族. 일본 식민지 시대 때 사용된 대만 원주민의 총칭. 인도네시아에서 건너와 정착하였으며, 중국인 및 네덜란드인에게 정복 감화된 숙번과 고유의 문화를 보존하며 산지에 사는 생번으로 분류된다.

시대에 회족 인구는 늘어났다. 오카와 슈메이 등 '내지'의 아시아주의자들은 무슬림과 손잡고 열강에 대항하려는 전략을 논의하고 있었다. 관동군은 1933년에 화베이 지역도 중화민국 정부로부터 분리시켜 지배하에 두었는데 거기에서도 회족보호정책을 취했다.

'만주국'은 나치의 박해를 벗어나려는 유대인의 망명도 받아들였다. 서양 열강에 대항하기 위한 다양한 방책이 만철시대부터 연구되고 있었다.

'만주국'의 문화정책

'만주국' 국어는 만어(滿語, 중국어를 말함), 일본어, 곳에 따라 몽골어로 하였다. 공용어는 만어와 일본어 병용이다. 오늘날 캐나다 등에서 보이는 것과 유사한 방식이다.

대만과 조선의 학교에서는 선택과목 등의 형식으로 중국어, 조선어의 학습도 장려하여 식자율을 높여서 통치를 원활하게 하려는 정책이 택해졌지만, '국어'는 일본어였다. 그에 비하면 '만주국'의 국책은 확실히 민족독립운동의 고양과 문화상대주의의 사조를 받아들여 취해진 것이었다.

만철은 대련(大連)을 거점으로 소수민족에 대한 학술조사와 유적 등 문화재보호, 영화제작 등의 문화사업도 맡아 왔는데, 이것들은 만일문화협회(滿日文化協會, 1932년 7월 발족)로 이관되었다. 문예에서는 일본과 만주 작가의 작품을 서로 번역하여 출판하고, 회화에서는 매년 전람회(國典)를 개최하는 등 교류사업에 힘을 기울였다. '만주국'에서는 1939년 말에 286종의 잡지가 간행될 정도로 활황을 보였는데, 이는 오늘날 이야기되는 다문화주의 현상을 보여주고 있었다. 중국어 극영화도 제작되고 라디오방송도 실시되었다. 극단이나 합창단에서는 중국어도 사용되었다.

소련과 나치스도 문화사업에 힘을 기울이고 있었다. 영화나 라디오는 20세기 혁명운동의 성패를 가늠하는 새로운 무기였다. 모스크바에서 영화제작을 공부하고 돌아온 사람들을 만주영화협회는 채용하였다. 미디어 경영자도 끊임없이 소련과 나치스의 정책을 참고로 하였다. 어느 신문사 사장은 "우리는 나치스의 배외주의를 취하지 않는다"며 자랑스럽게 말하였다.

1937년 4월, 광공 · 농축산 · 교통통신 · 이민의 4부문에서 생산력 확충을 목표로 하는 산업개발 5개년 계획이 실행되었다. '통제' 경제는 다름 아닌 '혁신' 정책을 의미했다. 그 실제적인 책임자는 실업부장에 취임한 기시 노부스케[167]였다.

이해 7월 중일전쟁이 본격화된다. 중일전쟁의 슬로건은 '방공'(防共)이었다. 소련에 대항하는 방위를 위해 '만주국'이 갖는 의미가 더욱 커졌다. 만철의 두뇌집단인 조사부에 '전향'(정치활동을 하지 않는다고 약속)한 마르크스주의 경제학자가 대량으로 들어왔다. 국가사회주의의 정책 추진을 위해 그 능력이 필요하였던 것이다. 다만 그 후 만철의 '적화'(赤化)가 문제되어 단속이 강화되었다. 한

167) 岸信介, 1896~1987. 정치가. 만주국 고관을 거쳐 1941년 도조(東條) 내각의 상공성(商工省) 장관을 지냈고, 전후에 A급 전범 용의로 체포되었다. 1956년 이시바시(石橋) 내각의 외무성 장관, 이시바시의 사임 이후에 수상에 취임했다. 1960년 신미일안보조약(新美日安保條約) 추진을 강행하여 총사퇴했다. 강경파로서 영향력을 미쳤다.

편 기시 노부스케는 귀국하여 도조 히데키(東條英機) 내각(1941년 10월~1944년 7월)의 전쟁 경제체제의 최고 지도자가 되었다.

평화주의천황론

일본 공산당의 붕괴 후에도 사회주의 정당과 지식인 사이에서 제국주의 전쟁에 반대하는 의지는 다양한 형태로 전개되었다. 평화주의 사상을 살펴보자.

니시다 기타로는 『일본 문화의 문제』(日本文化の問題, 岩波新書, 1940)에서 평화주의천황제론을 말하였다. '생생발전'(生生發展)을 키워드로 역사를 움직이는 근본을 '역사적 생명'이라 부르며, 이것은 권력을 초월한 것이라고 하였다. 일본의 '황도'(皇道)는 이를 구현하는 것이기 때문에 '패도'(覇道)와 '제국주의'는 일본이 택할 길이 아니라고 주장하였다.

가케히 가쓰히코가 『고신도대의』 등에서 일본의 '천황'은 '우주대생명'이라는 보편원리를 체현하고 있기 때문에 남을 침략하지도 배제하지도 않는다고 말한 것과 유사하다. 그렇지만 가케히의 경우는 남이 덤벼들지 않는 한도 내에서라고 하였고, 또한 남을 동화시키려는 논리였다. '나와 너', 자타를 대등하게 생각하는 니시다 철학과는 다르다. 그리고 니시다는 이것을 쓰다 소우키치[168]가 『일본상대사연구』(日本上代史研究, 1930) 등에서 진무 천황의 동정(東征) 등 무력 정복의 신화는 사실무근이라고 말한 것을 받아들여서

168) 津田左右吉, 1873~1961. 역사학자. 엄밀한 고전 비판을 통해 과학적인 일본, 동양의 고대사, 사상사 연구를 개척하였다.

논한 것이다.

'천황'이라는 칭호는 쇼토쿠 태자를 섭정으로 삼고서 스스로는 집정에 임하지 않았던 스이코(推古) 여제에 대하여 그때까지의 '오키미'(大王)를 대신해 사용한 것으로, 천계(天界)의 모든 별의 중심에 자리 잡고 자신은 움직이지 않는 북극성을 가리킨다고 한다. 그런 의미에서는 확실히 권력을 초월한 존재이다. 그렇지만 진신의 난(壬申の亂, 672), 호겐의 난(保元の亂, 1156), 겐무신정(建武新政, 1333~1336)과 그것에 이어지는 남북조의 쟁란 등 황족이 직접 관여한 내란의 예는 많다. 그리고 메이지 천황은 청일전쟁과 러일전쟁에서 '개전해도 좋다'라는 조칙을 내었다. 니시타 기타로가 이른바 '역사의 위조'를 하면서까지 황실은 권력을 초월한 존재라고 논한 것은 중국 대륙에서 전개되고 있던 사태에 대해서 반전평화를 호소하려는 의지에서 기인한 것이었다.

이런 니시타 기타로의 입장은 제2차 세계대전하에 쓰인「국체」(國體, 1944)에서도 일관되게 바뀌지 않았다. 그리고「국체」는 그가 패전 후에 남기는 유언이 되었다. 그 의미에 대해서는 제5장에서 서술하기로 하자.

독일의 건축가 브루노 타우트(Bruno Taut)가 나치스의 박해를 피해 1933~1936년에 걸쳐 일본에 망명해 있던 동안『일본 미의 재발견』(日本美の再發見, 1939)에서 닛코 동조궁(日光東照宮)으로 상징되는 '장군예술'과 비교하여 가쓰라 이궁(桂離宮)으로 상징되는 '천황예술'의 평화로운 모습을 절찬하였다. 독일에서 예술건축평의회를 조직하는 등 좌익운동을 전개하였던 타우트가 망명지라고는 하지만 황제의 정신을 예찬한 것은 비약이 필요할 듯하다. 나는 타우트를 도와주었던 사람들 중에 누군가가 니시타 기타로의 『일본 문화의 문제』의 주요 내용을 말해 주었을 것이라고 추측하고 있다. 그리고 당시 국제적으로 반전평화라는 한 가지 점에서 사상과 입장을 초월한 통일전선을 조직하려는 '인민전선'(front populaire)운동이 고조되고 있었다.

1932년과 1933년에 작가인 앙리 바르뷔스(Henri Barbusse)와 로맹 롤랑 등의 제창에 의해 암스테르담과 파리에서 국제반전대회가 개최되고 반전과 반파시즘을 기치로 한 대중적인 통일 행동의 물결이 고조되자 프랑스에서는 1935년 7월 사회당, 급진사회당, 공산당의 통일전선이 결성되었다. 그때까지 사회민주주의를 강하게 공격해 왔던 코민테른은 방침을 전환해서 1935년 7월 제7차 대회에서 반파시즘 통일전선의 형성을 호소하였다. 그리고 1936년 2월 스페인에서, 6월 프랑스에서 인민전선 내각이 탄생했다. 그렇지만 둘 다 다양한 그룹의 연합체로서 약점을 드러내며 국내외적으로 심화되어 가는 가운데 유효하게 대응하지 못하였다. 유럽은 파시즘 대 자유주의의 대립 시대로 들어갔다.

일본에서도 반파시즘 통일전선을 짊어질 유일한 대중적인 무산정당인 사회대중당에 대한 기대가 높아져 중일전쟁이 본격화되기 전인 1937년 총선거에서 약진을 보였다(37명 당선). 슬로건은 '우선 국내 개혁 단행!'이었다. 사회대중당은 '반파시즘'을 내세웠지만 '반전'은 내걸지 않았다.

일본의 사명

1935년경에 국체명징운동(國體明徵運動)이 일어났다. 군부와 우익이 학회에서 공인되어 온 천황기관설을 공격하며 천황의 주권을 명확히 하려는 운동을 전개하면서 입헌주의 입장이 부정되어 갔다.

그 사이 가케히 가쓰히코는 『황국정신강화』(皇國精神講話, 1930)를 간행했다. '민족의 대생명'이라는 사상과 신도 사상에서 사실성의 존중을 의미하는 '마코토'(まこと, 참)를 신들린 정신주의로 물들인 것이 특징이었다. 이것은 '황도파'라고 불리는 육군 장교 일파에게 이론적 근거를 제공하였다.

이러한 '신의 뜻 그대로의 길'(신도)의 유행에 대해 이노우에 데쓰지로(井上哲次郎)의 『일본 정신의 본질』(日本精神の本質, 1935)은 『대학』이나 『중용』 그리고 도가 사상과 양명학을 인용하고, 대승불교와 서양 사상도 언급하면서 『일본서기』, 「고토쿠제(孝德帝) 3년」의 기사에 나오는 '유신'(惟神)은 '신이 있는 그대로'라는 의미라고 적고 있다. 또한 '신인합일'(神人合一)은 천지자연에 복종한다는 뜻으로 '공명정대'와 동일하며 국제적으로 보편적인 정신이지만, 다만 이것이 일본의 역사를 통해 실현되고 있기 때문에 일본 고유의 정신이라고 설명하였다. 이것 자체는 군국주의와는 거리가 멀지만, 후에 이 '공명정대'는 유행어처럼 쓰이게 된다. 이와 같은 보편원리를 실현하는 것이야말로 세계사에 대한 '일본의 사명'이라고 이야기되어 갔던 것이다.

와쓰지 데쓰로도 '일본의 사명'을 주장하였다. 이전에 와쓰지는 니체가 그리스 정신의 지적 질서에 대한 반대로 디오니소스의 열광을 발견한 것을 본떠, 덴표(天平) 시대와 가마쿠라 시대의 불교미술에서 일본 민족의 '생명'의 표현을 찾아내고서 『고사순례』(古寺巡禮, 1919)에서 『일본고대문화』(日本古代文化, 1920)로 이어갔다. 더욱이 기독교, 불교, 유학의 원형(archetype)을 살핀 후 『풍토—인간학적 고찰』(風土—人間學的考察, 1935)을 종합하였다. 아시아에서 유럽에 이르는 지역을 몬순지대, 사막지대, 목장지대의 셋으로 나누고, 기후풍토의 작용에 따라 인간 존재의 본질을 유형별로 나누는 방법을 개척하였다. 거기에 따르면 일본인은 몬순지대의 수용적, 인종적(忍從的) 생존방식을 기조로 하지만, 동아시아의 격심한 사계절의 변화 때문에 격정과 담백한 체념이 섞여 있다고 논하였다. 문화권을 상대화시키는 발상에서 일본의 독자성을 해명하고자 한 것이다.

『풍토』와 같은 해에 간행된 『속일본정신사연구』(續日本精神史研究)에서 방향을 전환한 후, 「일본 문화의 중층성」의 장(章)에서는 조상숭배와 신사숭배, 불교가 '중층적으로 통일'된 것이야말로 '일본 민족'이 '세계사적 사명'을 수행하기 위한 '중대한 생(生)의 계기'라고 논하고 있다. '계기'는 방향과 힘을 포함하는 '모멘트'(moment)의 번역어였을 것이다. 문화를 중층구조로 논하는 발상은 당시로서는 획기적인 것이었지만, 여기서는 그 기층 속에 신도가 파고들어 있다. 와쓰지 데쓰로의 문화상대주의도 '일본의 사명'에 부응하여 그 내용을 바꾸고 있었다.

평화의 검

같은 시기 요시카와 에이지[169)]는 난센스에 마음을 빼앗긴 대중의 정신혁명을 꾀한다. 이 작가는 소년 대상의 소화(笑話) 등에서 출발하여 1926년부터 『나루토 비첩』(鳴門秘帖)을 『오사카 마이니치 신문』(大阪每日新聞)에 연재하면서 단번에 유행작가가 되어 황당무계한 시대소설을 잇따라 써나갔다. 하지만 역사가가 기록한 역사에서 누락된 것과 묻혀 버린 것을 골라내고, 여성들과 아이들의 역할도 중시하며, 시대의 습속, 생활문화를 포함한 소설을 그려내는 것을 신조로 삼았다. 그리고 1932년의 「히야마 형제」(檜山兄弟)에서는 메이지 유신을 국제적인 관점에서 보면서 혁명으로 묘사하였다. 이것은 당시 친교가 있던 핫토리 시소[170)]의 『흑선전후』(黑船前後, 1930)로부터 배운 것이었다. 핫토리 시소는 코민테른의 1932년 테제와 관점이 같았던 『일본 자본주의발달사 강좌』(日本資本主義發達講座)의 논객이었다.

그렇지만 1932년 1월 이세신궁(伊勢神宮)을 참배한 요시카와 에이지는 '엄숙한 민족 자각'을 깨닫고 5 · 15사건으로부터는 통렬한 자극을 받았다. 또한 1934년에는 '대승적 정신에 의한 생명주의'를 주장하며 천황제 아래에서 농본주의 혁명을 전망하였기에 저작마저 발매금지되었던 구라타 햐쿠조(倉田百三)와 밀접하게 연락을 주

169) 吉川英治, 1892~1962. 소설가. 소학교(小學校) 중퇴 이후 각종 직업에 종사하였다. 이야기의 매력과 구도정신으로 많은 독자를 모았다.

170) 服部之総, 1901~1956. 역사학자. 강좌파(講座派)의 일원으로 마르크스주의 입장에서 메이지 유신 연구를 추진하였다.

고받으면서 지방문화의 육성에 힘을 기울이지 않으면 안 된다고 생각하기에 이르렀다. 구라타의 사상은 근대 공업문명이 만든 인간소외에 대해 농업에 의한 자급자족의 생활이야말로 인간답게 살아가는 길이며, 이것을 전 사회적 평등과 함께 실현하기 위해서는 천황에 대한 존경의 마음을 가지고 사회를 하나로 모아 가야 한다고 역설한 것이었다. 그리고 요시카와 에이지는 1936년 2 · 26사건으로 '혁신의 시대'가 도래한 것을 느낀다.

사회의 저변과 하층을 이루는 사람들에게 마음을 기울이고 권력을 공격하여 혁신을 바라는 일종의 혁명주의라고 부를 만한 사상이 요시카와 에이지에게는 있었다. 이 사상은 난센스에 마음을 빼앗긴 대중에게 '희망과 신념'을 주면서 '일본인의 신, 다시 말해 민족적인 혈액'을 '수혈'하기 위해 대중을 자각시키는 소설을 쓰고자 하는 결의를 만들었다(「宮本武蔵を書く」). 검호 미야모토 무사시(宮本武藏)의 인생 편력을 제재로 '검선일치'(劍禪一致)의 경지에 오른 구도자로 그 모습을 재조명함으로써 압도적인 인기를 끈 『미야모토 무사시』(宮本武蔵, 1935~1939)에는 일본 민족의 정신혁명을 꾀하려는 의도가 숨어 있었다.

이 작품에는 검을 난세의 흉기에서 평화를 지키기 위한 것으로 뒤바꾸려는 사상이 들어 있다고 확신할 수 있다. 그렇지만 중일전쟁에서부터 대 미영전쟁에 걸쳐서 전쟁이 '동양 평화를 지키기' 위한 것이라고 선전되었던 것을 상기한다면, 『미야모토 무사시』가 전쟁의 시대를 살아가는 버팀목으로서 동양적인 구도 정신을 많은 독자들에게 '배급'했다는 사실은 부정할 수 없다. 요시카와 에이지는 1942년 대 미영전쟁하에서 해군사 편찬의 의뢰를 받아 해군 군령부 촉탁이 된 다음 곧바로 문부성 촉탁으로 옮겨 '일본의 새로운 도덕'(江田島寸感)에 대해 궁리하기도 하였다.

총력전 체제로

국체명징운동 과정에서 육군 내부의 대립이 표면화되면서 1936년에 2 · 26사건이 일어난다. '황도파'가 군 수뇌부의 지도에 의한 국가 개조를 주창하는 세력(통제파)에게 배제될 듯하자 쿠데타로 치달았으나 진압되었다. 이것을 계기로 국가 통제로 국내 모순을 해결한 후 질서회복을 꾀하려는 움직임이 정 · 재계와 군부에 고조되어 갔다.

1937년 6월 제1차 고노에 후미마로[171] 내각(1937년 6월~1939년 1월)이 성립, 7월 7일 노구교(蘆溝橋)사건[172]이 발발하였다. 정부는 전쟁불확대방침을 취하였지만, 육군에게 밀려 7월 말에 군대를 화베이(華北)로 보냈다. 이로써 국내에 전시 분위기가 확산되었다. 8월에는 상하이에도 군대를 보냈다. 이에 대해 국민당 정부도 개전을 선언, 소련의 후원을 얻어 중일전쟁은 전면화된다. 정부는 대본영(大本營)을 설치, 국민정신총동원운동을 개시했고, 다음 해 전력(電力) 국가관리법안과 국가총동원법을 제정, 총력전 체제의 구축을

171) 近衛文麿, 1891~1945. 정치가. 1933년 귀족원의장. 중일전쟁 시기의 수상. 1941년 제3차 내각을 꾸렸지만, 도조 육군성 장관의 대미주전론(對美主戰論)에 패하여 사퇴하였다. 패전 후 전범으로 구인되기 직전에 자살하였다.

172) 1937년 7월 7일 밤 중국 베이징 남서부 교외의 노구교 부근에서 일어난 중국군과 일본군의 충돌사건. 중일전쟁의 발단이 되었다.

서둘렀다. 사회대중당은 전력 국유화 등을 둘러싸고 전시를 이유로 이전에는 경계하였던 국가사회주의에 찬동하게 되었다.

이때 후생성(厚生省)이 신설되어 피차별 부락과 한센병 환자 등 차별을 받아 오던 사람들의 실태조사와 보호의 자세를 보이는 시책이 채택되어 갔다. 한센병 환자가 밝은 희망을 가지고 살아가는 영화가 만들어지기도 하였다. 그러나 이것은 표면상의 일로 국가사회주의의 정책에서 흔히 있을 수 있는 일이지만, 현장에서는 무시무시한 사태가 벌어지고 있었다.

일본군은 화베이에서는 진격하였지만, 후아중(華中)에서는 격렬한 저항을 받았다. 9월에는 국민당과 공산당의 항일민족통일전선이 결성되었다. 12월, 국민당 정부의 수도 난징을 점령하면서 대학살을 일으켰다. 흉포해진 병사들은 패잔병을 용서 없이 덮쳤고, 민간인에게도 무차별하게 폭행을 가하였다. 이 사건은 국제적으로 문제가 되었다. 소련에 대한 전략 때문에 일본의 움직임에 비교적 관용적이었던 미국과 영국에서도 단숨에 반일감정이 고조되었다.

1938년 1월, 고노에 내각은 국민당 정부와의 화평 공작을 중단하였다. 그리하여 중일전쟁은 수렁에 빠져들었다. 국내에서는 1937년 말부터 다음 해에 걸쳐 노동운동과 좌익적 입장의 학자에게 치안유지법이 적용되면서 1938년 1월에는 군국주의를 야유하는 이시카와 준[173]의 단편소설 「마르스의 노래」(マルスの歌)가, 3월에는 중국

173) 石川淳, 1899~1987. 소설가. 동서(東西)에 걸친 학식을 바탕으로 소설에서 최대의 전위(前衛) 실험을 반복하였다.

전선을 소재로 삼은 이시카와 다쓰조[174]의 소설 「살아 있는 병사」(生きてゐる兵隊)가 발매금지되었다. 이리하여 반전 · 반파시즘의 언론까지도 폐쇄되어 갔다.

황군의 논리

1937년 10월 1일 중일전쟁이 본격화되던 시기에 시인 하기와라 사쿠타로는 「일본 문화의 현재와 장래」(日本文化の現在と將來, 후에 「日本の使命」)라는 제목으로 군인회관에서 강연을 하였다. "서양의 힘의 문명에 대항하여 동양의 이상인 절대평화주의 문명, 미의 문명을 방어하기 위해서는 적의 무기를 가지고 역으로 적과 싸우는 것 외에 달리 방법이 없다"라는 취지였다. '절대평화주의'에서 손쉽게 '절대'가 없어지는 구조를 여기에서 볼 수 있다. 그렇다고 해도 '방공'의 깃발을 내걸었던 중국에 대한 전쟁이 왜 서양 열강을 상대로 한 싸움이 된 것이었을까?

그러나 이윽고 이 말이 마치 주문 같은 힘을 발휘하는 듯이 생각되는 때가 찾아왔다. 대 중국전쟁에 방해가 되는 나라로서 영국에 대한 반감이 고조되면서 영국 · 미국 · 프랑스야말로 '지나사변(支那事變)의 진정한 적'이라고까지 이야기되어 갔기 때문에.

1937년 9월 중국 전선에서 죽은 스기모토 고로(杉本五郎) 중좌는 '군신'(軍神)이라 숭배되면서 12월에 유서 『대의』(大義)가 간행되었

174) 石川達三, 1905~1985. 소설가. 시사적 문제와 사회 풍조를 잡아 낸 작품이 많으며, 「창망」(蒼茫)으로 아쿠타가와상을 수상하였다.

다. 그것은 처음부터 끝까지 '신국(神國)의 큰 이상(大理想)'을 말하면서 '절충'(絕忠), 즉 천황에 대한 절대적인 충성에 대해 끝없이 설명하고 있다. '대의'란 존황(尊皇)을 위해 사는 것, '신국 일본'을 위해 기꺼이 스스로의 목숨을 내놓는 것이다.

『대의』 제1장 「천황」은 "천황은 아마테라스 오미카미와 동일한 신이시고 우주 최고의 유일신 우주 통치의 최고 신"으로 시작한다. 그리고 "천황을 위해 죽는 것, 이것이 즉 일본인의 도덕 완성의 길이다"라고 하고서, 제2장 「도덕」에서는 천황 앞에서 자신은 '무'(無)라는 자각을 강조한다. 여기서는 선(禪)의 영향을 엿볼 수 있다.

그렇지만 제4장 「신국의 대이상」에는 "인류 구제야말로 역대 천황의 염원으로 유사 이래의 대사업이다. 석가도 예수도 공자도 소크라테스도 천황의 적자(赤子)이다. 세계를 구제하여 천황의 나라가 되게 하는 것이야말로 실로 황국(皇國)의 대사명이다"라고 한다. 아무래도 인류 구제를 제1의 모토로 하여 '신국' 일본은 처음부터 영위되어 왔다고 말하려는 듯하다. 그렇다고 하더라도 '석가도 예수도 공자도 소크라테스도 천황의 적자'라는 것은 대체 어떻게 된 일일까? 누가 어떻게 생각해도 미쳤다고 여기지 않을까? 어떻게 이러한 말이 버젓이 통했던 것일까?

이 사상은 스기모토 고로의 독창적인 사상은 아니었다. 천황은 '우주대생명,' 즉 천지 만물을 생산하는 근원의 '발현'이기 때문에 세계 만인이 그 적자라고 하는 가케히 가쓰히코의 사상을 옮긴 것이었다. '황도파'의 운동은 2·26사건으로 탄압을 당했지만, 가케히 가쓰히코의 사상은 통제파에 흡수되었다.

보편적 이상을 이 지상에 실현하는 것이야말로 '황군'의 정신이라면, 그것은 무엇을 해도 용서되는 '신성한 군대'라는 환상을 군인들의 뇌리에 심어 준 것은 아닐까? '성전'(聖戰)이라는 말은 중일전쟁부터 사용되었다. 그리고 이윽고 대 미영전쟁에 돌입해서 전황이 위급해지고 죽음의 냄새가 자욱이 낄 무렵, 스기모토 고로의 『대의』는 고결한 정신을 동경하는 젊은 사람들에게 유구한 '민족의 생명'에 일체화하도록 유혹했던 것이다.

또 하나 1938년 말에 쓰인 구라다 햐쿠조(倉田百三)의 『일본주의 문화선언』(日本文化主義宣言)에서 인용하겠다.

> 일본 문화의 독자성은 그 국체의 독자성과 분리될 수 없다. 일본의 국체는 세계에 비길 데가 없다. 그것은 그 품위와 순결과 혈액적 협동성과 헌서성(獻誓性)에서 단연 만국을 초월한다. 그것은 신들의 직계 후예라고 국민들에게 신앙으로 받아들여져 민족의 혈통적 중심인 천황에 의해 통치되며, 일계(一系)의 순혈(純血)을 어지럽히지 않고 국토 또한 타민족의 능욕을 받은 일이 없다. …국가의 독립과 명예와 사명을 위해 생명을 버리고 싸우는 국민 즉 병사는 천황의 이름을 부르며 죽는 것이다.

이 무렵 구라타 햐쿠조의 저서는 판매금지되지는 않았다. 본래는 부처의 공양으로 꽃잎을 뿌리는 것을 의미하던 '산화'(散華)라는 말이 이윽고 벚꽃이 지기 시작할 때의 이미지와 겹쳐지면서 아시아의 해방을 위해, 동양 평화의 실현을 위해 국민은 그 목숨을 유구한 일본 민족의 '생명'에 바쳐야 한다고 합창되어 갔다.

대 미영전쟁에서의 '가미가제특공대'(神風特攻隊)의 정신은 이렇게 중일전쟁이 한창일 무렵부터 소리 높여 외쳐진 것이었다. 그것은 일본인에게만 이해된다는 의미에서 민족신앙이라고 해야 할 것이지만, 그것을 신봉하는 일본인 당사자에게는 어떤 종교보다도 보편적인 원리에 선, 그런 의미에서 내셔널리즘을 아득히 초월하는 사상에서 비롯된 것이었다.

그리고 물질적 가치만을 존중하는 서양 문명, 서양의 제국주의에 지배당하고 있는 세계에 대항해 일본의, 그리고 아시아가 가진 정신적 가치를 알려주어야 할 때가 왔다는 주장도 소리 높여 외쳐졌다. 야스다 요주로[175]가 세계사 속에 일본 민족 등장의 의의를 호소하게 된 것도 중일전쟁이 한창인 1938년의 일이었다.

대동아공영권으로

제1차 고노에 후미마로 내각은 중국 국민당과의 화평공작에 실패하면서 1938년 가을에 대 중국전쟁의 슬로건을 '방공'에서 '일(日)·화(華)·만(滿)'의 연계를 주창하는 '대동아신질서 건설'(東亞新秩序建設)로 바꾼다. 12월에는 고노에 3원칙(선린우호·공동방공·경제제휴)을 발표, 왕정위[176]를 옹립하고서, 1940년 3월에 난징

175) 保田与重郎, 1910~1981. 문예평론가. 「고기토」, 「일본 낭만파」(日本浪漫派) 창간 동인으로 활약하였다. 반근대주의적 미의식을 고창하여 1930년대 중반부터 각광받았다.

176) 汪精衛, 兆銘. 1883~1944. 중국의 정치가. 일본으로 유학, 호세이대학을 졸업하였다. 쑨원 아래에서 혁명운동에 종사. 1927년 무한정부(武漢政府)에 가담하여 한때 장제스

에 일종의 괴뢰정권을 수립한다. 왕정위는 정치적 독립을 강력하게 주장하면서 국민운동을 전개하였다.

'아시아는 하나'라는 관념도 고조되어 갔다. 시인 구라하라 신지로(蔵原伸二郎)는 「격멸하라」(擊滅せよ, 시집 『東洋の滿月』, 1939)에서 이렇게 호소하고 있다.

> 이리하여 우리는 마침내 일어섰다 / 우리의 혈맥(血脈)은 격분했다 / 저 몽고의 사막에서 / 톈산(天山)의 산기슭에서 / 쥐융관(居庸關)의 산등성이에서 / 조상신들 앞에서 / 몽골 민족의 순수한 피 속에서 / 아아 우리 민족이여 모두 총을 잡아라 / 서서 총구를 겨눠라 / 저 서구적인 우리들을 갉아먹고 있는 / 아편과 같은 사상에 대해 그 개와 같은 허망한 정의에 대해 / 지금이다 과감히 총구를 겨눠라 / 동료들이여 / 우리들 민족의 순수한 피는 우리의 손에 의해 / 우리들 스스로의 기관총에 의해 / 영원히 사수하지 않으면 안 된다 / 동료들이여 / 이리하여 우리들의 정신은 우리들의 조상의 혈맥에서 깨어났다 우리들은 드디어 일어섰다 / 생기발랄한 동양의 젊은이들이여! / 저 우울한 흉악한 독가스 같은 녀석들을 그 눈먼 개들을 / 반드시 인산(陰山)의 북쪽으로 격멸하라 / 멀리멀리 양관(陽關)의 서쪽으로 추방시켜라.

'몽골 민족의 순수한 피'라는 것은 물론 '몽골로이드 인종'의

와 대립하였다. 중일전쟁 중에 반공친일의 평화운동을 일으켜 1938년 충칭(重慶)을 탈출하여 1940년에 이른바 위난징국민정부(僞南京國民政府)의 주석이 되었다.

'피'를 가리킨다. '피'의 환상도 '일본 민족'을 넘어 아시아로 퍼져 나갔다.

이러한 '아시아는 하나' 라는 목소리의 고양에 대해 쓰다 소우키치의 『중국 사상과 일본』(支那思想と日本, 1938)은 문화상대주의의 입장에서 인도 · 중국 · 일본 등의 문화는 각각 독립된 것으로 하나의 동양 문화라는 것은 성립되지 않는다고 논하였다. 1940년 『신대사의 연구』(神代史の硏究, 1924) 등 쓰다의 고대 연구에 관한 책 네 권이 '황국의 역사'를 모독한다며 판매금지 처분을 받았고, 발행처인 이와나미쇼텐의 사장인 이와나미 시게오(岩波茂雄)와 함께 기소된다. 『중국 사상과 일본』도 그 원인 중 하나라고 설명하는 사람도 있지만, 문화상대주의는 체제 측의 사상에 저촉되는 것은 아니었다.

「동아신질서 건설」 성명은 제2차 고노에 후미마로 내각(1940년 7월~1941년 7월) 때 '대동아공영권'(大東亞共榮圈) 구상으로 나타난다. '공영권'이라는 말은 문화다원주의의 입장에 서지 않으면 성립되지 않는다. 실제 중일전쟁기의 문예에는 이민족에 대한 관심이 넘쳐나고 있다. 아니, 이민족이나 이문화에 대한 관심은 훨씬 이전부터 성행하고 있었다.

한반도 출신의 작가 장혁주(張赫宙)가 일본어로 소설을 써서 데뷔한 것은 1932년의 일이었다. 최초의 「개간」(開墾, 1943)은 일본의 반식민지가 된 '만주'를 무대로 중국인과 조선인 농민의 물싸움에 일본인 경찰관이 개입, 중국인을 사살하여 반일감정에 불을 일으킨 만보산사건(萬寶山事件, 1931)이 제재였다. 이 사건은 만주사변의 방아쇠가 되었다고도 일컬어진다.

1935년에는 미야우치 간야(宮內寒弥)가 사할린 코르사코프를 무대로 러시아인과 일본인 사이에서 태어난 혼혈 소녀의 불행한 반생을 그린 「중앙고지」(中央高地)가 제1회 아쿠타가와상 후보에 올랐고, 재조선일본인 작가 유아사 가쓰에(湯浅克衛)의 「불꽃의 기록」(焰の記錄)이 『개조』(改造)의 현상 창작 부분에서 차석에 당선되었다. 다음 해에는 쓰루다 도모야(鶴田知也)가 아이누 독립전쟁의 영웅을 그린 「고샤마인기」(コシャマイン記)가 아쿠타가와상을 수상했다. 그다음 해에는 대만인 작가 룽잉쭝(龍瑛宗)의 「파파야가 있는 거리」(パパイヤのある街)가 나왔다. 히사오 주란(久生十蘭)의 『마도』(魔都, 1935)는 세상을 날카롭게 풍자하면서 태국 왕족의 일본 체재를 슬랩스틱코미디로 만들기도 하였다. 그리고 인도 황태자가 일본 체재의 자초지종을 수다스럽게 떠들다가 대영제국의 지배하로 돌아가는 결말에서 애수를 자아내는 다치바나 소토오(橘外男)의 「나린 전하에 대한 회상」(ナリン殿下への回想)은 1938년 나오키(直木)상을 수상하였다. 이들 중에는 일찍이 '프롤레타리아 문학'운동 중에 구사되었던 르포르르타주 수법을 활용한 것들도 많았고, 이들의 작품이 세상에 알려진 이면에는 '아시아 인민연대'라는 인민전선적인 지향이 작용하고 있었을 수도 있다.

'만주국'과 한반도의 작가들과도 교류가 있었던 문예평론가 아사미 후카시(浅見淵)는 「조선작가론」(朝鮮作家論, 1940)에서 '외지' 작가의 작품이 왕성히 번역 소개되는 현상을 들어 다음과 같이 설명하고 있다. "중일전쟁과 제2차 유럽대전의 발발과 더불어 민족문제가 다시 일반의 관심을 불러일으켰고, 그것이 계기가 되어 중국의 현대문학이나 만주 작가의 작품이 소개되기 시작했다. 그들 민족을 포섭하기 위해 그들 민족을 이해하고자 하는 일반의 마음을 반영한 것이리라." '그들 민족을 포섭하기 위해'서는 체제 측의 의향을 고려한 표현이었을 것이다.

1939년에는 오우치 다카오(大内隆雄)의 번역으로 만인작가선집 『원야』(原野)가, 1940년에는 『민들레』(蒲公英)가 간행되었다. 만인작가라는 것은 '만주국'의 중국인 작가를 일컫는다. 그리고 시베리아의 밀림에서 서식하는 호랑이를 주인공으로 한 만주에 거주하던 러시아 작가 바이코프(Nikolai Apollonovich Baikov)의 『위대한 왕』(長谷川濬 역)이 크게 유행하였다. 곧이어 가와바타 야스나리[177] · 기시다 구니오[178] · 시마키 겐사쿠[179] · 야마다 세이자부로(山田清三郎) · 기타무라 겐지로(北村謙次郎) · 고정(古丁) 편저로 『만주국 각 민족 창작선집』(滿洲國各民族創作選集) 제1권(1942), 제2권(1944) 등이 편찬된다.

그 외에 1940년에 김소운은 조선어 시의 번역 앤솔러지 『우윳빛 구름』(乳色の雲)을 간행한다. 이 해에 김사량(金史良)의 「빛 속으로」(光の中に)가 아쿠타가와상 후보에 올랐고, 한반도에서 조선어로

177) 川端康成, 1899~1972. 소설가. 요코미쓰 리이치(横光利一) 등과 신감각파운동을 전개하였으며, 이윽고 독자적인 미적 세계를 개척해 간다. 『설국』으로 노벨문학상을 수상하였다.

178) 岸田国士, 1890~1954. 작가, 연출가. 프랑스 근대 극을 연구하고 일본의 신극운동을 지도하였다.

179) 島木健作, 1903~1945. 소설가. 프롤레타리아 문학운동의 퇴조기에 등장하였다. 「생활의 탐구」(生活の探求), 「재건」(再建) 등의 작품이 있다.

쓰인 소설의 번역 앤솔로지 『조선문학선집』(朝鮮文學選集) 전3권(장혁주 등 편) 등도 간행된다.

모순의 노정

이러한 움직임은 조선문인협회 편 『조선국민문학집』(朝鮮國民文學集, 도쿄, 1943)과 『반도작가단편집』(半島作家短編集, 서울, 1943), 최재서(崔載瑞 창씨명 石田耕造) 편 『신반도문학선집』 전2권(新半島文學選集, 서울, 1944)으로 이어진다. 아니 그렇게 보일 뿐이다. 여기에 수록된 작품 중 조선어를 번역한 것은 극히 적었으며, 한반도 거주 작가의 작품 대부분은 조선인의 작품이라도 일본어로 쓰였다. '조선문인협회'란 황민화 정책을 문예 분야에서 추진하기 위해 1939년에 설립되었던 기관이었다.

대만에서는 1936년에 무관제(武官制)가 부활되어 '황민화'를 추진하고 있었다. 조선총독부는 1937년에 '내선일체화'를 비약적으로 강화하여 '황민화' 정책을 단행한다. '황국신민의 서사(誓詞)'를 제정하고, 다음 해인 1938년 4월에는 '국민정신총동원조선연맹'을 결성해 신사참배, 궁성요배, 일장기 게양 등을 강요하고 교육령을 개정해서 학교에서의 조선어교육과 사용을 금지, 관청에서도 일본어만을 사용하도록 하였다. 육군지원병제도를 실시하여 '강제연행'을 시작한다. 그리고 1939년에는 '창씨개명'을 강요, 조선어 신문과 잡지를 폐간하고 조선어학회를 해산으로 몰아넣었고, 1941년에는 민중이 즐기는 연극까지도 일본어로 공연하도록 명령하였다.

제1차 고노에 후미마로 내각이 주장한 '동아신질서 건설', 그

'호조연관'(互助連關)을 문화면에서 실행에 옮겼을 때 '외지'의 다민족 작품을 일본어로 번역한 것이 '내지'에 넘쳐났다. 그것은 '만주국'의 다문화주의 정책이 '내지'로 되돌아온 현상이었다. 그렇지만 '호조연관'은 '일 · 화 · 만' 사이의 일로 대만, 한반도는 포함되지 않았다. 일본의 영토로 삼았기 때문이다. 한반도에서 조선어교육을 중지하고 그들의 모국어를 빼앗는 정책을 진행하면서 1940년에 '내지'에서 조선어 문예작품이 다수 번역되고 간행되었던 일은 분명한 모순이다.

이것은 보다 넓은 시야에서 본다면 메이지 시대 이래 일본이 취해 왔던 국제전략인 '서구 제국주의로부터 아시아 해방'과 '아시아에 대한 지배의 확대'라는 이중적 태도(double standard)의 명확한 균열을 보여 주는 사태였다. '대동아공영권' 구상을 내세우기 전부터 균열이 일어나고 있었다고 할 수 있다. 그 이후에도 침략해 들어가는 지역의 곳곳에서 이 두 개의 전략은 일관성 없이 뒤죽박죽 추구되었다.

'만주국'에서도 1941년경부터 통제가 강화되어 일본어를 '제1국어'로 하는 방침이 표방되는 등 '일만일체화'(日滿一體化)가 강력하게 추진되어 갔다. 그렇지만 한반도와는 달리 중국어 교육과 관청에서의 사용이 금지되었던 것은 아니었으며, '민족협화'의 '국시'(國是)를 끝까지 지켜 가고자 하는 일본인도 있었다. 예를 들면, 잡지 『만주낭만』(滿洲浪漫, 1938~1941)을 주재하였던 기타무라 겐지로(北村謙次郎)는 일본과 만주의 아이들을 위해 향토색 풍부한 『오채만주』(五彩滿洲, 만주: 富山房, 1944)라는 그림책을 중국인 시인의 협력을 얻어 일 · 중 양국어로 간행하였다. 두 개의 전략이 뒤죽박죽인 어려움을 타개하였고, '민족협화'와 '아시아 해방'에 모든 것을 걸고자 했던 사람들은 '만주국'에 한하지 않고 여러 곳에 적잖이 있었다.

미국과의 교섭을 둘러싸고 각료들 사이에 대립이 생기자 고노에 후미마로는 제3차 내각을 구성하고 미국과의 교섭에 기대를 걸었다. 그렇지만 관동군이 동남아시아에 대한 세력 확대를 꾀하면서 미국과의 대립을 향해 결정적으로 치닫자 석유 수입이 끊겼다. 흔히 일컬어지는 것처럼 이 전쟁은 한편으로 자원을 둘러싼 전쟁이었다. 그리고 도조 히데키가 군복을 입은 채 독재정권의 권좌에 앉는 명백한 군국주의 체제가 만들어지자 1941년 12월 8일 하와이 진주만의 미군기지를 기습하였고, 미국 · 영국 · 네덜란드를 상대로 '대동아전쟁'에 돌입하였다.

일본군은 1942년까지는 동남아시아에서부터 서태평양 일대를 지배하는 기세를 보였다. 1년 반 정도 일정한 범위에서 일본 엔(円)의 경제권이 성립하였던 것도 틀림없다. 1942년에는 버마(현재 미얀마)와 필리핀에 훗날의 독립을 약속하였다.

이것은 '대동아공영권'이 실현되어 가는 듯한 환상을 퍼뜨렸다. 정치적 독립을 표명하고 있던 왕정위 난징 정부(南京政府)가 대 미영전쟁의 개전을 선언한 것도 한몫 거들어, 당시 '아시아 인민연대'에 기대를 걸고 있던 사람들의 입장을 그대로 둔 채 '마귀와 짐승 같은 미국과 영국'(鬼畜米英), 즉 서양 제국주의 타도의 슬로건으로 그들을 끌어당기게 된다. 그렇기 때문에 '만주국'의 한민족(漢民

族)에 속한 사람들의 경우 자민족의 향상을 추구하는 입장을 관철하면서도 '친일'의 입장을 취하는 것이 가능하였다. '만인' 작가의 중심인물 고정(古丁)이 그러하였다. 메이지 이래 우왕좌왕하며, 또한 제각각 진행되어 온 아시아에 대한 일본의 이중적 태도, 즉 '침략'과 '해방'이 아시아인들 속에 반일과 '친일'을 동시에 만들어 오던 도식은 마지막까지 보였다.

그리고 인도네시아에서 군정에 종사했던 소설가 아베 도모지[180]는 그 견문기를 엮은 『불의 섬』(火の島, 1943)에서 '황화'(皇化)라는 말을 거의 '대동아공영권'을 실현한다는 의미로 쓰고 있다. 동남아시아에서 상인들이 쓰고 있던 말레이어를 표준어처럼 사용하려는 정책이 택해져 일본어 대역의 간행물이 나오기도 하였다. 이것이 전후에는 인도네시아어 즉 현재의 국어가 되었다. 일본군은 인도네시아의 독립도 약속하였다. 그렇지만 이것은 패색이 짙어진 후의 일로 공수표 같은 것이었다.

근대의 초극과 세계사적 입장

1942년 7월 동인잡지 『문학계』는 '근대의 초극'(近代の超克) 좌담회를 열었다. 이것을 제안하였던 문예비평가 가와카미 데쓰타로(河上徹太郎)는 서두에서 "우리는 오늘까지 다양한 삶의 태도를 가져왔지만 특히 12월 8일 이래 우리들의 감정이라는 것은 여기에서 딱 하나의 형태로 결말이 맺어지는 듯하다. 이런 형태의 결말…그것을

180) 阿部知二, 1903~1973. 소설가. 지적인 수법과 자유주의적인 태도로 「겨울의 숙소」(冬の宿), 「풍설」(風雪) 등으로 1930년대 무렵의 지식인의 실태를 그려냈다.

나는 '근대의 초극'이라 부른다"고 전제하고서, "일본의 현대 문화가 든든한 방향으로 향하고 있는 것을 보여 주고 싶다"고 말하고 있다. '근대의 초극'이라는 것은 독일의 문화철학자 슈펭글러의 『서양의 몰락』이 보여 주는 것처럼 제1차 세계대전 후의 지식인 사이에 근대 문명을 이끌어 온 유럽이 위기에 처해 있다는 것과, 그 위기를 뛰어넘고자 하는 의지가 일어났던 것에서 출발하고 있다. 유럽 공동체에 대한 지향과 개개인이 '유럽인이 되는' 것 등이 주장되었다.

이러한 유럽 지식인의 근대에 대한 반성을 본뜨고 있었기 때문에 좌담회는 전체적으로 메이지 시대 이래 일본이 서양 문명의 이식에 급급해 온 것에 대해 반성하는 자세를 취했으며, 기계문명의 발전에 대해 윤리나 정신성을 강조하는 의견이 기조를 이루고 있었다. 그렇다고는 해도 참가자는 젊었을 때에는 서구의 사상과 예술에 경도되다가 1935년경부터 일본 문화라는 것을 생각하기 시작한 사람들이 많았다. 각자의 사상 편력에 따라 '근대'도 '일본'도 이야기되었기 때문에 저마다의 정의에 따른 주장이 제멋대로 난무하였다. 가와카미 데쓰타로는 단행본 『근대의 초극』의 「결말」에서 '회의 전체를 지배하는 이상한 혼돈과 결렬'이라고 쓰고 있다. 대미영전쟁의 개시는 그들의 기분을 한결같이 개운하게 만들었지만, 사상은 '이상한 혼돈과 결렬'에 빠져 있었다. 이것이 '개전 1년간의 지적 전율'에 빠졌던 문화 각계의 유력한 인사들의 상황이었다.

이 좌담회에도 철학자인 니시타니 게이지(西谷啓治)와 서양사학의 스즈키 시게타카(鈴木成高) 두 사람이 참여했지만, 고사카 마사아키(高坂正顯), 고야마 이와오(高山岩男) 두 철학자를 포함한 교토학파[181]의 준재(俊英)들이 대 미영전쟁의 개전 직전부터 전시 중에 걸쳐 종합잡지 『중앙공론』(中央公論)에 3회에 걸친 좌담회 「세계사적 입장과 일본」(世界史的立場と日本 제1회 1941년, 제2회 1942년, 제3회 1943년. 1943년 간행)을 개최하고 있었다. 제1회 좌담회에서 대 중국 전쟁은 '동아신질서 건설'을 위해서라며 국책에 따라 이야기되고는 있지만 시원시원하게 이야기되지는 않았다. 침략전쟁이라는 생각이 그림자를 드리우고 있던 것처럼 보인다.

그렇지만 개전 후인 제2회에서는 '대동아전쟁'이야말로 서구 제국주의에 대항해 '아시아의 각성'을 촉구하는 '근대의 초극' 전쟁이라고 논하였다. 여기서 '근대의 초극'이라는 것은 서양 열강 제국주의의 초극이었다. 그리고 대 중국전쟁은 '대동아전쟁'을 위한 준비였다면서 뒤늦게 의미가 부여되었다. 그들의 경우에는 대 미영전쟁의 시작으로 기분만이 아니라 사상의 정리가 이루어지고 있었다.

그들은 제국주의는 물론 나치즘, 파시즘, 스탈리니즘도 거부했다. 니시다 기타로의 철학을 살리고자 하면서 서로 존중하는 다원주의(pluralism)의 입장이 확실히 언급되었다. 제2차 고노에 내각이

181) 니시다 기타로(西田幾多郎), 다나베 하지메(田辺元)의 철학 탐구의 전통을 계승한 교토대학 철학과 출신의 철학자들의 그룹을 일컫는 총칭. 1919년 다나베가 니시다에 의해 교토대학으로 초빙된 이후 두 사람은 각각 자신의 철학을 창조하고서 진실한 상호 비판을 했다. 두 사람의 영향 아래 교토대학교 철학과는 활기로 가득 찬 독자적인 학풍을 형성하고 미키 기요시(三木清), 도사카 준(戸坂潤)을 시작으로 많은 철학도가 모여들었다. 미키와 도사카는 이후 마르크스주의에 경도되어 이 학파의 중심으로부터 멀어지지만, 고사카 마사아키, 니시타니 게이지, 고야마 이와오, 스즈키 시게타카 등의 그룹이 나타나서 제2차 세계대전 무렵에 세계 신질서론으로서 '세계사의 철학'을 제창하고 전쟁을 합리화했다.

발표했던 '대동아신질서'의 선언이 주장하는 '팔굉일우'(八紘一宇)의 정신에는 '각각 자기 자리를 얻는다'는 점에서 일본은 아시아를 지배해서는 안 되고 지도(리드)해야 한다는 의미가 있었다. 구체적으로 언급되었던 것은 일본을 아버지의 위치에 두는 하나의 가족이라는 공동체의 이미지였다. 그리고 대 미영전쟁을 '황전', '성전'이라고 부르는 것에 주저함이 없었다.

이것은 '가족국가론'의 동아시아식 변용이었다. 그렇다면 대만과 한반도 그리고 남방에서 수행된 황민화정책은 아버지가 다른 집의 아이들에게 일본 민족이라는 '대가족'의 일원이 되는 것을 억지로 폭력적으로 강요했던 셈이 될 것이다.

당시 이 좌담회만큼 '대동아전쟁', '대동아공영권', '근대의 초극' 등을 일관된 '논리'로 정리한 적은 없었다. 그 이후에도 이 이상으로 뛰어난 '합리화', '이상화'는 나오지 않았다. 서양 열강으로부터의 아시아 해방과 아시아의 지배라는 두 개의 전략 사이를 오락가락한 일본, 정부와 군부, 관료, 정 · 재계의 속셈이 교차하면서 항상 국제전략을 제대로 정하지 못하고 임기응변식으로 전쟁과 침략으로 돌진해 간 일본, 그 현실을 얼버무려 넘기고 적극적으로 이상화시킨 것은 '시국 편승'이라기보다 사상적 범죄와 같은 게 아니었을까?

1943년 2월에 일본군은 과달카날 섬에서 철수하면서 전황은 이미 패퇴 국면에 들어서 있었다.

제5장

전후의 문화내셔널리즘

1. 패전의 사상

전쟁의 상흔

일본군은 미국의 압도적인 군사력 앞에 패배하였다. 1944년 여름부터 일본 본토에 대한 공습이 본격화되었지만 항복의 기회를 잡지 못한 채 오키나와 등지에서 비참한 사태를 초래하였다. 게다가 1945년 8월 6일 히로시마에, 9일 나가사키에 원폭이 투하되고 소련의 참전을 알게 되어서야 간신히 국체호지(國體護持)의 조건만으로 포츠담선언의 수용을 결정, 15일에 라디오를 통해 천황의 목소리로 항복이 국민에게 알려졌다. 1945년 9월 2일, 항복문서조인에 의해 일본의 '대동아전쟁'은 끝났다. '만주국'과 '중화민국'(왕정위 정권)은 일본의 항복과 동시에 붕괴되었고, 대만은 중국의 영토로 돌아갔으며, 조선은 해방되었다. 일본이 침공하여 패배함으로써 아시아 각 지역의 식민지 체제가 붕괴되어 베트남, 인도네시아, 버마(현재 미얀마)는 항일무장투쟁에서 독립전쟁으로 접어들었다. 사정은 다르지만 인도, 파키스탄, 동남아시아의 여러 국가가 1948년경까지 연이어 독립했다.

전쟁은 끝났지만 상처는 깊게 남았다. 일본에서는 일반인을 포함해 약 250만 명이 사망 혹은 행방불명되었고, 일본의 침략을 받았던 아시아 각국의 사망자 수는 약 1,800만 명으로 어느 쪽이든 대략 30명 중에 1명꼴로 사망자가 나왔다고 추정되었다.

연합군의 점령하에 오키나와 및 아마미 제도(奄美諸島)는 미국의 군정 아래 놓였다. 점령군이 '대동아전쟁'이라는 명칭의 사용이 금지되면서 미국 측이 사용하던 '태평양전쟁'이라는 명칭이 쓰이게 되었다. 1946년에서 1948년에 걸쳐 도쿄에서 극동국제군사재판이 열려 전쟁지도자가 처벌되었다. 독일의 뉘른베르크 공판과 함께 전쟁범죄를 심판하는 규준이 대폭 바뀌어 '평화에 대한 죄'와 '인도(人道)에 대한 죄'가 적용되고, 개인이 처벌의 대상이 되었다. 제2차 세계대전은 전쟁의 방식과 전쟁범죄의 처벌 방법을 크게 변화시켰다.

원폭의 피폭자를 비롯하여 전쟁의 후유증은 열거할 수 없을 정도였다. '외지'로부터의 귀환에서도 많은 희생자가 나왔다. 중국동북부, 북한 등지에서는 군 관계자 관리 등 약 57만 5,000명이 소련으로 옮겨져 강제노동에 종사하게 되었다. 미국에서는 일본인이라는 이유만으로 포로처럼 취급된 사람들도 있었다. 관동군 731 이시이(石井) 특수부대에 의한 생체실험 등 전후에 폭로된 전쟁범죄도 많았다.

미 · 소 대립, 중국혁명의 진전에 따라 점령정책은 일본을 동아시아의 반공 진지로 삼으려는 방향으로 바뀌면서 부흥과 재군비가 꾀해졌다. 1950년 6월에 한국전쟁이 발발하자 이것을 계기로 1951년 9월 샌프란시스코 강화조약이 성립되었다. 그러나 중국은 초대되지 않았으며, 미군 기지를 남긴 채로 강화가 추구된다는 이유로 소련 등 사회주의 국가와 인도, 버마, 인도네시아 등은 조인하지 않았다. 1956년 12월, 일소국교정상화 교섭의 성립을 통하여 일본의 유엔 가맹은 실현된다. 한일기본조약은 1965년에 체결되었고, 중화인민공화국과 국교를 회복한 것은 1972년의 공동성명에 의해서였다.

중일 국교정상화 후, 일본인 '잔류고아'(殘留孤兒)의 문제가 부상하였다. 또 1991년 여름, 한국을 중심으로 일본군에 의해 성적 노예와 같은 취급을 받았던 전 일본군위안부의 문제가 부상하면서 국제적으로도 주목받았다. 일본군과 전시 체제가 내외에 저지른 상처를 새삼스럽게 절감하게 되는 것은 패전 후 60여 년이 지난 오늘날에도 끊이지 않는다.

상징천황제와 평화헌법

"쇼와 천황은 자청하여 자신의 처분을 구했다"고 연합국 최고사령관 더글러스 맥아더는 회상기에 쓰고 있다. 그러나 연합국 최고사령관 총사령부(GHQ)는 일본의 질서회복과 안정을 위해 천황제와 쇼와 천황의 재위 존속이 쓸모 있다고 예상했다. 퇴위론도 떠들썩하였지만, 천황은 1946년 정초에 '인간선언'을 거행하면서 메이지 천황의 「5개조어서문」(五箇條御誓文)으로 일본의 민주주의는 시작되었다고 말했다. 이는 '현인신'(現人神)으로 여겨졌던 전시의 사상을 지워 버리고 메이지 건국의 정신으로 되돌아간다는 의미로 해석된다. 이렇게 하여 근대 국가의 새 출발이 '인간 천황'의 입으로부터 선언되었다.

GHQ로부터 헌법 개정의 지시를 받은 시데하라[182] 내각은 1946년 1월에 초안을 제출했지만, GHQ는 이것이 일본 민주화를 위해서는 부적당하다고 보고 별도의 헌법 초안(맥아더 초안)을 제시, 신속하게 가결할 것을 요구하였다. 일본 정부는 이것에 기초한 초안을 심의하고 수정해 11월 3일에 공포하였다(1947년 5월 3일부터 시행). 그 기본은 대외적으로는 평화주의(전쟁 방기와 비무장), 대내적으로는 민주정치(민주 주권과 기본적 인권의 존중)의 실행에 두었다. 포츠담 선언의 수락조건이었던 국체호지에 대해서는 천황제폐지론, 기관설 등이 논의되었지만, 천황을 국민통합의 상징으로 삼아 의례적인 역할만 담당하도록 하였다(상징천황제).

1946년 쓰다 소우키치는 「건국의 사정과 만세일계의 사상」(建國の事情と万世一系の思想, 『世界』 4월호)을 발표하고 상징천황제를 지지했다. 와쓰지 데쓰로도 「국체변경론에 대해 사사키 박사의 가르

182) 幣原喜重郎, 1872~1951. 일본의 외교관 · 정치가. 워싱턴 회의(1921) 이후 만주사변(1931) 초기까지 두 차례 외무상이 되어 영국 · 미국과의 협조를 기조로 한 외교정책을 전개했다. 종전 후 미군 점령하에서 총리(1945~1946)를 역임했다.

침을 구하다」(國體變更論について佐々木博士の教を乞う, 1947)와 「국민통합의 상징」(國民統合の象徵, 1948) 등에서 '메이지 이전에 천황은 오래도록 통치권의 총람자(總覽者)가 아니었다'는 점, 후지와라 정권 시기를 포함하면 '거의 천년에 가까운 동안 단기간의 예외를 빼면 권력의 자리에 없었다'는 점을 역사적 사실로 강조하였다.

쇼와 전쟁 초기에 천황과 권력을 결합한 황국사상에 대해 니시다 기타로가 『일본 문화의 문제』에서 설명한 평화주의천황제론이 전후의 상징천황제를 '합리화'했다. 그보다 패전 직전에 죽은 니시다 기타로가 남긴 가장 만년(晩年)의 논문 「국체」(國體, 1944)가 이 길을 마련해 둔 듯도 하다. 만년의 니시다가 군 수뇌부에 불려가 의견을 말한 것이나 고노에 후미마로가 젊었을 때부터 교류를 갖고 있었다는 것 등도 이를 말해 주는 듯싶다.

헌법 9조의 전쟁 방기는 민주주의의 건설을 원하면서 재군비의 움직임에 경계를 소홀히 하지 않으려는 사람들의 사상적 보루가 되어 세계에 자랑할 만한 국시로 내세워졌다. 이른바 평화헌법에 기초한 내셔널리즘이 탄생한 것이었다. 다만 헌법 9조는 절대평화를 추구하는 내외의 국제보편주의의 입장에서도 지지받고 있었다.

1954년에 그때까지의 보안대가 육상자위대로, 경비대가 해상자위대로 바뀌고 새롭게 항공자위대를 설치하여 합쳐서 자위대(Japan Defence Force)가 발족했는데, 9조를 근거로 하여 이를 위헌이라고 보는 견해가 강했다. 그러나 반대로 '헌법개정'론도 일어났다. 이 양쪽 주장의 충돌 사이에서 "자위권의 방기는 하고 있지 않다" 등의 헌법 해석 논의에 의해 자위대는 "전력(戰力)이 아니다"라고 규정된 채 그 활동과 전력의 강화가 더해졌고, 미일안보조약이 실질적으로 강화될 때마다 미군과 연계된 작전행동이 밀접해졌다.

살아가는 것이 전부

패전은 질서의 붕괴와 궁핍을 가져왔다. 전시 중의 '멸사봉공'(滅私奉公)과 '산화의 사상'(散華の思想)이 실추되었을 때 폐허, 암시장 등에서 사람들의 생존본능이 노골적으로 드러났다. 사카구치 안고[183]의 「타락론」(墮落論, 1946)은 그런 세상을 앞에 두고 "인간은 살고 인간은 타락한다. 그것 외에 인간을 구원할 편리한 지름길은 없다"고 말하였다. 이시카와 준(石川淳)의 「폐허의 예수」(燒跡のイエス, 1946)는 활기 넘치는 암시장이라는 무질서의 한복판에서 누더기를 걸치고 온몸에 부스럼투성이인 구세주 예수가 눈앞에 나타나는 환상을 그렸다. 그러나 그 환상의 공간은 관헌의 명령으로 마치 아무 일도 없었던 것처럼 사라져 버린다.

무(無)에서 새 출발을 생각한 사람도 있었다. 다케다 다이준(武田泰淳)의 「살모사의 후예」(蝮のすゑ, 1947)는 주인공이 이렇게 중얼거리는 부분에서 시작한다.

183) 坂口安吾, 1906~1955. 일본의 소설가. 1931년 『구로타니 마을』(黑谷村) 등이 시마자키 도손(島崎藤村), 마키노 신이치(牧野信一), 우노 고지(宇野浩二) 등에게 극찬을 받으며 문단에 등장했다. 제2차 세계대전 후 '살라, 타락하라'라는 역설적 모럴을 평론 「타락론」(1946)에서 설파했으며, 소설 「백치」(白痴, 1946) 등을 발표해 전후 사회의 혼란과 퇴폐를 반영한 독자적 작풍을 수립했다.

살아가는 것은 예상 외로 어려운 것이 아닐지도 모른다. …어쨌든 모두 이렇게 살아가고 있는 이상 전쟁에서 패배하더라도, 나라가 없어지더라도 살아갈 수 있다는 것은 명백하다.

전쟁에 지면, 나라가 없어지면 살아가는 것은 불가능하다고 외곬으로 생각했던 마음이 풀리면서 어쨌든 살아 있다는 실감이 되돌아온다. 이렇게 하여 상하이에서 자신의 몸뚱이 외에 의지할 곳을 잃은 한 일본인이 무에서 삶을 한 걸음씩 나아가기 시작한다.

'민족의 생명'이라는 관념으로부터 '생명'이 정말로 자기 자신의 곁으로 돌아온 것인지, 그것을 의심하는 것에서부터 재출발하고자 했던 사상도 있었다. 가네코 미쓰하루(金子光晴)는 시집『인간의 비극』(人間の悲劇, 1952) 서문에 다음과 같이 적고 있다. "나는 나의 손가락과 손톱을 정말로 내 손가락과 손톱인지 확인해 보고 싶다"라고.

또한 후쿠나가 다케히코(福永武彦)의『풍토』(風土, 1952)는 전쟁 중과 전후를 배경으로 여러 세대에 걸친 인물들의 사랑, 절망, 고독, 예술과 일본의 풍토성을 둘러싼 장편소설인데, 딸을 사랑하는 것을 사는 보람으로 여겼던 한 여성이 소설의 끝부분에 이렇게 중얼거린다.

그러나 산다는 것은 자신을 위해 사는 것이다. 나는 지금 자신을 위해 산다. 그것이 정말로 살아가는 방법이다. …산다는 것이 어떤 것인지 알지도 못하면서 그럼에도 역시 살아 있다. …지금 나는 슬픔도 고통도 알며, 그것을 앎으로써 더 한층 제대로 살아 갈 수 있을 것이다.

이렇게 하여 자기실현과 자기발견의 여행이 시작된다.

'종전'의 논리

실은 '패전'이라는 말이 당연하게 사용되게끔 된 것은 1980년대 후반이나 되어서부터였다. 그때까지는 압도적으로 '종전'이었다.

나는 의식적으로 '패전'을 사용하여 왔다. '종전'이라는 말에는 '패배를 인정하지 않으려는' 뉘앙스가 느껴졌으며, 무엇보다도 그런 자세로는 후방을 담당했던 국민 한 사람 한 사람의 자세에 대해 물을 수 없었기 때문이다. 독일의 운동에 자극받아 후방을 지켰던 여성들의 자세를 묻는 운동도 퍼지기 시작하였다. 그 이전에 왜 '종전'이라는 말이 선호되었던 것일까?

전장에서 자신의 생명이 무엇보다 중요하다고 생각해 탈주를 기도했던 사람을 그린 소설도 있다. 우메자키 하루오(梅崎春生)는 전쟁 말기의 극한 상황에 쫓겼던 심리를 묘사한 「사쿠라지마」(櫻島, 1946)로 일약 전후파 작가의 대표적 존재가 되었다. 그가 전장을 무대로 삼은 「하루의 끝」(日の果て, 1947)에서는 부대의 전멸을 예상하면서 주인공이 왜 자신은 부대에 머물러 있는 것일까 자문하며 다음과 같은 답에 이른다.

> 존재하는 것은 살아 있을지 죽임을 당할지라는 차가운 사실뿐, 선이나 악은 없다. 진실이라는 것은 하나밖에 없는 것이다. 그것은 내면의 소리다. 살고 싶다고 하는 희구(希求)다. 자신을 위해서 사는 것이 유일한 진실이다. 그 밖의 행동은 감상에 지나지 않는다.

이 작품보다 10년 정도 전에 쓰인 야마모토 유조[184]의 『길가의 돌』(路傍の石, 1937)에서 주인공인 고이치(吾一) 소년이 친구와 용기를 겨루며 철교에 매달리는 장면이 있다. 어린 시절 영화에서 이 장면을 보고서는 조바심을 냈던 기억이 난다. 기차가 멈춰서는 바람에 큰 사고가 나지는 않았지만, 그 후 고등소학교의 담임선생님은 다음과 같이 고이치를 타일렀다.

인생은 죽는 것이 아니야. 사는 것이란다. 이제부터의 일은 무엇보다도 살지 않으면 안 돼. 자기 자신을 살리지 않으면 안 된다. 오직 한 명밖에 없는 자신을 오직 한 번밖에 없는 일생을 정말로 살리지 않는다면 인간으로 태어난 보람이 없지 않니?

'민족의 생명'과 일체화하라고 명령하는 내셔널리즘의 폭풍우 앞에서 개인의 생명의 존엄을 호소하는 것은 저항 외의 그 무엇도 아니다. 이는 틀림없다. 그러나 그것이 「하루의 끝」에서 등장하는 탈주병처럼 선악을, 즉 일체의 도덕을 내동댕이친 다음의 것이라면 고개를 갸웃거리지 않을 수 없다. 이렇게 말하는 것은 '멸사봉공'이라는 대의명분의 그림자 주변을 서성이며 전쟁을 모면하고자 하는 태도나, 자신만이 중요하고 사리사욕을 채우려는 사람들의 태도와 종이 한 장의 차이밖에 없기 때문이다.

184) 山本有三, 1887~1974. 소설가, 극작가. 넓은 사회적 시야에서부터 최선을 다한 인생을 긍정적으로 그려 나갔다.

그 종이 한 장의 차이가 전시하에서는 원성의 표적이 되었고, 전후에는 지탄의 대상이 되었다. 전후 군대생활을 그린 소설에는 반드시라고 해도 좋을 정도로 위로는 아첨하고 아래로는 뻐기는 하급관리가 그려져 있다. 민간인을 지키지 않고 중국과 한반도에서 철수를 개시했던 관동군에 대한 분노도 분출되었다. 그런 까닭으로 패전 처리를 위한 내각총리 히가시쿠니 나루히코[185]가 어떤 담화에서 말한 '일억총참회'(一億總懺悔)라는 말은 훗날까지 많은 반발을 야기했다.

다만 그는 그 담화에서 국민이 '완전히 속박되어 어떤 것도 불가능했던 점'을 패전의 큰 원인 중 하나로 들고 있다. 패전 직후부터 전쟁에 패한 것은 군부와 '관료의 독선과 부패'의 탓이라는 논조가 상당히 있었다. 이것을 '종이 한 장'의 차이로 잘 해냈던 일당을 비난하는 측의 입장에서 고쳐 말하자면, 전쟁을 일으킨 것은 군부와 관료의 지도자들이지 일반 민중은 '전쟁의 희생자'이므로 '일억총참회' 따위 농담도 유분수지, 우리들에게는 '패전' 따위가 아니라 '종전'이라는 주장이 된다. '종전'이라는 말이 선호되었던 것은 굴욕감을 느끼게 하는 '패전'이라는 말을 피하고 싶다는 심리 때문이 아니라 오히려 이러한 심정에서였던 것이 아닐까?

185) 東久邇稔彦, 1887~1990. 군인, 정치가. 1939년 육군대장이 되었고, 제2차 세계대전 중에는 본토 방위총사령관을 역임했다. 1945년 8~10월에는 전후 내각을 조직하여 총리로서 종전 처리 임무를 맡았다. 1947년 황실전범(皇室典範) 등의 개정으로 황족의 신분에서 제외되었다.

꺼림칙함의 불식

우메자키 하루오의 또 다른 단편 「가막조개」(蜆, 1947)에서 인용해 보자. 패전 후의 만원열차의 승강구 발판에서 남자가 흔들려 떨어졌다. 승객들이 동정하거나 걱정하기는커녕 웃음소리로 왁자지껄했다고 한다. 그것을 말하는 사람은 그때 자신도 결국 웃어 버렸다고 고백했다.

일본인의 행복의 총량은 국한되어 있다. 한 사람이 행복해지면 그만큼 누군가가 불행해지는 것이다. 우리들은 자신의 행복을 바라기보다 타인의 불행을 바라야 하기 때문에 있지도 않은 행복을 말하기보다 먼저 자기 주변의 사람을 불행으로 떨구어야 한다. 얄팍한 선의나 의협심을 가슴에서 몰아내고 나는 살아야지라고 그때 생각한 것이다. 생물인 이상 우리들에게는 살아남는 것이 최고이지 그 밖의 사념은 감상인 것이다.

자신의 생명이 가장 중요하다고 결심하기 위해서 그는 얼마만큼 '그 밖의 사념'을 버리지 않으면 안 되었을까? 타자에 대한 동정, 조국에 대한 사랑, 인간애…. 그리고 많은 사람이 죽어 갈 때 자신만이 살아남아 있다는 꺼림칙함. 무에서 출발하기에는 지나칠 정도로의 육체적, 정신적 상처를 안고서, 다시 말해 마이너스에서부터 출발했던 사람들도 무척 많았다.

젊은 지식인의 대다수는 침략전쟁으로 향해 가는 길을 막지 못하고 동년배의 사람들이 수없이 죽어 가는 가운데 총력전 체제에 협력하고서 살아남은 자산의 과거에 한심스러움을 느끼고 있었다. 그들 '전중파'(戰中派)는 그러한 꺼림칙함을 떠안은 채 재출발하고자 했다. 다만 여기에도 다양한 입장이 있어서 전후 사상에 여러 가지 굴곡을 낳았다.

일본을 점령했던 연합군은 간접통치의 정책을 폈다. 점령군과 정부에 의해 질서는 회복되어 갔다. 당연한 일이기는 하지만 그 지휘 아래에서 정부와 관료는 움직였다. 거대한 권력에 복종하면서 아랫사람들에게 명령하는 일본인의 모습은 젊은 사람들과 사회 저변의 사람들에게 전시와 마찬가지로 조금도 변하지 않은 것으로 비쳤다.

국민주의의 건설

전후의 새로운 질서회복은 한국전쟁에 대비하여 미군의 지휘하에서 재군비로 향하던 움직임과 동시에 이루어졌다. 그 때문에 옛 군인과 옛 관료의 기용이 이루어져 '역코스'(逆コース)라는 말이 유행했다. 그러나 그것은 어디까지나 미국의 핵우산 아래 미국과 협조해 가면서 일본의 국력을 높이려는 전략을 위한 것이었다. 아카오 빈[186]으로 대표되는 우익 세력도 마음으로부터는 아니라 해도 '친미'의 입장을 표명해 갔다.

이러한 가운데 근대적인 국민국가를 밑에서부터 재건하는 것이

186) 赤尾敏, 1899~1990. 우익활동가. 재군비론자로 '친미반공'을 기치로 한 '재군비촉진국민연맹준비회'를 결성하고 '재군비촉진선언'을 발표하면서 재군비론 진영을 진두지휘하였다.

라고 생각했던 사람들은 권력에 비위를 맞추는 일본인의 자세를 근본적으로 바꾸지 않으면 일본의 새 출발은 안 된다고 호소했다. 그중에서도 전시의 '초국가주의'에서 벗어나 새로운 '근대화' 즉 '국민주의'의 재생을 논한 도쿄대학 법학부 조교수 마루야마 마사오[187]의 의견은 많은 젊은 지식인의 마음을 사로잡았다.

그것을 논할 때 마루야마 마사오는 자주 '양공주 근성'(ペソペソ根性)이라는 말을 사용했다. 이 말은 미군 병사를 상대로 생활비 이상의 것을 벌어들여 위세를 부리는 여자들에 빗댄 말로서 주인만 바뀔 뿐 같은 태도를 반복하는 사람들을 비난한 것이었다.

그것을 '노예 근성'이라고 비난한 것은 중국 문학자인 다케우치 요시미[188]였다. 마루야마도 다케우치도 전시하에 스스로가 주체성을 관철하지 못했던 것을 반성하면서 무엇보다도 주체성, 자주성을 소중히 하는 것에서부터 재출발하고자 했기 때문이다. 이렇게 하여 전전의 천황제를 스스로의 행동에 주체적인 책임을 지지 않으려는 정신 풍토, '무책임 체제'의 상징으로 여기는 사상이 민주주의의 재건을 원하는 사람들 사이에 퍼져 갔다.

이 사상의 흐름은 일부의 문예비평가 사이에 전쟁에 저항했는지, 아닌지 하는 도식으로 전쟁 책임을 묻는 움직임을 만들었다. 그들은 총력전 체제에 협력하지 않고서 게으름 부리는 듯했던 태도,

---

187) 丸山真男, 1914~1996. 정치사상사 학자. 일본의 정치학을 학문으로서 확립시키고 전후의 민주주의 사상을 주도하였다.

188) 竹内好, 1910~1977. 중국 문학자, 평론가. 노신(魯迅)에 관한 연구 번역을 중심으로 전후의 언론계에 독자적인 발언을 전개하였다.

혹은 국내 망명자와 같은 태도를 보였던 사람들도 방관자라며 탄핵하였다.

군국주의로의 길을 막으려고 군부와 일정한 거리를 취한 고노에 후미마로 내각에 협력하였던 사람들이나 아시아 인민연대의 사상에 입각하여 서구 제국주의와의 전쟁에 찬동하였던 사람들, 또 소극적이기는 해도 전쟁 비협력의 자세를 일관했던 사람들 모두 그 시대를 살아간 사람들은 어떤 형태로든 그 체제를 지탱한 일원이었던 점에서는 다를 바 없었다. 그러나 그런 식으로 생각하는 것은 '총력전' 사상을 뒤집어 놓은 것과 같지 않을까? 미국의 초토작전도 원폭투하도 '참으로 지당하신 일'이 되지 않을까?

그리고 저항 또는 협력이라는 이분법적 논의가 성행한 시기에는 옥중에 붙잡혀 주의(主義)를 관철시켰던 공산당의 소수 간부가 존경을 받았다. 노동운동의 고양 속에서 공산당의 인기는 상당히 높았다.

일본의 후진성

제2차 세계대전 후의 국제관계는 핵무기를 가지고 서로 노려보며 어느 쪽이 높은 생산력을 가지는지 인공위성의 발사나 달에 인간을 보내는 과학기술로 서로 경쟁하던 미국과 소련의 대립을 기본으로 이루어졌다. 전후 일본의 사상은 그것에 대응하여 체제 측은 미국과 손잡고 일본의 국가 주권을 회복시켜 가는 전략을 취하였다. 그리고 반체제 측은 반미민족주의 혁명을 추진하고자 하는 세력과, 그것과는 어느 정도 거리를 취하면서 새로운 '국민주의'의 건설을 바라는 진보파 지식인들이 서로 협조하거나 반발하면서 전개되었다. 결국은 새로운 국제관계 속에서 근대 내셔널리즘을 어떻게 재건할 것인지 노선의 차이가 맞붙게 된 것이었다.

일본 공산당은 처음에는 유엔군을 전시 체제로부터 국민의 해방군으로 규정했지만, 얼마 후 소련이 국제적으로 택한 반미민족주의의 전략에 따라 입장을 전환하면서 1932년 테제를 답습하여 민주주의 혁명을 실현한다는 전략을 취하였다. 민족독립의 주장이 강조되자 천황제 타도는 뒤로 밀려났다.

전후의 일본 공산당은 마치 인민전선처럼 당세를 확대하여 갔다. 그런 까닭으로 1950년 반미민족투쟁을 폭력적으로 추진하고자 한 주류파(所感派)와 '국제공산주의'와 함께 평화적으로 민주주의를 추진시키고자 한 파(國際派)와의 노선대립 등 격한 당내 투쟁으로 인해 떨어져 나가는 사람들도 끊이지 않았다. 민주주의 세력과 협조하면서 운동을 진척시킬 것인지, 계급투쟁을 강조하는 입장에서 마루야마 마사오 등의 의견을 근대주의자로 비난할 것인지에 대해서도 당내는 제각각이었다.

1932년 코민테른 테제는 일본을 반(半)봉건제로 규정하고 있었다. 그것과 동일 선상에서 쓰인 『일본 자본주의발달사 강좌』(日本資本主義發達史講座)가 이른바 유일하게 과학적으로 정치와 경제를 분석한 책이었다. 일본은 독점자본의 단계에 있다며 비판했던 '노농파'(勞農派)로 불린 그룹은 논쟁에 패배했다고 여겨졌다. 이것을 공부한 젊은 지식인들은 일본 공산당과 거리를 둔 사람들조차도 일본의 후진성과 천황제를 연결시켜 논했다.

점령군도 일본의 후진성을 강조했다. 미국과 영국의 정치가나 군인들은 유럽 문명중심주의와 아시아 멸시의 자세를 강하게 지니고 있었다. 맥아더가 일본을 열두 살의 아이에 비유했던 것은 잘 알려져 있다. 이에는 일본인에게 패배감을 철저하게 심어 주려는 의미도 있었을 것이다. 점령군은 상형문자에서 출발한 한자를 마치 후진성의 상징인 듯이 생각해 문부성에 협력을 구해 로마자 학습을 장려했다. 이것은 메이지 시대의 양학파와 동일한 자세였다.

1946년, 미국의 문화인류학자 루스 베네딕트(Ruth Benedict)가 전시 중에 다루었던 일본 문화 분석을 정리한 『국화와 칼』(菊と刀, 일본어 역 1948)은 여러 요소의 편성이 만들어 내는 문화 유형이라는 분석 방법을 사용한 것으로 '국화'(황실)와 '칼'(무사)로 상징되는 일본 문화의 모순된 양면성을 지적하고 있다. 그러면서 그 근저에 '은'(恩)과 '의리' 등 상하관계에 노심초사하는 문화, 각자의 양심에 근거한 '죄의 문화'가 아니라 타자에 대한 체면을 중시하는 '수치의 문화'가 있다고 하였다. 기독교의 도덕을 기준으로 한 분석으로 불교의 '죄'가 무시되고 있는 점, 인간관계와 체면을 소중하게 여기는 것은 일본만의 특징이 아니라는 점 등은 누구라도 알아챌 수 있을 테지만, 여기에는 전전을 봉건제 사회로 생각하는 사상과 동조하는 부분이 상당히 침투되어 있다. 이윽고 일본 사회의 특징을 '수직사회'(タテ社會)라든가 '관계'(間柄)를 존중하는 사회로 보는 논의가 성행하게 된 토양이 되었다고 할 수 있다.

참된 애국

전후 일본의 근대화로의 재출발 노선은 내부적으로 다양한 경향의 차이를 내포하고 있었다. 그 차이는 일본의 사상문화를 재평가하는 데서도 드러난다. 마루야마 마사오 등 진보파 지식인은 메이지 시대의 국가주의에 대항한 것으로 후쿠자와 유키치의 사상과 자유민권운동을 '건전한 내셔널리즘'으로 재검토하였다. 이에 반해 일본 공산당과 사회당은 '국민문학'의 재건을 주장하며 민중의 전통문화를 예찬하고 민화와 마치슈(町衆)의 예능 등에 대한 재평가로 나아갔다. 신극(新劇)에 기노시타 준지[189)]의 『유즈루』(夕鶴, 1949) 등이 나타나 인기를 얻었다.

이처럼 거대한 흐름에서 벗어난 움직임도 다양하게 보였다. 예를 들어 학도동원 세대로 전함 야마토(大和)에 승선해 오키나와 해전에 출격해 격침되었던 전함에서 살아 돌아온 요시다 미쓰루(吉田滿)는 수기 「전함 야마토의 최후」(戰艦大和ノ最期)를 발표하려다 GHQ의 검열에 저지당했다. 그 완전판이 간행된 것은 1952년의 일이었다. 그는 가톨릭을 믿게 된 후 패배를 예감하고 전쟁의 허무함을 알면서도 조국의 장래에 한낱 희망을 걸고 죽음을 각오하였던 학도동원 세대의 심경을 기술해 나갔다.

이를 두고 전쟁 기록의 간행 그 자체를 전시하 사상의 망령처럼 비난하는 목소리가 높았다. 전쟁에 대한 반성이 평화를 사랑하는

---

189) 木下順二, 1914~. 극작가. 제2차 세계대전 뒤 『삼년 네타로』(三年寢太郎) 등의 민화극(民話劇)과 『풍랑』(風浪) 등의 사극으로 인정받았다. 『유즈루』는 그의 대표작으로 손꼽힌다.

일본인상을 그려 내려는 방향을 택하고 있었기 때문이다. 전몰학생 75명의 유고집 『들어라, 바다의 목소리를』(きけわだつみのこえ, 1949) 등의 간행을 통해 대다수의 사람들은 전쟁에 반대하는 심정이었지만, 강권에 끌려 어쩔 수 없이 전쟁터로 향했다고 하는 이미지가 그려졌다. 『들어라, 바다의 목소리를』이 원문 그대로 간행된 것은 1995년의 일이었다.

협력인지 저항인지와 함께 호전인지 평화애호인지라는 알기 쉬운 이분법이 퍼져 갔다. 새로운 국민주의의 건설을 내세우는 진보적 지식인도 민족민주혁명을 내건 좌익 세력도 모두 국가주의에 대한 '참된 애국'을 모토로 삼고 있었다. 그런 이유로 '대동아공영권' 구상도 마치 터무니없는 꿈같이 묘사되고 전쟁을 위한 국내 체제도 '파시즘'이라는 말로 정리되는 경향이 오랫동안 계속되었다.

이에 대항해 '협력과 저항은 종이 한 장'이었다고 논한 것은 다케우치 요시미 정도였다. 그리고 다케우치 요시미는 아시아에서의 민족독립 투쟁을 지지하는 편에 서서 발언을 계속하면서 제국주의에 저항하는 내셔널리즘의 의의를 꾸준히 논하였다.

제2차 세계대전 후에는 제1차 세계대전 후보다도 많은 국가가 독립하여 새로운 국경선이 차례차례로 그어진 시대였다. 유엔이 이것을 순조롭게 승인하는 구조가 형성되어 있었다. 이렇게 하여 독립한 아시아, 아프리카, 라틴아메리카의 개발도상 국가군은 1950년대 초반부터 역사적 복권을 지향하는 민족주의를 드높여 서로 연대하려는 움직임을 보이기 시작한다. 미 · 소 양대 진영에 대항해

'제3세계'라 불렸는데, 귀족, 부르주아, 프롤레타리아에 이은, 말하자면 제4의 인터내셔널리즘에 해당할지도 모른다. 일본의 지식인들 중 이것에 찬동하는 움직임도 있었다.

일본 문화의 전통의 재검토에서 이색적이었던 것은 하나다 기요테루[190]였다. 쇼와 전쟁 전기에 '일본적인 것'으로 중세의 상징미학에 관심이 모아졌던 시기, 그는 서구 르네상스에 관심을 두었다. 일본 중세에서 르네상스를 찾으려는 전쟁 중의 자세가 『부흥기의 정신』(復興期の精神, 1946)을 낳았다. 그리고 그는 전전 일본의 후진성을 강조하는 노선에 대해 '전근대적인 것을 부정적 매개로 하여 근대를 극복한다'라는 명제에 따라 활동을 전개해 갔다.

또 예를 들면 일체의 내셔널리즘을 부정하고 절대평화를 추구한 로맹 롤랑의 국제적 보편주의의 입장을 가슴에 안고 전쟁을 돌파한 작가 나카무라 신이치로[191]는 헤이안조의 귀족문화 속에서 대륙문화와의 융합을 찾고자 하였다. 그러나 이것은 좌익 내셔널리즘으로부터 귀족주의 또는 관념적인 낙천주의처럼 간주되었다.

---

190) 花田清輝, 1909~1974. 작가, 평론가. 반어 · 역설을 자유롭게 구사한 문체로 아방가르드운동을 지도하였다.

191) 中村真一郎, 1918~1997. 시인, 소설가, 평론가. 프루스트와 왕조문학의 영향하에서 전체 소설의 실현을 의도한 『죽음의 그림자 아래에서』(死の影の下に, 1947)로 전후파 작가로서 각광받았다.

2. 일본문화론의 계절

착종하는 일본문화론

문화사를 재평가하려는 움직임과는 별도로 일본 문화의 구조를 논하는 것도 다양하게 나타났다. 최초로 이목을 끈 것은 가토 슈이치(加藤周一)의 『잡종문화』(雜種文化, 1956)였다. 영국과 프랑스 등의 '순혈종'(純血種)에 비해 여러 가지의 요소가 복합된 일본 문화의 특징을 '잡종'(雜種)성이라고 명명하고, 그러기에 희망도 있다고 논하였다. 이 경우 '잡종'은 '모자이크'로 비유되었고, '혼혈'종의 의미는 아니었다.

그에 대하여 젊은 문예비평가 에토 준(江藤淳)은 「노예의 사상을 배척한다」(奴隷の思想を排す, 1958)에서 일본 문화는 '모자이크'가 아니라 다양한 요소가 부유하고 있는 '수렁'이라고 논하였다. 부정형(不定形)의 입체적인 비유를 사용한 것으로 상당히 공감을 얻어 퍼진 듯하다. 나중에 엔도 슈사쿠(遠藤周作)가 장편소설 『침묵』(沈默, 1966)에서 기독교에 대한 일본 풍토의 문제를 다루었을 때에도 '늪지'와 '수렁'의 비유가 사용되었다. 전향한 사제(司祭)의 입을 통해 이 나라에 기독교는 뿌리를 내리지 못하고 변용되어 그 뿌리가 썩고 있다고 말하였다(다만 이 작품에는 풍토성보다 깊은 문제로서 생명의 구원이라는 테마가 자리 잡고 있었다).

이는 고대로부터 간헐적으로 중국의 새로운 문화와 문명이 전파되거나 메이지 시대에 서양 문명이 전파되어도 그것들이 굳건한 구조를 갖고 뿌리를 내리지 못한 정신 풍토의 이미지이다. 이렇게 부정적인 일본 문화의 이미지는 일본의 후진성을 강조함으로써 근대의 재출발을 기대한 패전기 내셔널리즘의 이면에서 생겨난 것이었다.

이들은 문화의 구조와 형태를 논하는 움직임에 자극을 받았으며, 대부분이 직관적인 것이었지만 얼마 지나지 않아 문화권의 유형론으로 발상의 전환을 재촉하는 논리가 등장한다. 우메자오 다다오(梅棹忠夫)의 『문명의 생태사관』(文明の生態史觀, 1967)이 그것이다. 우메자오 다다오는 동물생태학을 공부한 후, 중앙아시아 유목민이 계절에 맞춰 풀을 찾아 이동하는 양의 무리를 따라 생활하는 것에 착안하여 자연생태계에 호응하는 '문명의 생태사관'을 제기하였다. 자연에 따르는 인간의 생활이라는 발상에서 유라시아의 각 문명을 비교하려는 장대한 구상은 일국문화론(一國文化論)에 얽매였던 전후 사상을 크게 타파하는 것이었다.

이와는 대조적으로 잊혀진 전통을 발굴하여 일본 문화의 심층을 찾으려는 작업이 국제적인 전위화가로 활약하던 오카모토 다로(岡本太郎)에 의해 시작되었다.

> 조몬(繩文)식 문화의 힘차고 마술적이며 신비적인 힘이 땅속의 열과 빛처럼 역사의 심연으로부터 우리들을 비추어서 따스하게 만들고 있다. 이러한 과거를 가진 민족의 정열, 생명력이 완전히 시들어 버리는 것은 있을 수 없다. 민족에 대한 신뢰감이다.

---

192) 胎藏界曼陀羅. 부처의 보리심과 대비심(大悲心)을 태아를 키우는 모태에 비유하여 나타낸 그림. 태장계 여러 부처의 덕을 상징한다.

『일본의 전통』(日本の傳統, 1956)에서 이러한 '민족에 대한 신뢰감'을 서술한 후 오카모토 다로는 『잊혀진 일본—오키나와 문화론』(忘れられた日本—沖縄文化論, 1961)을 통해 도호쿠(東北)의 '오시라(オシラ)의 혼'이나 밀교의 태장계만다라[192]에서 근대의 압력에 대항하며 면면히 살아 있는 근원적인 '신비 일본'을 찾아 나갔다.

심층의 내셔널리즘

오카모토 다로는 '전통'이라는 관념의 형성에서부터 묻고자 하는 자세를 이미 지니고 있었다. 「전통론의 새로운 전개」(傳統論の新しい展開, 『日本の傳統』, 角川文庫版, 1964)에서 이렇게 서술하였다.

> '전통' '전통'이라고 귀신의 목이라도 딴 것 같은 기분이 드는 이 말 자체는 tradition의 번역으로서 메이지 후반에 만들어진 신조어에 지나지 않는다. (중략) 전통이라는 말이 메이지 시대에 만들어진 것처럼 내용도 메이지 관료에 의해 급조되었다. 압도적인 서구화에 대한 대항과 또 그 근대적 체계에 대응하여.

메이지의 '전통' 관념은 명백하게 서구 근대가 발명한 것의 이식이었다. 오카모토 다로는 『일본의 전통』(초판)에서부터 그러한 '전통' 형성의 움직임은 서구 근대 문명의 유입에 대한 반동이기에 '일본주의도 부자연스러운 뒤틀림'을 가진 채 '음침하고 씁쓸한 이면의 문화를 내세웠다'고 단언하였다. 와비 · 사비와 유현(幽玄)을 일본 문화의 진수로 보는 관념이 오카쿠라 덴신에게서 시작되었다고 판단한 것이다. 그리고 그것은 다음과 같은 일본 문화관으로 완성되었다.

> 근면하고 천진난만하고 호기심이 강한 일본 민족은 그 후 갖가지 문화를 배워 멋지게 자신의 것으로 만들었다. 온갖 문화 형식의, 역사적으로도 엇갈리는 몇 개의 층이 맞부딪치면서도 합쳐져 있다. 실로 기묘한, 세계에서도 드문 복합문화이다. (「運命に生きる」, 『原色の呪文』, 1968)

역사적으로 복합된 문화층이라는 파악 방법은 프랑스의 문화인류학자 레비스트로스의 이른바 '유구한 역사' 즉 서구 근대 문명과의 접촉 이전의 오랜 전통이라는 사고를 초월한 상당히 정확한 조감도를 그리고 있다. 그러나 오카모토 다로는 그보다 더 아래쪽에서 마치 지하수맥처럼 끊임없이 흐르는 일본의 독특한 것을 환시(幻視)했다. 앞의 문장은 다음과 같이 이어진다.

> 그런 타성과 혼란의 소용돌이 밑에서, 그러나 틀림없이 살아 있는 일본 특유의 청아한 생명감이 있다. / 얼핏 보면 여리고 비논리적이어서 오늘날의 세계에 통용되기는 어렵지만, 현대 일본인의 사고나 모럴을 바닥 깊숙한 곳에서 움직이게 하는 것은 그것이다. (앞의 책)

오카모토 다로는 국제적으로 민족문화 상대주의운동이 고양되었던 1920년대에 청년기를 맞이하여 파리로 건너가 민족문화를 구조로 파악하고자 그 원형을 추출하려는 구조주의 문화인류학의 기초를 배웠다. 1940년에 일본에 돌아왔을 즈음에는 황국정신이 '민족의 생명'으로 얘기되고 있었다. 그것에 대항하려는 듯, 이노우에 데쓰지로는 『일본 정신의 본질』(日本精神の本質)에서 '유신(惟神)의 길'이란 국제적으로 보편적인 '공명정대'의 정신이라고 서술하면서 일본적인 특질로서 '청명심'(清明心)을 설명하였다. 귀국한 오카모토 다로의 마음에 스며든 것은 이것이 아니었을까?

다만 '청명'은 신력(新曆) 4월 5, 6일경을 '만물이 여기에 이르러 모두 깨끗해진다'고 이르는 옛 중국의 명절 행사로부터 비롯된 말이다. 그리고 더러움을 깨끗이 한다는 관념은 동아시아에 한정되지 않고 대부분의 종교에 공통하는 것이다. 그렇다면 오카모토 다로의 원형을 찾으려는 상상력이 낳은 '맑은 생명감'이란 또 하나의 보편성을 갖춘 일본 문화의 '전통 창조'에 다름 아니었다. 그러나 무릇 오카모토 다로의 『일본의 전통』은 전통이란 스스로 발견하는 것, 창조하는 것이라고 전제하면서 시작된 것이었다.

전후 사상에의 리액션

전후 사상의 주류에 대한 비판이 본격화된 것은 1960년에 뜨거웠던 반안보투쟁의 물결이 물러나면서부터였다. 미일안보조약의 개정을 둘러싼 반대운동은 국론을 양분시키며 고양되었다. 그러한 고양은 진보파 문화인들에게는 민주주의의 성숙으로 받아들여져 시민운동의 가능성이 열린 것으로 비쳤다. 그러나 일본 공산당은 그 초당파인 '국민연합'을 지키기 위해 국회 돌입이라는 직접행동을 호소하며 상당한 찬동을 모았던 전학련(全學連) 주류파를 내팽개쳤다.

이런 공산당의 태도에 대한 비판이 좌익 내부에서 반대파 입장에 선 요시모토 다카아키(吉本隆明), 다니카와 간(谷川雁), 구라다 간이치(黒田寛一)의 공저 『민주주의의 신화』(民主主義の神話, 現代思潮社, 1960년 11월)로 간행되었다. 그들은 계급투쟁의 입장에 서서 반미 민족주의의 노선을 걷는 스탈린주의의 일본판이라며 일본 공산당을 탄핵한 다음, 근대 국민주의를 주장한 진보파 지식인에게도 그 비판의 화살을 겨냥해서 전후의 반체제 사상의 총체를 '평화와 민주주의'로 정리해 냈다. 그전에 1956년, 헝가리에서 비스탈린주의화를 추구하며 일어난 혁명을 소련이 전차로 진압한 것에 대해 공산당 내부에서도 항의의 목소리가 높아졌다. 그러나 소리를 높였던 사람들은 제명되었다.

1965년 베트남 전쟁이 격화되고 인도 · 파키스탄 전쟁이 발발했다. 1966년에는 중국 '문화대혁명'이, 1967년에는 제3차 중동전쟁이 일어났다. 1968년에는 미국이 베트남에서 패주를 시작했고, 체코슬로바키아의 자유화 물결에 대하여 소련군이 전차로 진압하는 사건이 일어났다. 미 · 소 양대 진영의 세계지배가 붕괴되기 시작했다는 예감에 제2차 세계대전 후의 베이비 붐 세대는 민감하게 반응하면서 세계 각지에서 큰 데모와 반란이 일어났다. 베트남 반전운동에, 미국의 흑인폭동과 탈주병 지원의 움직임이 호응하여 일어나는 등 국제연대의 색채가 강하게 나타난 것이 이 시기 급진주의의 특징이었다.

베트남 반전운동이 사회당, 공산당에 계열화되어 있던 것에 맞서 1965년 4월 작가 오다 마코토(小田実)를 대표로 하는 '베트남에 평화를! 시민연합'이 발기하였다. 이것은 1960년 반안보투쟁이 만들어 낸 시민운동을 사회당, 공산당과는 별도의 흐름으로 전개하는 것이었다. 또한 요시모토 다카아키 등 좌익반대파의 사상은 신좌익 각 당파의 반전운동과 대학투쟁의 기반을 만들었다.

무신론적 실존주의와 마르크스주의의 통합을 시도하고 알제리의 식민지 독립을 위한 무장투쟁을 지지하면서 반전운동 등 정치참가를 호소하던 프랑스의 작가이자 철학자인 사르트르의 일본 방문, 남미의 반미 무장투쟁의 전개, 마치 '영구혁명'(永久革命)처럼 비치는 중국 문화대혁명 등 여러 자극이 겹쳐 1960년대 후기의 일본은 학생 반란의 계절을 맞이했다. 1970년 반안보투쟁을 향해 고조된 운동의 물결은 1968년 10월 21일 신주쿠(新宿)역 소란사건 등으로 경찰기동대와 폭력적으로 충돌하여 곳곳에서 화염병이 날아다니는 광경을 연출함으로써 어수선한 분위기를 만들어 냈다. 그중에서 폭탄이나 총기의 사용과 항공기 공중납치, 아랍 적군에의 참가 등 테러리즘으로 치닫는 부대도 생겨났고, 또한 조직 내부의 린치사건이나 신좌익 각 당파의 폭력적 대립, 이른바 '내부 투쟁'으로 사상자가 속출하는 사태가 겹치자 이러한 행동과격주의는 일거에 위축되었다.

미시마 유키오의 경우

이런 행동과격주의 계절의 도래에 고무되어 사상도 행동도 과격

해졌던 이가 국제적인 스타 작가 미시마 유키오(三島由紀夫)였다. 1970년 11월 25일 오전, 스스로 조직하여 무장투쟁훈련을 해 온 '방패의 모임'(楯の會)의 학생 4명과 함께 자위대 이치가야(市ヶ谷) 주둔지에 난입, 궐기를 부르짖었으나 반응을 얻지 못하자 총감실에서 할복자살하였다.

전시 중에 조숙한 청년기를 보냈던 미시마 유키오는 중세 미학이야말로 '일본적인 것'이라고 하는 사조에 영향받아 젊은 노(能) 배우와 아름다운 무녀가 죽음에 이르는 드라마 「중세」(中世, 1944) 등을 썼다. 예술정신에 실생활의 윤리를 일치시키는 태도를 중세의 예술가에게서 발견하고(「反時代の芸術家」, 1948), 그것을 모방함으로써 전중파(戰中派)에게 '진기한 짐승이라도 보는 듯한 눈길'을 보이던 전후 사회에 '반시대자'(反時代者)의 포즈로 대답하고자 하였다. 미시마 유키오는 화려한 패션과 보디빌딩, 검도 수행 등을 통해 매스컴의 주목을 끌어 작가가 스타 대접을 받는 시대의 출현에 한몫하면서 실생활의 윤리를 일치시킬 길이 예술만은 아님을 보여주었다.

1964년 10월 도쿄올림픽 개최를 맞이하여 국내의 사회간접자본을 갖추기 위해 민간자본이 활성화되면서 고도경제 성장에 탄력이 붙자 내셔널리즘도 고양되었다. 그 물결이 잦아진 1966년, 미시마 유키오는 「영령의 소리」(英靈の聲)를 발표하였다. 이 작품은 "왜 천황은 사람이 되셨는가"라며 패전 후 천황의 '인간선언'에 대하여 저주를 퍼부으면서, 천황을 현인신으로 모시는 만방무비(萬邦無比)의 국가라는 전시 관념의 망령을 기이한 박력으로 현대 일본에 다

시 불러낸 작품이었다. '대중의 의식 기저에 있는 일본적, 낭만적 심정'(磯田光一)을 원한으로서 일으켜 세우려 한 작품이라고 평가 받았다.

그것은 같은 해에 간행된 다카하시 가즈미(高橋和巳)의 『고립무원의 사상』(孤立無援の思想), 요시모토 다카아키의 『자립의 사상적 거점』(自立の思想的據點), 러시아 테러리스트에 대한 향수가 밴 이쓰키 히로유키(五木寛之)의 「창백한 말을 보라」(蒼ざめた馬を見よ) 등 '평화와 민주주의'의 전후 질서에 '아니다!'(non!)를 외치던 과격주의에 대해 역방향에서 호응한 것이었다.

1969년 미시마 유키오는 『문화방위론』(文化防衛論)을 간행한다. 무질서할 정도로 자유롭게 전개되어 왔던 일본 문화의 정신과 '미의 총람자(總覽者)'로서 그것에 질서를 부여하는 천황이라는 존재를 물질문명의 더러움으로부터 구해 내고, 또한 공산주의의 손으로부터 지키기 위해서는 무력이 반드시 필요하다는 주장이다. 전시 중에 천황이 '무한한 가치의 원천'이었다고 논한 마루야마 마사오의 주장을 역이용해 고래로부터 평화와 문화의 상징으로서 천황이 존재했다는 쓰다 소우키치와 와쓰지 데쓰로 등의 주장을 접목시키고, 그것에 무(武)를 문화의 일부로 삼아 온 '전통'을 연결시킨 것이었다. 사회당, 공산당이 민중의 전통문화를 찬양하던 것에 대항해서 하야시 후사오(林房雄)의 '천황주의 아나키즘'의 사상, 그리고 천황을 '토속 신탁(信託)적이고, 과거로부터 국민통일과의 결합의 상징'이라고 보는 다케야마 미치오(竹山道雄)의 「천황제에 대하여」(天皇制について, 1963), 게다가 루스 베네딕트의 『국화와 칼』에

많은 것을 의지하고 전쟁 중에 생겨나 전후에 전개된 문화주의 내셔널리즘의 산물이라 하겠다.

『문화방위론』의 마지막 부분에서 이 주장은 현행 헌법하에서도 실현 가능하다고 서술하였지만, 이치가야에서의 연설에서는 '헌법 개정'을 호소했다. 미시마 유키오가 과격주의의 계절에 고무되어 행동도 사상도 급속히 고양되어 갔던 것은 분명하다.

사건은 전후의 '평화와 민주주의'에 대항하여 위험한 어릿광대 역할이 몸에 배어 버린 작가 미시마 유키오가 자신의 목숨을 걸고 마지막으로 연기한 대연극이었다는 느낌이 강하다. 저널리즘은 소란스러웠지만 야스다 요주로(保田与重郎)처럼 '일본 역사상 몇 백 년간 이야기될 대사건'으로 평가했던 사람은 소수에 그쳤고, 사토 에이사쿠(佐藤栄作) 수상을 비롯해 체제 측은 달갑지 않은 듯 얼굴을 돌렸으며, 광기의 사태라고 일축하는 논조도 많았다. 자위대에 궐기를 촉구하는 등 해프닝이라는 한 마디로 충분했다. 그렇지만 이 사건을 일으킴으로써 '진기한 짐승이라도 보는 듯한 눈길'로 미시마 유키오라는 작가에게 관심을 보이는 사람들의 수가 국제적으로 늘어난 것은 확실했다.

오에 겐자부로의 경우

미시마 유키오가 불러일으킨 사건에 의해 자기 내면에 있는 천황 이미지를 다시 끄집어 낸 사람들도 있었다. 오에 겐자부로(大江健三郎)도 그중 한 사람이었다. 사건 직후에 쓰인 『스스로 눈물을 씻을 날』(自ら我が涙を拭いたまう日, 1971)의 권두에 "사병(私兵)의 군복을 걸친 할복자의 목 없는 시체가 순수 천황의 양수가 뿜어 나오는 암흑 성운을 하강한다"라는 이미지가 등장한다. 그리고 오에 겐자부로는 미시마의 죽음에 관하여 '부정적인 계기로서'의 중요성을 계속해서 논해 왔다(「最後の小説」, 1988). 오에 겐자부로의 내면에 숨어 있던 현인신의 상은, 이윽고 성스러운 것에 대한 그리움의 근원으로 거슬러 올라가 윌리엄 블레이크(William Blake)의 시구를 매개로 하여 우주 생명수(生命樹)의 이미지로 승화한다(「燃えあがる錄の樹」, 1988). 이는 그가 '현인신'의 관념이 심어진 유소년기에 같이 형성된 '우주대생명'이라는 신비로운 관념의 흔적은 아니었을까?

오에 겐자부로의 노벨문학상 수상기념 강연 「애매한 일본의 나」(あいまいな日本の私, 1994. 1995년 간행)는 가와바타 야스나리의 노벨상 수상 강연 「아름다운 일본의 나」(美しい日本の私, 1968)를 강하게 의식한 것이었다. 가와바타 야스나리는 '언어를 통한 진리 표현의 불가능성을 주장하는 선(禪)의 노래'를 인용하는 등 동아시아인 이외에는 '폐쇄된', 'vague'(명료하지 않다는 의미의 애매)한 말을 사용했지만, 자신은 'ambiguous'(양의적이라는 의미의 애매)를 택한다며 그 자세를 밝혔다.

가와바타 야스나리는 동양의 미의식을 이해하려는 사람들, 즉 서양인의 '동양의 신비'에 대한 관심과 기대에 응하려는 태도를 취했다. 그에 비하여 오에 겐자부로는 서양인에게 열린 지성을 보여주려는 태도를 택했던 것이다. 이것은 일본의 지식인이 국제사회에 대응할 때 보이는 두 가지 다른 태도를 나타내고 있다. 국제적인 공간이란 서로 자국 문화에는 없는 자극을 얻기 위한 장이기 때문에 저마다 자국의 문화전통의 특징을 보여 주는 방식이 좋다는 태도와, 공통의 지성을 기반으로 하여 서로의 이해를 높이려는 태도의 차이이다.

오에 겐자부로의 강연의 초점은 "개국 이래 120년의 근대화에 이어진 현재의 일본은 근본적으로 애매함, 'ambiguity'의 양극으로 분열되어 있다고 나는 관찰합니다. 뿐만 아니라 그 애매함에 상처와 같은 깊은 자국이 새겨진 소설가로서 나 자신이 살아 있는 것입니다"라는 내용으로 끝나고 있다. 그러한 'ambiguous'한 일본 근현대의 상은 이렇게 이야기되었다.

> 일본의 근대화는 오로지 서구를 따라 하려는 방침의 산물이었습니다. 그러나 일본은 아시아에 자리 잡고 있으며, 일본인은 전통적인 문화를 확고하게 지켜 오기도 했습니다. 그 애매한 행방은 아시아에 침략자의 역할로 그 자신을 몰아넣기도 했습니다.

또한 "서구를 향해 전면적으로 열려 있었을 터인 근대의 일본 문화는 그럼에도 불구하고 서구 측에서는 언제까지나 이해 불능의 어두운 부분을 계속 남겨 왔습니다"라고도 말했다. 이러한 일본의 역사관은 마치 자명한 것처럼 이야기되었다.

20세기의 제국주의 전쟁, 식민지 재분할전쟁을 치를 정도로 근대화되면서도 '예부터 일본은 신의 나라'라는 사상에 의해 '현인신'으로서 천황을 정점에 두고 '봉건적'으로 운영되던 전전의 일본, 그것을 반성하고서 다시 서구, 아니 미국에 따라붙기 위해 근대화와 민주주의의 길로 출발하면서도 상징천황제를 남기며 전통문화를 부활시킨 전후 일본. 이러한 사태들에 직면하여 일본은 '근본적으로 애매함, 'ambiguity'의 양극으로 분열되어 있다'고 젊은 지식인이 실감했다고 해도 이상하지 않다. 그러나 그러한 실감은 근대화의 재출발이라는 전략목표를 세우고 근대화, 즉 서구화라고 생각했던 전후 사상을 길러낸 것은 아니었을까?

근대 문명의 발전과 그와 모순되는 '전통'이 공존하는 상태는 서구 나라들에서도 일반적으로 보이는 것이다. 그런 '애매함'이 서구 열강을 '침략자의 역할로 그 자신을 몰아넣은' 원인이 되었던 걸까? 일본은 왜 그렇게 되었을까? 바로 이것이 중요하지 않을까? 동양 혹은 일본 문화의 '전통'이 근대에 와서 차례차례로 '발명'되고 다시 짜맞추어져 마침내 '서구 제국주의의 초극'으로 향했기 때문에 많은 지식인들이 '아시아에서 침략자의 역할'을 정당화하게 되었던 것은 아니었을까?

일본 근현대에서 나타나는 '애매함'의 핵심에 대해서는 이 책의 끝에 내 나름의 생각을 적고자 한다.

마루야마 마사오의 경우

마루야마 마사오는 『증보판 현대 일본의 사상과 행동』(增補版 現代日本の思想と行動, 1964)의 후기에서 "나 자신의 선택에 관해서 말하자면 대일본제국의 '실재'보다도 전후 민주주의의 '허망'에 건다"라고 밝혔다. 그 뒤 1970년대에 들어서자 그는 그 '허망' 즉 전후 이데올로기로부터 되돌아와 그때까지 자신이 가졌던 일본 사상

사관의 수정을 도모하는 「역사의식의 '고층'」(「歴史意識の'古層'」, 1972)을 저술했다. 기기신화(記紀神話)의 용어를 분석하여 일본 사상의 '고층'의 특징으로 '잇달아 생성되는 기세', 다시 말하자면 생성증식의 '선형(linear)적 계기'를 가진 '역사적 낙천주의(optimism)'가 있다고 논하였다.

'역사적 낙천주의'란 목표나 목적을 가지지 않고 '잇달아 생성되는' 역사 흐름의 '기세'에 몸을 맡긴다는 정도의 의미이다. 거기에는 행동과격주의로 돌진하여 좌절로 끝난 1970년 반안보투쟁의 그림자를 볼 수 있을지도 모르겠다. 일찍이 『일본의 사상』(日本の思想, 1961)에서 마루야마 마사오는 "전통으로의 사상적 복귀는, 말하자면 인간이 깜짝 놀랐을 때에 오랫동안 사용하지 않던 사투리가 갑자기 입 밖으로 튀어나오는 듯한 형태로 때때로 이루어진다"라고 서술하고서 이것을 "매우 돌연변이적으로 초고대(超古代)가 분출한다"라고 묘사하였다. 이 논문에서는, 말하자면 그것을 줄곧 일본 사상사의 기층에서 끊임없이 울려 퍼지던 것으로 재인식하였던 것이다. 또는 왜 이 나라에서는 도약 즉 혁명이 성립되지 않는 것인가의 이유를 묻고서 천황을 정점으로 두었던 '무책임' 체제의 바닥을 파헤쳐 선형의 점진사관을 규명했다고도 할 수 있다.

「역사의식의 '고층'」은 일본 신화에서 보이는 '미개사회' 전반에 꽤 공통적이던 태양 신앙 등의 여러 요소가 아니라, 그러한 요소들이 조합된 구조가 그 문화의 '개체성' 또는 '개성'을 가진다는 생각에 바탕을 두고 쓰여 있다(「原型・歴史・執拗低音」, 1984). 이것은 프랑스의 구조주의 문화인류학자 레비스트로스의 이른바 '오랜 문

화'—과학기술문명의 사고방식의 영향을 받기 이전의 사고양식—를 루스 베네딕트가 『국화와 칼』에서 보여 준 여러 요소의 조합에 의한 문화 유형의 분석 방법으로 해명하려는 듯한 태도라고 해도 좋다. 그러한 전통문화의 형태를 기기신화로부터 추출하고자 하면서 '되다'(成る)라고 하는 말의 사용빈도가 많은 점에서 이른바 산술적으로 얻어진 것이 '잇달아 생성되는 기세'라는 특징이었다.

하나의 문화를 중층구조처럼 파악하고 그 가장 오래된 층이 심부에서부터 표면을 밀어 움직이게 하는 이미지는 오카모토 다로의 일본문화론과도 공통점이 있다. 하지만 이미 전쟁 전에 '일본 민족'이 '세계사적 사명을 수행하기 위해 민족의 중대한 삶의 계기'를 논한 와쓰지 데쓰로의 '일본 문화의 중층성'이 있었다. 그보다 이전에 니시다 기타로의 『일본 문화의 문제』는 '생생발전'(生生發展)을 키워드로 역사에 관해 서술하고 있다. 「역사의식의 '고층'」은 이를테면 니시다 기타로가 일본 역사 전개의 계기로서 지적한 '생생발전'을 와쓰지 데쓰로의 이른바 '일본 문화의 기층'에 접목시키려는 듯한 것이었다. 그리고 1940년에 설치된 신기원(神祈院)의 편집에 의한 『신사본의』(神社本義)는 "대대로 천황을 모시고 충효의 미덕을 발휘하여 군민일치의 비길 데 없는 하나의 큰 가족국가를 형성하고서 끊임없는 국가의 생명이 생생발전을 계속하고 있다. 이것이 우리 국체의 정화(精華)이다"라고 주장하였다.

일찍이 일본 신화의 '국토 생성'를 비유적으로 파악하여 불안정한 상태를 힘으로 제압했던 사실(史實)을 읽어 내려 했던 것은 구메 구니타케의 『일본 고대사』(日本古代史, 1904)였다. 그러나 그 후 신

화는 신화로서 읽어야 할 일이지 사실을 읽어 내려 한 것은 잘못이라는 태도가 역사학계에 퍼졌다. 진무동정(神武東征) 등도 신화에 불과하다면서. 그리고 쇼와 전쟁 중기에는 '와비 · 사비'의 중세 미학과 함께 '신의 뜻 그대로의 길', '신국(神國) 일본'의 합창 속에 일본 정신의 근본으로서 '참'(まこと)을 신화나 『만엽집』에서 읽어 내려는 자세도 강해졌다.

'참'에 관하여 윤리학자 기히라 다다요시[193]의 대 미영전쟁 개전 전의 강연록 『일본적인 것』(日本的なるもの, 1941)은 "친구에 대한 믿음이라는 그러한 믿음은 대생명의 분지(分肢)로서 하나의 생명이 대생명에 연결됨으로써 느끼는 힘"이라고 서술하고 있다. 기히라 다다요시도 가케이 가쓰히코 식의 '민족의 대생명'관의 범위 내에 있었다. 그리고 『고사기』에 관하여 "이 정도까지 되다(なる)에 철저한 서적이 달리 있으리라고는 생각할 수 없다"며, 그 '되다'는 '있다' '없다'의 문제 이상의 것으로 '되게 하다, 생산하다, 살리다는 것이 일본인의 생명'이라고도 서술하고 있다.

이것에서 시사받아 마루야마 마사오가 기기신화의 '되다'에 착안했을 게다. 그러나 기기신화에 '되다'가 자주 나오는 것은 어쩌면 당연한 것이다. 여러 부족의 창세신화, '국토 생성' 신화, 이 세상은 이렇게 만들어졌다, 이 나라는 이렇게 이루어졌다는 전설이 많이 모여 하나로 융합되기 전에 각각의 모습을 반 정도 남겨 둔 채

193) 紀平正美, 1874~1949. 철학자. 1919년부터 가쿠슈인대학교 교수였으며, 1934~1943년까지 국민정신문화연구소의 연구원으로 있었다.

편찬된 것이기 때문이다. 편찬의 사정에 대한 고찰 없이 어떤 말이 등장하는 빈도에 따라 그 신화의 성격을, 하물며 민족의 심성을 가늠하는 따위는 있을 수 없다.

기히라 다다요시가 『일본적인 것』에서 보여 준 '초고대'는 결코 돌연변이처럼 분출된 것이 아니다. 메이지라는 시대가 끝났을 때 모토오리 노리나가, 히라타 아쓰타네와 함께 가케이 가쓰히코에 의해 환기되어 차츰 세력을 얻은 것이었다. 전후 민주주의의 '허망'에 기대를 걸어 왔던 마루야마 마사오가 거기로부터 되돌아와 상정한 「역사의식의 '고층'」은 사실은 대일본제국의 '실재' 즉 전쟁 중에 선전되었던 '민족의 대생명' 사상과 다름없었다.

일찍이 마루야마 마사오는 『일본의 사상』에 이렇게 적고 있다. "과거는 자각적으로 대상화되어 현재 속에서 '지양'되지 않기 때문에 배후로부터 현재로 미끄러져 들어오는 것이다. 사상이 전통으로서 축적되지 않는다는 것과 '전통' 사상이 어물어물 아무런 관련성 없이 잠입하는 것은 실은 동일한 것의 양면에 지나지 않는다"는 것이다. 나는 여기서 잘 알려진 이 말을 고스란히 그 저자에게 돌려주려고 한다.

3. 내셔널리즘의 상대화로

요시모토 다카아키의 방법

시인, 평론가로서 또 전중(戰中) 세대로서 전후 혁명과 그 좌절을

탄핵하며 「전향론」(轉向論, 1958) 등에서 '무류(無謬)의 공산당' 신화를 붕괴로 이끌었던 요시모토 다카아키는 언어를 도구로서 파악한 스탈린의 언어론을 비판하면서, 자기 표출로서의 일본 근대 문예를 논한 『언어에 있어 미란 무엇인가』(言語にとって美とはなにか, 1961~1965), 전쟁으로 향했던 대중의 심리를 고찰한 「일본의 내셔널리즘」(日本のナショナリズム, 1964), 메이지 시대 내셔널리즘론, 천황제론 등 전후 사상의 허점을 파고들어 반전(反轉)시키려는 시도를 거듭했다. 그리고 타자와의 관계로부터 빠져나오는 것이 불가능한 인간이 어떻게 '자립'을 이룰 수 있는지 그 근거를 찾아 『공동환상론』(共同幻想論, 1968)과 『다카무라 고타로』(高村光太郎, 1970) 등에서 인간의 환상을 '나'라는 '자기 환상', 남녀의 '대환상'(對幻想), '우리들'이라는 '공동 환상(국가)'의 세 단계로 나누고, 그 사이의 전위(轉位)를 생각하는 방법을 개척하였다.

보통 내셔널리즘의 상대화라고 하면 국제 비교를 생각한다. 그러나 요시모토 다카아키는 국가를 '환상의 공동사회성'이라고 서술한 마르크스와 엥겔스의 『독일 이데올로기』에서 힌트를 얻어 국가라는 것을 인간 환상이 만들어 낸 수준의 하나로서 상대화시키는 방법을 제시했던 것이다. 이것을 맞춰 보면 영국, 프랑스, 독일, 일본, 중국 등 각각의 경우에 종교와의 결합이나 문화공동체의 이념 차이 등 환상 영역과 관련지어 근대 내셔널리즘의 차이를 보다 명확히 하는 것이 가능할 것이다. 더 나아가 국가의 하부에는 '향토', 그 상부에는 문화권이라는 관념도 만들어져 있었다. 이것들이 겹쳐 있는 형태 전부를 문제로 삼아 검토하는 길이 여기에서 펼쳐질 것이다.

그러나 요시모토 다카아키 역시 근대 일본에서의 봉건제 우위의 사고방식, 즉 근대 천황제를 봉건제에서 유추하는 사고방식에서 벗어날 수 없었다. 또한 일본이 서양 근대와 만나 네이션 스테이트(nation state)로서 자기 형성의 길을 걷기 시작했을 때 불가피하게 떠맡겨진 아시아라는 각인, 아시아라는 환상과 본격적으로 씨름하지도 않았다. 그도 어딘가 전후 사상의 틀 속에 묶여 있었던 것이다.

마루야마 마사오의 「초국가주의의 논리와 심리」(超國家主義の論理と心理, 1946)는 미국이 전쟁 중기의 일본에 붙였던 '초국가주의'라는 단어의 내실을 명확히 하고자 했지만, 전후 민주주의의 '허망'에 기대한 그는 말하자면 일본 하나밖에 문제 삼을 수 없었다. 천황의 무한한 가치라는, 기독교조차도 초월하는 초보편주의를 칭했던 것이나, 아시아로 넘쳐흐른 '대일본제국'이 '국가주의'를 넘어서 '대동아공영권'을 '실현'하려고 했던 것도 검토할 수 없었다.

무라카미 시게요시(村上重良)의 『국가신도』(國家神道)에 의해 메이지 시대의 국가신도의 제도적 정비 및 그 근대적 성격이 명확해진 것은 1970년대의 일이었다. 1980년대에는 1920년대 '모던도시'의 세계적 동시성과 대중문화의 개화 양상이 종래의 아메리카니즘의 침투라는 관점을 크게 무너뜨리면서 운노 히로시(海野弘)는 『모던 도시 도쿄—일본의 1920년대』(モダン都市東京—日本の1920年代, 1983)에서 이를 밝혀 냈다. 기시 노부스케(岸信介) 등의 행정 관료가 전쟁 중기부터 패전기를 통해 일관되게 체제를 지탱해 왔다는 지

적은 1950년대부터 쓰지 기요아키(辻清明)에 의해 논의되었다. 하지만 1990년대에는 다시 1940년 체제론으로서 제기되어 재차 '총력전 체제'가 논해지면서 전전(戰前)과 전후(戰後) 문화의 연속성에 대하여 관심이 확대되고 있다.

'만주국'의 국어가 중국어, 일본어, 곳에 따라 몽골어였고, 공통어가 중국어, 일본어였던 것을 밝힌 것은 서민민(徐敏民)의 『전전(戰前) 중국에서의 일본어 교육』(1996)이었고, 중국에서 반일세력 편에 몸을 담았던 일본인을 발굴하는 작업도 만주 문화연구를 필생의 사업으로 해온 여원명(呂元明)의 노력에 의해서 이루어지는 것을 기다릴 수밖에 없었다(『反戰文學—被遺志的在華日本』, 1992). 3 · 1운동, 5 · 4운동 등 민족독립운동의 고양을 접한 이후 일본의 식민지 정책 전환, '만주국'에서 전개되었던 '다문화주의' 문화정책이 '내지'(內地)에까지 파급되어 '대동아공영권' 구상으로 전개되어 가는 경위가 검토 대상이 된 것은 2000년대에 들어와서의 일이다. 게다가 동아시아, 동남아시아에서 전개되었던 문화정책과 그 실태의 해명에는 아직도 자료의 발굴이 필요하다.

환상의 아시아

일본의 근대 문화를 바로 서구화라고 굳게 믿어 온 사람들은 아시아 환상에 눈을 감고 있었던 것과 마찬가지다. 국민국가의 형성으로 향하기 이전부터 유럽에서 축적된 경계도 확실치 않은 아시아에 대한 환상(오리엔탈리즘)은, 그것이 단지 환상에 불과하다는 것이 폭로되고, 또한 아시아는 결코 하나가 아니라 천(千)의 아시아가 있다고 말해도 일본 근대에 생겨난 환상의 아시아의 발자취는 지워지지 않는다. 내셔널리즘도, 아시아주의도 끊임없이 재편되어 간 양상을 확실히 하지 않고서는 사람들이 그것에 휩쓸려 간 과정은 밝혀지지 않는다.

아시아주의에 대해서는 자유민권운동 좌파의 한국 독립혁명 지원에서 출발해서 현양사[194]나 우치다 료헤이(內田良平)가 이끈 흑룡회[195]가 주장한 바와 같이 일본을 맹주로 하는 아시아 대륙 보전론이 국권확장론이자 정부 · 군부의 대륙 침략을 정당화하는 이데올로기였다고 정리되는 경향이 계속되었다. 쑨원의 중국 혁명을 일관되게 지원해 온 미야자키 도텐(宮崎滔天)은 예외로 두고!

그러나 체제로부터 위험시되었던 천황주의에 입각한 혁명사상의 대부분이, 예를 들면 오모토교[196]를 이끌었던 데구치 오니사부로(出口王仁三郎)가 그랬듯이 동시에 아시아주의를 지향하기도 했다. 그것을 파시즘의 일종인 듯이 간주한다면 배외주의(排外主義)를 특징의 하나로서 꼽는 파시즘의 정의에 금이 가고 만다. 배외주의와 이민족을 받아들이고서 차별하는 것은 전혀 다르다. '일한동조론'도 '우리 몽골로이드'도 '인종차별'을 만들어 내지는 않았다. 그

---

194) 玄洋社. 1881년 옛 후쿠오카번(福岡藩)을 기반으로 하여 성립되어 도야마 미쓰루(頭山滿)를 중심으로 한 국가주의적인 우익단체이다. 1946년에 해산했다.

195) 黑龍會. 1901년 우치다 료헤이를 중심으로 결성된 국가주의적인 결사이다. 현양사 등에 소속된 대륙 낭인이 중심이 되어 대아시아주의를 고취하면서 대륙 침략을 주장하였다. 1931년에 대일본생산당(大日本生産黨)에 흡수된다.

196) 大本敎.. 신도 계열 종교의 하나이다. 개조(開祖) 데구치 나오(出口ナオ)의 글과 데구치 오니사부로의 「영계이야기」(靈界物語)를 중심으로 세상의 개혁과 '미륵 세상'의 실현을 주장하였다. 1892년에 시작하여 1935년에 당국에 의한 탄압을 받아 해산되었다.

것과 '민족차별'의 폭력성과는 별개의 문제였다.

미야케 세쓰레이에서 출발하여 인도 독립혁명의 사상에 자극을 받았던 오카쿠라 덴신의 사상, 또는 국제 시인으로서 활약했던 노구치 요네지로의 사상, 교토학파의 좌담회 '세계사적 입장과 일본'에서 주장되었던 문화다원주의 등을 포함해, 서양의 패도주의에 대항하여 인의도덕에 입각한 왕도주의에 의한 '대아시아주의'(大亞州主義)를 주창했던 쑨원의 사상을 비롯한 해외의 다양한 대아시아주의와 러시아의 대유라시아주의와의 상호 간섭 등 일본주의와 아시아주의가 중첩되는 것을 다시 파악하는 것은 이 다음의 연구를 기다려야 할 것이다.

향후 아시아 여러 나라와 양호한 관계를 쌓고 싶다면 아시아의 사람들과, 서로의 내셔널리즘과 함께 아시아주의의 전개를 비교검토하는 것이 불가결한 과제가 되리라고 생각하기 때문에 말하는 것이다. 국제보편주의의 다양한 양상에 대해서도 충분히 발굴되어 있지 않다. 그리고 보편주의라 이름붙은 내셔널리즘도 다양하게 성립하는 것은 이 책에서 이미 살펴보았다.

자신이야말로 혹은 자신의 나라야말로 보편원리를 체현하고 있다고 주장하는 것은 다른 원리에 서 있는 사람들의 입장에서는 우스꽝스럽다. 스스로 보편원리라고 믿는다 하더라도 그것을 폭력에 의해 다른 사람에게 강요한다면 범죄이다.

일찍이 일본이 저지른 것도 그러한 범죄가 아니었을까? '우주대생명'이라는 보편원리를 내세우는 '다이쇼 생명주의'는 개인주의와 인류보편주의를 왕성하게 만들었지만, 향토주의, 민족주의, 국가주의, 그리고 아시아주의로도 전개될 수 있었다. '생명'이라는 것이 그것들의 어떤 수준에서 발현되는지 실로 편의주의적으로 선택되었기 때문이다. 일본 문화내셔널리즘의 갈팔질팡했던 걸음은 아시아주의와 국제보편주의의 각각의 변용 과정을 밝히고 그 상호관계의 실타래를 풀어 낼 때야말로 상대화될 수 있을 것이다. 그것이 이루어질 때야말로 일본이 아시아에서 전개했던 침략의 역사에 간신히 최후의 종지부를 찍을 수 있지 않을까?

◎ 맺음말

오에 겐자부로의 『애매한 일본의 나』가 제기했던 일본이 걸어온 '애매함'이라는 문제에 대해 내 나름대로 답하면서 '맺음말'을 대신한다.

일본의 내셔널리즘은 원래 스스로 성립될 수 없었기 때문에 아시아 여러 나라의 독립을 매개로 하여 서구 열강에 대항하고자 하는 구상을 내포하고 있었다. 메이지 일본은 서구 여러 나라를 본떠 근대적 국민국가를 형성하기 위해 '전통'을 새롭게 편성했다. 그때 서구 열강에 대항하는 내셔널리즘에 아시아주의가 함께 끼어들었다. 그것은 서구 근대의 '국어' 사상을 무시하고 『고사기』, 『일본서기』라는 '한문'으로 쓰인 서적을 권두에 두는 '일본문학사'에 전형적으로 나타나 있다. 결국 일본의 근대 내셔널리즘은 애초부터 아시아주의를 내부에 담고 있던 'ambiguous'(양의적이라는 의미의 애매)한 것으로서 만들어진 것이었다.

그리고 러일전쟁 후 지식인들의 상당수는 서양 문명과 동양 문명의 접점 또는 결합점으로서 나아가는 것을 '일본의 사명'으로 생각하였다. 또한 근대화의 폐해를 극복하고자 전통의 재인식을 실행하였다. 바로 여기에 '근대의 초극' 사상의 뿌리가 있었다. 그것이 '서양 제국주의의 초극'이라는 사상을 낳고, '대동아공영권'의 실현이라는 중일전쟁에서 대 미영전쟁으로 나아가는 구실이 되어 갔다.

하나가 더 있다. 종교의 자유를 보장하는 것 대신 종교를 초월한, 종교 아닌 종교인 '국가신도'를 새롭게 만들어 낸 것이다. 처음에는 조상숭배이기 때문에 종교가 아니라고 설명되었다. 이후에는 그것을 일본의 민족종교로 보는 사고방식이 활개를 치며 버젓이 통하게 되었다. 이는 일본 문화내셔널리즘의 'vagueness'(명료하지 않다는 의미의 애매)의 핵심이 아닐까?

서구의 국민국가는 기독교와는 다른 방식으로 사람들의 결합을 만들어 내는 것을 의미했다, 하지만 독일에서는 루터 교회 등 프로테스탄티즘을 민족종교로 하는 유력한 사상이 등장했고, 미국 독립선언에는 여러 가지 집단을 만드는 권리도 신에 의해 부여받았다고 되어 있다. 일본에서는 일본 신화의 보편성을 들먹이던 '국학' 전통에 의거하고, 독일 프로테스탄티즘의 민족종교론을 차용해 기독교의 신에 해당하는 존재로서 '우주대생명'을, 예수에 해당하는 것으로서 '천황'이라는 관념을 도쿄제국대학의 헌법학자가 창작해 냈다. 이것이 보편주의를 요구하는 내셔널리즘 즉 '초국가주의'의 근본이었다. 서구 제국주의가 기독교와 근대 물질문명을 세계화하는 '사명'을 띠고 있었다면, 일본 제국주의는 초종교적인 보편주의 이념에 의하여 그것을 초월하는 사명을 가지고 아시아를 침략하였던 것이다.

요컨대 20세기 일본의 'ambiguity'는 일본과 아시아, 보편주의 관념과 특수한 일본을 양극에 두고 그것들에 의해 분열되기보다는 그때그때의 편의에 따라서 그것들을 제멋대로 중첩시키거나 혼동한 것에 있었다. 이것이 '애매한 행보'의 실체였다. 특수한 일본의 최대 특징은 종교 아닌 종교, 즉 '국가신도'로 지탱되었던 천황제였다. 보편적 관념의 최대 특징은 '우주대생명'이었다. 그리고 그 둘이 중첩되어 형성된 것이야말로 '현인신'을 모시는 바로 만방무비의 '국체' 관념이었다.

이와 같은 '애매한 행보'를 명확하게 밝혀 내어 오에 겐자부로가 말한 '애매한 일본'의 '애매함'을, 그리고 '근대 초극'의 '애매함'을 넘어서는 것이야말로 오늘날 일본인에게 요구되는 것이라고 나는 생각한다.

분명히 20세기의 일본에서는 파시즘이나 나치즘을 낳았던 대중 내셔널리즘의 열광은 없었다. 반체제운동은 어떤 종류의 것이든 경찰의 강권에 의해 철저하게 단속되었다. 황국 정신을 내세우는 광신적인 정신도 반체제운동으로서 나타났을 경우에는 탄압되었다. 리버럴리즘과 사회민주주의 세력도 국가사회주의의 정책을 취한 총력전 체제에 흡수되어 갔다. 일본인뿐만 아니라 '외지'에서 일본 제국주의에 저항하는 자세를 가지고 있던 '이민족' 지식인 중에도 '대동아공영권'에 현혹되었던 사람들이 적잖이 있었다. 그 전모와 전후에 그것이 어떠한 영향을 끼쳤는지에 대해서는 아직 해명되지 않은 것이 많다.

총력전 체제 형성을 향한 움직임 속에서 어떤 '저항'이 시도되었고, 왜 그것은 유효하지 못했는가 하는 식으로 문제가 거론되지 않았다. "국책에 편승했다"라는 것으로 비판을 대신하는 것은 전후의 좌익내셔널리즘에 '편승'하는 것에 불과하다. 그 '국책'이란 도대체 어떠한 것이었을까? 국내외의 많은 지식인이 왜 일본의 '국책'에 결과적으로 현혹되어 편승해 갔던 것일까? 그것을 묻지 않는다면 역사에서 배우는 것은 불가능하다. 그리고 역사에서 배우는 것은 물론, 오늘날의 일본인들이 추구하고 있는 일상의 행동 지침을 얻기 위해서이다.

현대 일본을 대표하는 작가 중 한 사람인 가와바타 야스나리는 국제 사회를 향해 '동양의 신비'에 대한 관심을 호소하고 있고, 다른 한 사람인 오에 겐자부로는 국제적으로 열린 지성을 갖고 서구와 아시아로 분열되었던 일본의 이미지를 말하고 있다. 이 두 자세의 대립도 가능하다면 넘어서고 싶다.

문화의 '전통' 관념의 형성 과정에서 비교 검토하는 길을 취할 것, 그리고 '말에 의한 진리 표현의 불가능성을 주장하는 선(禪)의 노래'조차도 공통의 이해의 장으로 끌어낼 것, 그렇게 함으로써 유럽과 미국에서 서구중심주의를 넘어서고 싶다고 생각하는 사람들에게 무언가 실마리를 줄 수 있을 것이다.

또 하나 우주에 편재하는 '생명'을 원리로 하는 사상이 이 일본에 일찍이 커다란 흐름으로서 존재했던 점, 그것은 다이쇼 시대에는 예술의 찬란함을 혼란스러울 정도로 풍부하게 펼쳤지만 이윽고 '초국가주의'의 사상으로서 전개되었던 점, 그렇지만 그 안에는 반전평화주의를 관철하려는 것도 있었다는 점, 그리고 그것은 전후 사상에도 숨어 있다는 점, 이 모두를 명확하게 밝히고 반성의 자료로 할 것이다.

지구환경 시대에는 새로운 생명관이 제기되고 있다. 자연과학도 종교도 철학도 예술도 모두 '생명'으로 관심이 향하고 있다. '근대'를 지탱했던 과학기술에 의한 생산력주의를 반성하고 인류의 생존을 이 지상의 모든 생물과 함께 '지속가능'한 것으로 재배치하는 것, 그것을 향해서 고금동서의 지혜를 총동원해야 하는 것은 틀림없는 일이다.

그리고 오늘날은 국제적인 '치유' 붐의 시대이기도 하다. 요가 강사들의 목소리가 세계의 여기저기에서 들려온다.

'자 여러분, 우주의 생명에너지를 받아들여 몸 안에서 천천히 조용하게 순환시켜 봅시다.'

| 인용 · 참고문헌 |

●인용 및 언급했던 문헌

(개인전집, 저작집, 문고본 등에서 잘 알려져 있는 것은 원칙으로서 생략했다. 또한 해외의 서적으로 번역되어 있는 것은 번역서를 올렸다)

제1장

ホフマン, 『テロリズム―正義という名の邪悪な殺戮』(1998), 上野元美 역, 原書房, 1999.

ロック, 『世俗權力二論 ― 宗教と政治の關係』(1661～1663), 友岡敏明 역, 未來社, 1967.

ホブズボウム,レンジャー편, 『創られた傳統』(1983), 前川啓治, 梶原景昭 외 역, 紀伊國屋書店, 1992.

제2장

久米邦武 편, 『特命全權大使米歐回覽實記』, 田中彰校, 岩波文庫, 1977～1982.

金子堅太郎, 「故ハーバード・スペンサー氏と日本憲法」, 『太陽』 1940. 3월호(제10권 제4호).

ラッセル, 『宗教から科學へ』(1935), 津田元一郎 역, 荒地出版社, 1965.

「アメリカにおける創造說支持率」, 『朝日新聞』 1999. 12. 29. 조간(도쿄).

猪口篤志, 「有感」 解說, 新釋漢文大系 『日本漢詩』 上, 明治書院, 1972.

『山鹿素行全集』 제12권, 岩波書店, 1940.

長場辰猪, 「親和分離の二力」(1880), 『明治文學全集』 제12권, 筑摩書房, 1973.

「國家生存の最大基礎に就て東西兩洋の比較研究」, 『殉國の義』, 『加藤弘之講演全集』 제2책(1900), 復刻板, 『加藤弘之文書』 제3권, 同朋舍出版,

1990.
穂積八束, 『教育國民 愛國心』, 八尾書店, 1897.
Inazo Nitobe, *Bushido, The Soul of Japan; An Exposition of Japanese Thought*, 5th ed. Showabo, Tokyo, 1901.

제3장

伊藤仁斎, 『童子問』, 『日本古典文學大系97 近世思想家文集』, 岩波書店, 1966.
三宅雪嶺, 「漢字の利益」, 『太陽』 1895. 1. 창간호.
上田万年, 「國語教育に就いて」, 『太陽』 1895. 1. 창간호.
山本武利, 『近代日本の新聞讀者層』, 法政大學出版局, 1981.
カンギレム, 『生命の認識』(1952, 1965), 杉山吉弘 역, 法政大學出版局, 2002.
『岡倉天心全集』 제1권, 평범사, 1990.
Augurise of Innocence, 『改譯 ブレイク抒情詩抄』, 壽岳文章 역, 岩波書店, 1940.
『エマソン論文集』(下), 酒本雅之 역, 岩波文庫, 1973.
『志賀重昻全集』 제4권, 志賀重昻全集刊行會, 1928.

제4장

內務省地方局有志 편, 『田園都市と日本人』, 博聞館, 1907, 복각판, 講談社學術文庫, 1980.
メーテルリンク, 「La Vie profonde」(1996), 豊島与志雄 역, 『自畵像』, 1914. 3月號.
『定本 上田敏全集』 제5권, 教育出版センター, 1985.
フィヒテ, 『人生論—惠まれたる人生への道しるべ』(1806), 大島豊 역, 第一書局, 1937.
ジンメル, 『カントとゲイデ—近世世界觀の歷史への一寄與として』(1906), 谷川徹三 역, 岩波文庫, 1928.
ヘッケル, 『生命の不可思議』(1904)上下, 後藤格次 역, 岩波文庫, 1928.

筧克彦,『古神道大義』, 淸水書店, 1915.
筧克彦 ,『皇國精神講話』, 春陽堂, 1930.
Kakasu Okakura, *The Ideals of the East with Special Reference to the Art of Japan, London*, John Murray, 1903(Kakuze のミスプリント).
『太田水穗全集』 제3권, 近藤書店, 1957, 복각판, 本の友社, 1999.
宇野浩二,『'私小說'私見』,『近代文學評論大系』 제6권, 角川書店, 1973.
『定本 野口雨情』 제1권, 未來社, 1985.
井上哲次郎,『日本精神の本質』 수정증보판, 廣文堂書店, 1941.
三本五郎,『大義』(소형판), 平凡社, 1943.
倉田百三,『日本主義文化宣言』, 人文書院, 1968.
『藏原伸二郎選集』 전1권, 大和書房, 1968.
浅見淵,『文學と大陸』, 圖書硏究社, 1942.
『滿洲浪漫』 제3집,「特輯 文化機關當事者に訊く」, 1939, 복각판, ゆまに書房, 2002.
知的協力會議 편,『 近代の超克』, 創元社, 1943.
高坂正顯 · 西谷啓治 · 古山岩男 · 鈴木成高,『世界史的立場と日本』, 中央公論社, 1943.

제5장

『マッカーサー回想記』 上下, 津島一夫 역, 朝日新聞社, 1964.
ベネディクト,『菊と刀—日本文化の型』, 長谷川松治 역, 社會思想社 · 現代敎養文庫, 1967.
『吉田滿著作集』 上下, 文藝春秋, 1986.
下村寅太郎,「解題」,『西田幾多郎全集』 제12권, 岩波書店, 1966.
高山岩男,「西田幾多郎」,『スーパー · ニッポニカ2002』, 小學館, 2002.
久米邦武,『日本古代史』, 早稻田大學出版部, 1904.
紀平正美,『日本的なるもの』, 興亞敎學硏究會 편, 目黑書店, 1941.

村上重良,『國家神道』, 岩波書店, 1970.
村上重良,『天皇の祭祀』, 岩波書店, 1977.
海野弘,『モダン都市東京―日本の1920年代』, 中央公論社, 1983.
海野弘, 川本三郎, 鈴木貞美 편,『モダン都市文學』 전10권, 平凡社, 1989~1991.
辻清明,「官僚機構の溫存と强化」(1958, 후에「戰後の統治構造と官僚制」),『新版 日本官僚制の研究』, 東京大學出版會, 1969.
呂元明,『中國語で殘された日本文學―日中戰爭のなかで』, 西佃勝 역, 法政大學出版局, 2001.
山之内靖, コシュマン, 成田龍一 편,『總力戰と現代化』, 栢書房 , 1995.

● 주요 참고문헌(비판적으로 검토한 것도 포함시켰다)

들어가는 말

(국제검도연맹가맹국 수는 국제일본문화연구원센터의 도움, アレキサンダー・ベネット의 교시에 의함)

제1장

橋川文三,『ナショナリズム―その神話と論理』, 紀伊國屋書店, 1968, 복각판, 1994.
西川長夫,『國境の越え方―比較文化論序說』, 築摩書房, 1992.
西川長夫,『地球時代の民族＝文化理論―脫'國民文化'のために』, 新曜社, 1995.
大城立裕,「風の御主前―小說・岩崎卓爾傳」(1974),『大城立裕全集』 제7권, 逸誠出版, 2002.
Multiculturalism Reconsidered: Culture and Equality and its Critics, ed. by Paul Kelly, Polity Press, Cambridge, 2002.

山口和宏,『土田杏村の近代—文化主義の見果てぬ夢』, ぺりかん社, 2004.

제2장

柳田泉,『明治初期の文學思想』上下, 春秋社, 1965.
山下重一,『スペンサーと日本近代』, お茶の水書房, 1983.
千田稔,『伊勢神宮—東アジアのアマテラス』, 中公新書, 2005.
横田冬彦,「近世の軍書と〈歷史〉」(報告), 日文研共同研究,「出版と學藝ジャンルの編成と再編成」, 2004년 11월 20일.
石川磏,『石門心學史の研究』, 岩波書店, 1938.
木村毅,「解題」「編輯後記」, 明治文化研究會 편『明治文化全集』보권(2), 日本評論社, 1971.
伊藤公雄,「'和の精神'の發明—聖徳太子像の變貌」, 岩波講座,「現代社會學」23,『日本文化の社會學』, 岩波書店, 1996.
駒込武,『植民地帝國日本の文化統合』, 岩波書店, 1996.

제3장

島田虔次,『中國に於ける近代思惟の挫折』, 築摩書房, 1949.
中村真一郎,『雪のゆき來—或いは「うまく作られた不幸」』(1966),『中村真一郎小說集成』제5권, 新潮社, 1991.
中村幸彦,『近世儒者の文學觀』, 岩波書店,「日本文學史」제7권,「近世」, 岩波書店, 1958.
湯澤幸吉郎,『室町時代言語の研究—抄物の語法』(1929), 복각판, 風間書房, 1981.
藤井貞和,「'た'の性格」,『平安物語敍述論』, 東京大學出版會, 2001.
『新潮日本古典集成 本居宣長集』, 日野龍夫校注, 新潮社, 1983.
長志珠絵,「'國語'イデオロギーの形成と近代天皇制國家—日清戰後の國語國學問題をめぐって」, 馬原鉄男 외 편『近代天皇制國家の社會統合』,

文理閣, 1991.
井波陵一,『知の座標—中國目錄學』, 白帝社, 2003.
古橋信孝,『和文學の成立 — 奈良平安初期文學史論』, 若草書房, 1998.
佐藤道信,『〈日本美術〉誕生—近代日本の「ことば」と戰略』, 講談社選書メチエ, 1996.
中島国彦,『近代文學にみる感受性』, 築摩書房, 1994.
今村嘉雄 ,『日本體育史』(1951), 복각판,『戰後體育基本資料集』 제15권, 大空社, 1995.
王成,「近代日本における〈修養〉概念の成立」,『日本研究』 제29집, 2004.

제4장

佐藤成基,「エドワード・H・カー『ナショナリズムとそれ以後』」, 大澤真幸 편,『ナショナリズム論の名著50』, 平凡社, 2002.
家永三郎 편,『改訂新版 日本の歷史』 제6권, ほるぷ出版, 1978.
南富鎭,『近代文學の「朝鮮」體驗』, 勉誠出版, 2001.
亀井俊介,『新版 ナショナリズムの文學 — 明治精神の探求』, 講談社學術文庫, 1988.
堀まどか,「野口米次郎の英國講演みおける日本詩歌論 — 俳句, 芭蕉, 象徵主義」,『日本研究』 제32집, 2006(예정).
竹村民郎,『大正文化 帝國ユートピア—世界史の轉換期と大衆消費社會の形成』, 三元社, 2004.
岩井茂樹,「『日本的』美的概念の成立—能はいつから『幽玄』になたのか?」,『日本研究』 제31집, 2005.
『思想』特輯「東洋の思想と藝術」 1935년 4월(제155호), 岩波書店.
小川順子,「チャンバラ映畫における殺陣」, 總合研究大學院大學文化科學研究科學位取得論文, 2003.
有賀文八郎,『日本に於けるイスラム教』,「日本宗教講座」 13권, 東方書院,

1935.
田中逸平,『回教及回教問題』「日本宗教講座」13권, 東方書院, 1935.
在北京大日本大使館文化課 편,『北支に於ける文化の現狀』, 非賣品, 1943.
徐敏民,『戰前中國における日本語教育—臺灣・滿洲・大陸での展開と變容に關する比較考察』, エムティ出版, 1996.
北村謙次郎,『北辺慕情記』, 大學書房, 1960.
川崎賢子・原田健一,『岡田桑三 映像の世紀—グラフィズム・プロパガンダ・科學映畵』, 平凡社, 2002.
百川敬仁,「日本主義者・倉田百三」, 領木貞美 편,『大正生命主義と現代』, 河出書房新社, 1995.
報知新聞社政治部 편,『新體制とはどんはこか—翼贊運動下の國民生活・三國同盟と日本の前途』, 內外書房, 1940.
梅定娥,「古丁と『大東亞戰爭』—大東亞文學者大會と三つの作品をめぐって」,『日本研究』제32집, 2006(예정).

제5장

鶴見俊輔,「新しい開國」,『鶴見俊輔集』續1卷, 築摩書房, 2000.
小熊英二,『〈民主〉と〈愛國〉—戰後日本のナショナリズムと公共性』, 新曜社, 2002.
黒田喜夫,『詩と反詩』, 勁草書房, 1968.
佐伯有清,「久米邦武と日本古代史」, 大久保利謙 편,『久米邦武の研究』, 吉川弘文館, 1991.
金文吉,『近代日本キリスト教と朝鮮—海老名弾正の思想と行動』, 明石書店, 1998.
小田川大典,「連續性についての三つの物語—政治研究の立場から」, クロッペンシュタイン, 鈴木貞美 공편.
『日本文化の連續と非連續—1920년~1970년』, 逸誠出版, 2005.

●저자에 의한 연구

「グローバリゼーション, 文化ナショナリズム, 多文化主義と日本近代文藝」, 『日本硏究』 제27집, 2003.

The Reformulation of Idea of History and the Publication of Historical Text in the Late Nineteenth Century Japan, translated by Jeffery Angles, ed. by Joshua A. Fogel and James C. Baxter, *Historiography and Japanese Consciousness of Values and Norms, International Symposium in North America 2001*, International Research Center for Japanese Studies, 2003.

『日本の「文學」概念』, 作品社, 1998.

「日本近現代の時代小說—中里介山, 吉川英治を中心に」, 日文硏海外シンポジウム北米シリーズ「歷史敍述と價値規範意識」, バンフ・シンポジウム(2002년 11월)보고서, 국제일본문화연구센터, 2006(예정).

「「言文一致と寫生」再論—'た'の性格」, 『國語と國文學』 2005년 7월호.

「日本近現代における言語意識—讀み書き言葉をめぐって」 한국어 역, 한국일본학협회기관지 『일본문화연구』 제7집, 2002.

「中村真一郎, 『雪のゆき來』, あるいは『うまく作られた變貌』」, 井波律子, 井上章一 편, 『表現における越境と混交』, 日文硏叢書 36, 국제일본문화연구센터, 2005.

『明治期 '太陽'觀』, 北村透谷硏究會 편, 『北村透谷とか何か』, 笠間書院, 2004.

「『日本文學』という觀念および古典評價の變遷—萬葉, 源氏, 芭蕉をめぐって」 井波律子 · 井上章一, 『文學における「近代」—轉換期の諸相』, 일본학총서 22, 국제일본문화연구센터, 2001.

『日本の「文學」を考える』, 角川選書, 1994.

『モダン都市の表現—自己 · 幻想 · 女性』, 白地社, 1992.

『西田幾多郎 '善の硏究'を讀む—生命主義哲學の形成』」, 『일본연구』 제17집, 1998.

『'生命'で讀む日本近現代―大正生命主義の誕生と展開』, NHKブックス, 1996.
『'傳統の發明'の傳統―'日本文學(史)', 天皇制, 象徵美學のことなど』, 『국학원잡지』, 2003년 11월.
「大正十五年」解說, 『編年本 大正文學全集』 제15권, ゆまに書房, 2003.
NISHIDA Kitaro as Vitalist 1: The Ideology of the Imperial Way in NISHIDA's The Problem of Japanese Culture and The Symposia on 『*The World Historical Standpoint and Japan*』, JAPAN REVIEW, Vol. 9, 1997.
「吉川英治の歷史觀」, 『國文學 解釋と鑑賞』 特輯 吉川英治, 2001년 10월호.
「『滿洲浪漫』の評論」, 『滿洲浪漫』 복각판, 別卷 『「滿洲浪漫」硏究』, ゆまに書房, 2003.
「岡本太郎と生命主義」 別冊太陽 日本のこころ九四「岡本家の人びと」, 1996년 7월.
「三島由紀夫の天皇思想―事件と思想の史的意味について」, 『思想』 1990년 11월호.
「三島由紀夫, その影と響き―評價・受容史のためのスケッチ」, 三島由紀夫論集I, 『三島由紀夫の時代』, 逸誠出版, 2001.
「言語と文化の差が生む『あいまいさ』について、もくしは『あいまいな日本』を超えるために」, 河合隼雄・中沢新一 편, 『「あいまい」の知』, 岩波書店, 2003.

옮긴이의 말

오늘날 한국 사회에서 민족주의, 국민주의 또는 내셔널리즘을 논하는 것은 그리 간단한 일이 아니다. 이는 식민지 경험과 남북한 분단이라는 다난했던 우리 역사에서 기인하는 일이기도 하다. 그러나 정권에 찬반 여부를 떠나 내셔널리즘이 우리나라의 근현대 역사에서 기본적인 사상의 축으로 기능해 온 것은 부인하기 어려울 것이다. 더욱이 현재의 한국 사회에서 민주주의를 한층 발전시키고 남북의 평화통일 추진과 그와 관련하여 동아시아, 나아가 세계의 여러 사람들과 연대를 상정할 경우 모체가 되는 국가나 국민이라는 단위가 기능하는 측면을 지나쳐서는 안 될 것이다.

그럼에도 불구하고 '민족주의는 파시즘'이라는 논리와 함께 내셔널리즘 그 자체에 대한 비판이 심심치 않게 일어나고 있다. 이는 우리 안의 소수자에 대해 활발한 논의가 진행되면서 내셔널리즘이

타자를 억압하는 이념으로 이해되었기 때문일 것이다.

다수자 또는 강자 중심의 지배질서를 공고히 만드는 데 내셔널리즘이 한몫을 해 온 것도 사실이다. 그렇다고 내셔널리즘을 극복하는 방식이 그 존재 자체를 부정하는 방식으로 행해진다면 생산적인 논의라 여겨질 수 없을 것이다. 오히려 내셔널리즘이라는 이데올로기가 어떻게 생성되어 왔으며, 개념들을 어떤 식으로 짜맞추어 왔는지를 돌아보는 작업이 오늘날 우리가 서 있는 발밑을 비춰 보고, 또 나아가야 할 방향을 생각하는 데 도움이 되지 않을까?

그러기 위한 방법론을 모색함에 있어서 우리의 근대화와 밀접한 관련을 갖고 있는 일본의 내셔널리즘을 상대화하여 분석한 이 책에서 많은 부분을 시사받을 수 있을 듯하다.

최근의 일본 정계에 화두로 등장한 것이 '신교육기본법안'으로서, 교육의 목적에 '애국심의 함양'이 포함되었다. 하지만 그러한 '애국심'의 내용이 문제가 되고 있다. 또한 방위청의 방위성으로의 승격 등에서도 보이듯 군사력 증대에 대한 의지와 함께 고이즈미 전 총리의 야스쿠니신사 참배로 대표되는 과거사 인식문제 등 정치 · 군사적인 면에서 내셔널리즘이 문제가 되고 있다. 그러한 시기에 『일본의 문화내셔널리즘』은 일본 독서계에 하나의 문제 제기를 표명하였다.

스즈키 사다미 씨의 이 책은 일반인들의 교양을 위한 신서(新書)라는 양식으로 출판되어 다양한 테마를 넘나들며 일본의 문화내셔널리즘이 어떠한 형태로 진행되어 왔는지에 대해 개관하고 있다.

각 테마별로 너무 세부적으로 파고들지 않아 그리 길지 않은 양임에도 불구하고 결코 만만치 않은 책임에 틀림없다. 또한 그동안 기성의 일본문화론에 익숙한 독자에게는 다소 불편함을 줄 가능성도 없지 않을 것이다. 왜냐하면 이 책은 우리가 그간 익숙하게 접해 오던 일본론처럼 고정된 어떤 특정한 개념으로 일본을 이야기하는 방식을 거부하고 있기 때문이다.

저자가 이야기하듯이 군사, 정치, 경제에서의 내셔널리즘은 시대적 조류에 따라 쉽게 변하지만 문화내셔널리즘은 몇 십, 몇 백 년이 지나도 좀처럼 변하지 않는다. 문화내셔널리즘은 오랜 세월에 걸쳐 지역의 생활과 밀착되어 자연스럽게 발생된 것으로 전통과 동일시되며 쉽게 변하지 않는 것이라 믿어져 왔다. 하지만 영국의 저명한 역사학자 에릭 홉스봄과 동료 교수들의 역작인 『만들어진 전통』에서 이야기되었듯이, 전통이란 원래부터 줄곧 그 모습 그대로 존재해 온 것이 아니라 어떤 특정한 시기에 특정한 의도로 만들어졌거나 혹은 그 이전과는 다른 개념으로 바뀌어 설명되어 왔다는 것이 이 책의 모티브를 이룬다.

그런 의미에서 저자는 그동안 '일본적인 전통'으로 여겨지던 것들의 탄생 비밀을 파헤쳐 나아간다. 무에서부터 창조된 경우도 있지만, 대개의 경우 기존의 것에 어떤 시기, 어떤 의도 아래서 새롭게 의미가 부여되어 재구성되었던 것이다. 예를 들어 '문학'이라는 개념을 들자면 현재는 언어예술이라는 의미로 여겨지면서 또한 그 속에는 와카(和歌)나 모노가타리(物語)가 포함되어 있다. 하지만 메이지(明治) 시대 이전까지는 와카나 모노가타리는 '문학'의 범주에 포함된 경우가 한 번도 없었다. 에도(江戸) 시대까지만 해도 '문학'은 유학(儒學)을 중심으로 한 한문 서적을 다루는 학문을 의미했기 때문이다.

이렇듯 오늘날 '일본 문화'라고 통괄되어 불리게 된 것은 메이지 시대 중엽부터 나타난 것이었다. 그 이전까지는 각 번(藩)이나 지방 신분 계층에 따라 각각의 문화를 형성하면서 일본인 공통의 것이라는 인식이 필요치 않았던 것이다. 그러나 서구의 국민문화라는 개념과 맞닥뜨리게 되면서 자국민들이 자랑스럽게 여겨 계승해야만 할 것으로서의 일본 문화가 필요하게 되었다. 그 과정에서 서구 문명에 대한 대항이라는 양상을 보이며, 일본뿐만 아니라 동양의 전통을 높이 사려는 의도가 생겨나게 된다.

'일본문학사'에서 이러한 경향을 뚜렷이 살펴볼 수 있다고 저자는 밝힌다. 내셔널리즘의 기초를 전통문화에서 찾아 정리하는 과정에서 한문을 존중하지 않을 수 없었다. 일본에서도 서구에서와 마찬가지로 근대화의 과정 속에서 문학사가 편찬되었지만 유럽 여러 나라들의 경우 라틴어 서적들을 제외한 '국어'로 쓰인 것들만 자국의 문학사로 편입시켰던 것과는 대조적으로, 순수 일본어뿐만 아니라 한문 서적이나 한시도 포함시키는 일본의 문학사는 특유한 것이라고 할 수 있다. 아니, 이는 한국문학사의 경우도 마찬가지로 볼 수 있다.

이러한 흐름을 살피면서 저자는 메이지 이후의 일본의 움직임을 '근대화=서양화'라고 보는 단순 도식을 거부하면서 근대 문명화와 반근대 서양화, 일본의 전통 형성 혹은 동양의 전통 형성이라는 네 개의 축을 분석의 도식으로 제시하며, 이를 중심으로 살펴야 한다고 논하고 있다.

그렇다면 이런 전통의 창조가 일본에서는 어떠한 방향으로 나아가게 되었을까?

스즈키 사다미 씨는 전통의 재조합이라는 흐름은 메이지 시대 초기보다도 오히려 메이지 후반 20세기 초엽의 러일전쟁 이후에 크게 나타나기 시작하였다고 강조하고 있다. 러일전쟁 기간 동안 진보된 중화기에 의해 희생자가 대량으로 생겨났고, 공업화의 진전과 함께 거대한 기계에 의해 부상을 입은 노동자 증가와 여공들의 비참한 삶이 표면화되면서 과학기술과 근대화에 대한 의문이 발생하였다. 이러한 사회 저변의 변화는 '생명'에 대한 관심을 불러일으켰고, 또한 때를 같이하여 20세기 초엽 유럽에서 발생한 '생명주의'(생명을 근본에 두는 다양한 사상적 흐름)가 일본의 사상 · 문학계에 막대한 영향을 드리우기 시작한다. 유럽의 생명주의에 일본인의 자연숭배의 민속신앙, 신도, 유학, 불교 등 옛날부터 이어져 내려온 전통적인 생명관이 결합되어 다이쇼(大正) 시대에 이르러서는 다채롭고 풍부한 생명주의가 꽃피게 되었으며, 이것이야말로 '일본 문화'의 정수로 여겨지기 시작한다. 『만엽집』의 특징을 두고 웅혼, 장대함을 찬양하던 것에서 자연과 하나 된 일본인의 자연관을 훌륭히 나타낸다고 그 평가 기준이 변했듯이, 자연과 생명을 중심으로 고전의 재평가가 이루어진다. 바쇼의 하이쿠가 '우주 참생명'의 표현이라며 주목받게 된 것도 이 시기에 이르러서였다. 마찬가지로 일본의 사소설이나 심경소설을 지탱하였던 것도 생명주의였다. 일상의 어떤 자그마한 것이나 개인적인 감각, 신조를 적어 내더라도 리얼한 '생명의 표현'이라고 평가받았던 것이다.

이윽고 우주의 배후에 존재하는 '영원한 생명', 우주의 큰 생명과 자기 자신을 일체화시키며 '내적 참생명'을 돌아보려는 사상이 '일본다운 것'과 결합하게 된다. 이러한 사유의 흐름은 종교 곧 신도와의 결합을 준비하고 있었다. 서구의 여러 나라들이 기독교의 보편주의에서부터 분리되어 독립을 이루는 과정에서 서구 내셔널리즘이 만들어졌던 것과는 대조적으로, 종교와 거리감이 없었던 일본에서는 오히려 근대 내셔널리즘의 지주로 작용하게 된다. 그러면서도 그 결합은 기독교적인 보편주의조차 뛰어넘는 '울트라 보편주의'의 경지까지 나아간다. 이러한 비약에는 도쿄대학 법학과 교수였던 가케이 가쓰히코 등 지식인들의 역할이 컸다는 것을 이 책은 흥미롭게 지적하고 있다. 그리고 중일전쟁을 넘어 제2차 세계대전에 돌입하게 되는 시대 상황과 맞물려 침략의 논리를 폐쇄적인 국수주의가 아닌 가장 보편적인 것의 구현체로서의 일본에서 찾게 된다. 그러기에 그 내부에 다양한 모순을 잉태하였음을 저자는 우리에게 알려주고 있다. "자기야말로 혹은 자기의 나라야말로 보편원리를 체현하고 있다고 주장하는 것은 다른 원리에 서 있는 사람들이 볼 때에는 우습게 비친다. 자신이 보편원리라고 믿고 있는 것일지라도 폭력을 사용해 그것을 타인에게 강요하는 것은 범죄"라며.

그렇다면 패전과 더불어 이러한 사상은 극복되었던 것일까? 저자는 패전 후의 일본 사상계의 대표적인 인물들의 경우를 살펴보면서 예리한 비판을 전개한다. 미시마 유키오의 사상도 와쓰지 데쓰로 등이 전쟁 전에 발표해 전후에 전개되었던 '문화내셔널리즘의 종합'이며, 마루야마 마사오가 「역사 의식의 '고층'」에서 논하고 있는 논리도 실은 전쟁 전의 '생명'을 매개로 보편성을 강조하던 일본 제국의 이데올로기를 뒤집어 놓은 것뿐이라고 지적하고 있다.

"생명이라는 단어는 애매하면서 다의적이므로 터무니없는 관념이 실제처럼 느껴지게 되는 위험성도 가지고 있다. 우주적인 생명관을 천황과 연결시킨 가케이 가쓰히코의 사상이나 나치의 우생학 사상은 역사적 착오이며, 현대 컴퓨터의 정밀한 시스템을 조직이나 신체에 비유하는 발상도 어딘지 위험스러운 인상을 준다. 하지만 그러한 것을 회피하지 말고 똑똑히 마주하면서 원리주의적 경향으로 반복해 돌아가는 생명주의의 역사를 상대화시켜 가며 가까운 장래에 나타날 위기도 생각할 필요가 있다."

내셔널리즘을 뛰어넘으려는 노력은 다양하게 펼쳐질 수 있다. 하지만 단순히 민족이나 국민이라는 특수성을 뛰어넘어 세계주의나 계급주의 등 보다 보편적인 개념으로 무장한다고 모든 것이 해결되지는 않을 것이다. 혹은 더욱 기괴한 모습을 띤 채 우리에게 돌아올 수도 있다는 것을 일본의 예를 통해 우리에게 알려주고 있는 것이다. 우리에게 필요한 것은 가능한 영역까지 자기 상대화를 하면서 앞으로 나아가는 것이 아닐까?

지은이 **스즈키 사다미**(鈴木貞美)

문예평론가. 국제일본문화연구센터 교수.
1947년 출생. 도쿄대학교 불문과 졸업. 소설, 문예평론, 근대문학 연구에 종사하고 있다. 주요 저서로는 『가지이 모토지로의 세계』(梶井基次郎の世界), 『일본의 '문학' 개념』(日本の '文學' 概念), 『생명관의 탐구』(生命觀の探究) 등이 있다.

저서 및 편서

『谺』, 河出書房新社, 1985(小說).
『言いだしかねて』, 作品社, 1986(小說 : 言いだしかねて, 身も心も).
『人間の零度、もしくは表現の脫近代』, 河出書房新社, 1987.
『「昭和文學」のためにフィクションの領略―鈴木貞美評論集』, 思潮社, 1989.
『モダン都市文學2 モダンガールの誘惑』, 鈴木 편, 平凡社, 1990.
『モダン都市文學4 都會の幻想』, 鈴木 편, 平凡社, 1990.
『史話日本の歷史』, 清原康正, 鈴木 편, 作品社, 1991.
『モダン都市の表現―自己・幻想・女性』, 白地社, 1992.
『現代日本文學の思想―解體と再編のストラテジー』(トランスモダン叢書 1), 五月書房, 1992.
『日本の「文學」を考える』, 角川選書, 1994.
『大正生命主義と現代』, 鈴木 편, 河出書房新社, 1995.
『「生命」で讀む日本近代―大正生命主義の誕生と展開』(NHKブックス), 1996.
『梶井基次郎 表現する魂』, 新潮社, 1996.
『身も心も』, 河出文庫, 1997.
『日本の「文學」概念』, 作品社, 2001.
『雜誌『太陽』と國民文化の形成』, 鈴木 편, 思文閣出版, 2001.
『滿州浪曼』全7卷別卷1 呂元明, 鈴木 편, クレス出版, 2002.
『日本の文化ナショナリズム』, 平凡社新書, 2005.
『技術と身體―日本「近代化」の思想』, 木岡伸夫・鈴木 편저, ミネルヴァ書房, 2006.

옮긴이 **정재정**

서울대학교 역사교육과, 도쿄대학 대학원 인문과학연구과, 서울대학교 대학원 국사학과를 졸업하고, 현재 서울시립대학교 국사학과 교수이자 인문대학장을 맡고 있다. 식민지 시기의 한국사회경제사, 근현대한일관계사, 한국과 일본의 역사교육 등을 가르친다. 한국과 일본의 역사대화와 역사공동연구에 적극적으로 참여하고 있다.
주요 저서로는 『일제침략과 한국철도, 1892~1945』, 『한국의 논리—전환기의 역사교육과 일본인식』, 『일본의 논리—전환기의 역사교육과 한국인식』, 『교토에서 본 韓日通史』, 『韓國と日本—歷史教育の思想』, 공동 저서로는 『일본의 역사 교육, 무엇이 문제인가』, 『한일역사공통교재 한일교류의 역사—선사부터 현대까지』 등이 있다.

옮긴이 **김병진**

고려대학교 일어일문학과를 졸업하고, 아베 고보(安部公房)에 관한 논문으로 석사학위를 받았다. 현재 교토에 소재한 국제일본문화연구센터(國際日本文化研究センター)를 기반연구기관으로 하는 총합연구대학원대학(総合研究大學院大學)의 박사과정에 재학 중이다. 일본의 초기 사회주의사상이 서구의 과학사상 및 철학과 결합되어 나타난 변천과정에 관심을 가지면서, 아나키스트인 오스기 사카에(大杉栄)에 관한 박사 논문을 준비 중이다.
논문으로는 「安部公房 『壁-s・カルマ氏の罪』에 관한 고찰—벽으로의 변형 의미를 중심으로」, 「進化論と社會主義—辛德秋水·大杉栄」 등이 있다.

한림신서 일본학총서 발간에 즈음하여

1995년은 제2차 세계대전이 끝나고 우리나라가 일본 식민지에서 해방된 지 50년이 되는 해이며, 한 · 일 간에 국교정상화가 이루어진 지 30년을 헤아리는 해이다. 한 · 일 양국은 이러한 역사를 되돌아보면서 앞으로 크게 변화될 세계사 속에서 동북아시아의 평화와 번영을 추구해야 하리라고 생각한다.

한림대학교 일본학연구소는 이러한 역사의 앞날을 전망하면서 1994년 3월에 출범하였다. 무엇보다도 일본을 바르게 알고 한국과 일본을 비교하면서 학문적 · 문화적 교류를 모색할 생각이다.

본 연구소는 일본학에 관한 자료를 수집하고 제반 과제를 한 · 일 간에 공동으로 조사 · 연구하며 그 결과가 실제로 한 · 일 관계 발전에 이바지할 수 있도록 노력하고자 한다. 그러한 사업의 일환으로 여기에 일본에 관한 기본적인 도서를 엄선하여 번역 출판하기로 했다. 아직 우리나라에는 일본에 관한 양서가 충분히 소개되지 못했다고 느껴지기 때문이다.

본 연구소는 조사와 연구, 기타 사업이 한국 전체를 위해야 한다고 생각하며 한 · 일 양국만이 아니라 다른 여러 나라의 연구자나 연구 기관과 유대를 가지고 세계적인 시야에서 일을 추진해 나갈 것이다. 그러므로 누구나 열린 마음으로 본 연구소가 뜻하는 일에 참여해 주기를 바란다.

한림신서 일본학총서가 우리 문화에 기여하고 21세기를 향한 동북아시아의 상호 이해를 더하며 평화와 번영을 증진시키는 데 보탬이 되기를 바란다. 많은 분의 성원을 기대해 마지않는다.

1995년 5월

한림대학교 일본학연구소

한림신서 일본학총서 91
일본의 문화내셔널리즘

초판 1쇄 발행 2008년 6월 20일

지 은 이 스즈키 사다미
옮 긴 이 정재정 · 김병진

펴 낸 이 한림대학교 일본학연구소
펴 낸 곳 도서출판 소화
등 록 제13-412호
주 소 서울시 영등포구 영등포동 7가 94-97
전 화 2677-5890
팩 스 2636-6393
홈페이지 www.sowha.com

ISBN 978-89-8410-343-6 94080
ISBN 978-89-8410-105-0 (세트)

잘못된 책은 언제나 바꾸어 드립니다.

값 7,800원